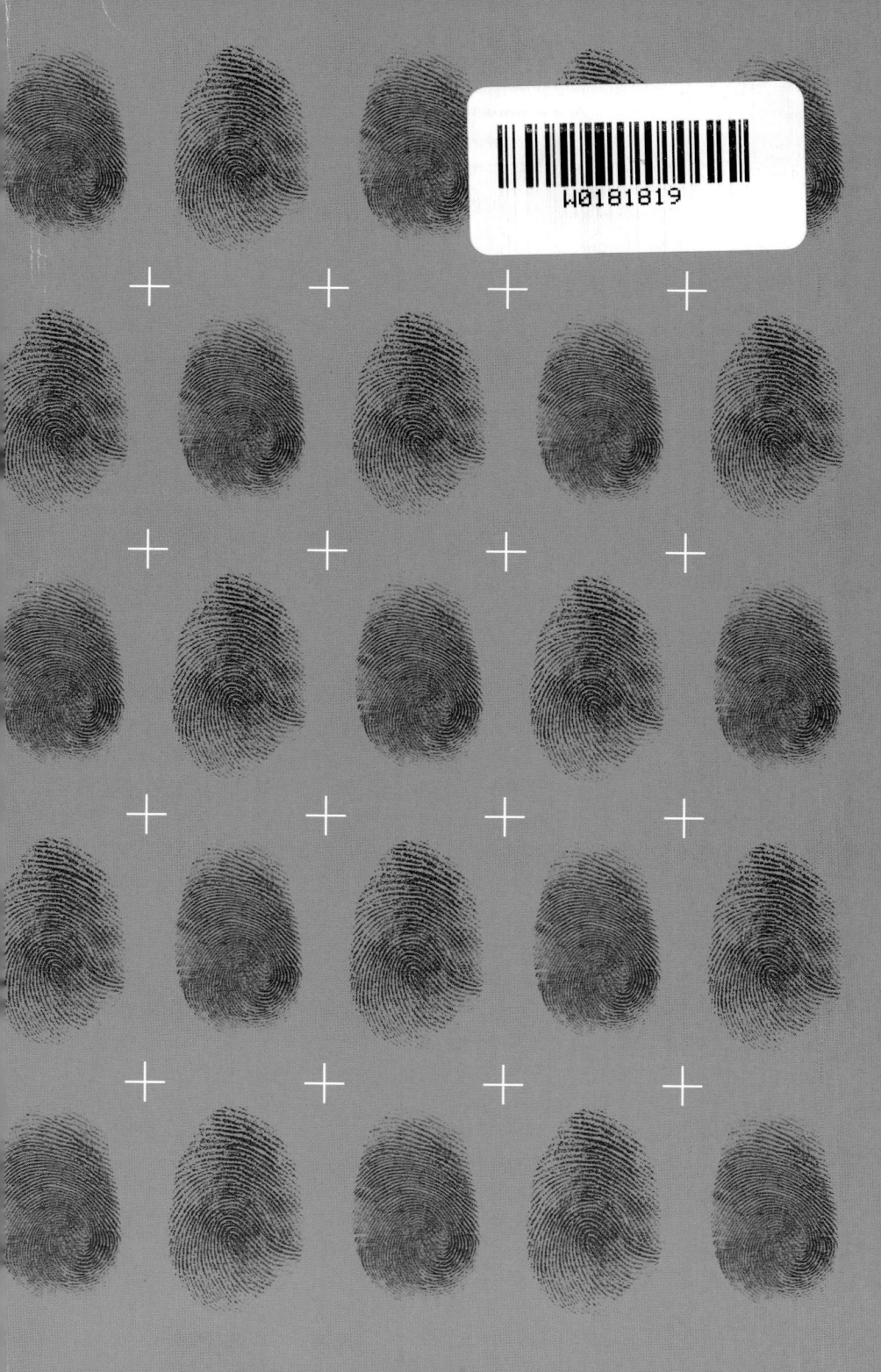

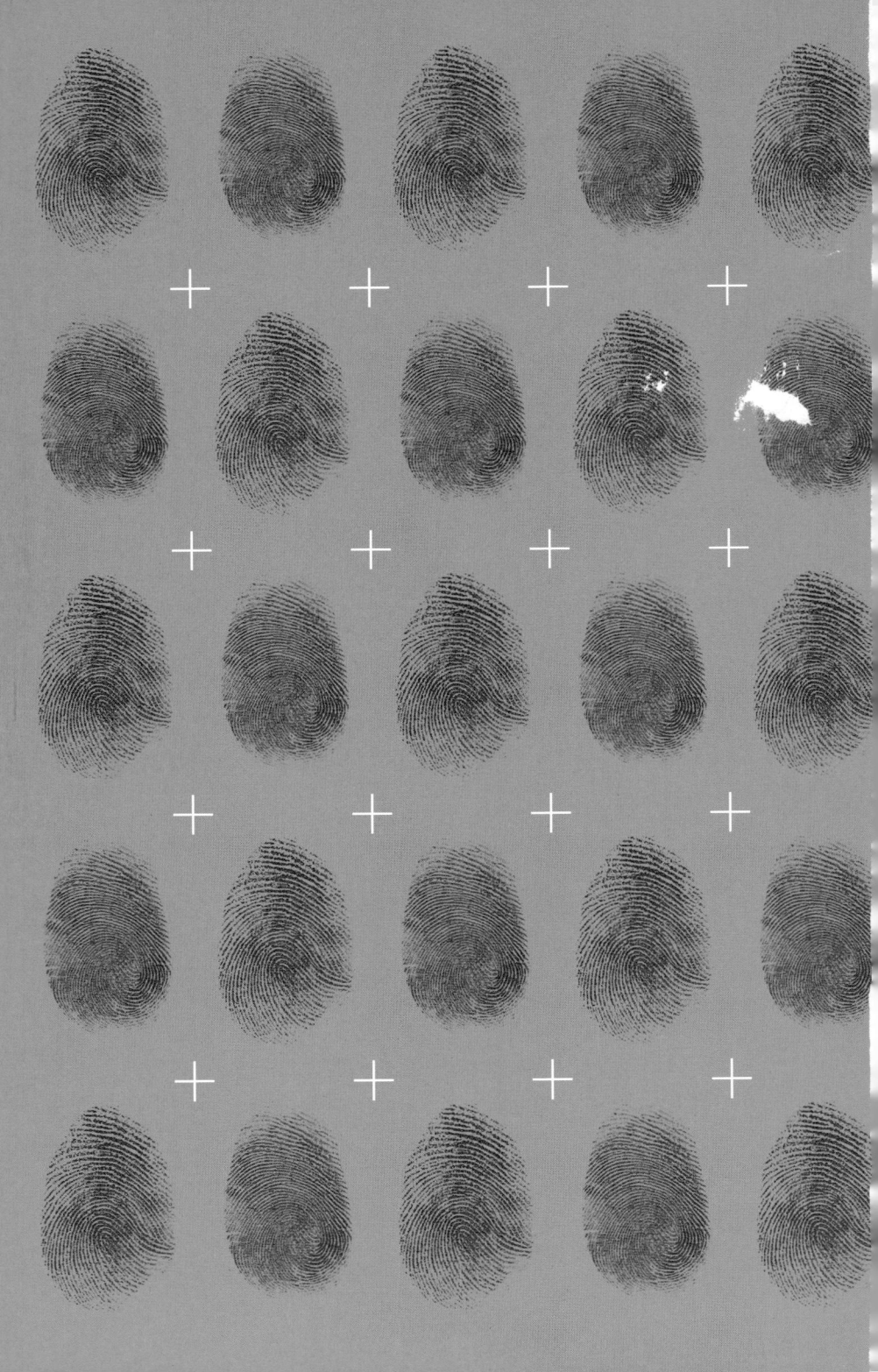

HANS-PETER SCHÜHLEN

STUTTGARTER TATORTE

KRIMINALHAUPTKOMMISSAR
HANS-PETER SCHÜHLEN

STUTTGARTER
MEINE SPEKTAKULÄRSTEN FÄLLE
TATORTE

Kriminalhauptkommissar **Hans-Peter Schühlen,** Jahrgang 1952, ist in Sindelfingen-Maichingen aufgewachsen und lebt in Weil der Stadt. 1974 wurde er als Kriminalanwärter bei der Stuttgarter Kripo eingestellt, wo er über 40 Jahre tätig war. Nach seiner Pensionierung war er federführend am Aufbau des Polizeimuseums Stuttgart beteiligt. Wenn der Globetrotter nicht auf Reisen unterwegs ist, organisiert er Krimi-Führungen durch Stuttgart.

Bildnachweis:
Chepko Danil/Fotolia: Seite 149.
ibusca/iStock: Umschlagvorderseite, Seite 2/3.
Polizeihistorischer Verein Stuttgart e. V.: Seite 13, 21, 29, 42, 48, 53, 59, 66, 79, 88, 97, 105, 109, 134/135, 139, 159, 168, 175, 177, 181, 183, 185.
Privatarchiv Schühlen: Seite 18/19, 24, 27, 37, 73, 84, 117, 143, 152, 188.
Horst Rudel: Seite 124, 129.

1. Auflage 2017

© 2017 by Silberburg-Verlag GmbH,
Schönbuchstraße 48, D-72074 Tübingen.
Alle Rechte vorbehalten.
Umschlaggestaltung:
Christoph Wöhler, Tübingen.
Druck: Gulde-Druck, Tübingen.
Printed in Germany.

ISBN 978-3-8425-2012-7

Besuchen Sie uns im Internet und entdecken Sie die Vielfalt unseres Verlagsprogramms:
www.silberburg.de

Ihre Meinung ist wichtig …

… für unsere Verlagsarbeit. Wir freuen uns auf Kritik und Anregungen unter:

www.silberburg.de/Meinung

Inhalt

Vorwort 7

Aller Anfang ist schwer 10

Mord, Brandstiftung und andere Abgründe 27

»Verkehrsdelikt« 35

Sand aus Mogadischu 41

Ein Mord zum 21. Geburtstag 56

Des Pyromanen heiße Liebe 64

Beifall für eine Tote 75

Leidenschaft Feuer 82

Mordkommando aus Hamburg 91

Heißer Mai-Feiertag 103

Der Mörder, dein Freund und Helfer 113

Geiselnahme im Weidachtal 122

Brandstiftung unter Polizeiaufsicht 132

Wie im Krimi 142

Der Katakombenkommissar ermittelt 149

Sühne nach 19 Jahren 162

Kurz notiert 173

Nachwort 184

Dank 190

Glossar 191

Dieses Buch möchte ich meiner Cousine Monika Brock widmen, mit der ich in meiner Kindheit gelegentlich die Sommerferien verbrachte. Sie wurde am 18. August 1967, nur kurz nach ihrer Auswanderung mit ihren Eltern und Geschwistern in die USA, in unmittelbarer Nähe ihres Elternhauses in Greenwood, South Carolina, von einem 27-jährigen psychisch kranken jungen Mann auf bestialische Weise erstochen. Sie wurde nur elf Jahre alt.

Vorwort

Auf wilde Schießereien, dramatische Verfolgungsfahrten und explodierende Fahrzeuge werden Sie bei der Lektüre dieses Buches nicht stoßen. Ich muss Sie auch enttäuschen, wenn Sie erwarten, die Erlebnisse eines Stuttgarter Schimanskis vorfinden. Wovon ich Ihnen erzählen möchte, ist die realistische kriminalpolizeiliche Arbeit in all ihren Facetten, mit allen Widrigkeiten, aber auch mit all ihren Erfolgsgeschichten.

Mehrere hundert Tötungsdelikte und nicht viel weniger Brandfälle wurden während meiner über 40-jährigen Dienstzeit von der Stuttgarter Mord- und Brandkommission bearbeitet. Bis auf wenige Mordfälle konnten die meisten dieser Straftaten aufgeklärt und die Beschuldigten überführt werden. Sämtliche Ermittlungs- und Fahndungserfolge, die ich Ihnen in diesem Buch schildere, gehen natürlich nicht allein auf mein Konto, sie sind nicht Erfolg eines einzelnen Kommissars, sondern immer eines ganzen Teams.

Neben vielen interessanten Begegnungen mit Menschen jedweder Couleur – vom Wohnsitzlosen bis zum Konzernvorstand – ist meine Dienstzeit natürlich auch geprägt von unzähligen belastenden Momenten, die auch gestandenen Kriminalbeamten die Tränen in die Augen treiben. Wenn Sie zu Ermittlungen in ein Krankenhaus gerufen werden und dort ein totes fünfjähriges Mädchen vorfinden, am ganzen Körper übersät mit Hämatomen, die ihm ein Elternteil zugefügt hat, sind die eigenen Gefühle nur schwer zu ertragen. Das Kind war kurz zuvor vom Notarztwagen eingeliefert worden und verstarb unter den Händen der Ärzte an den schweren Verletzungen. Ohnmächtige Wut machte sich in solchen Momenten in mir breit, die ich aber bändigen musste, um sachlich und objektiv ermitteln zu können. Todesfälle mit Kindern gingen nicht nur mir als Vater, sondern allen Kollegen an die Substanz.

Neben all diesen schrecklichen Momenten gab es natürlich auch nette, teilweise lustige Augenblicke. Wie damals, als ich während eines Bereitschaftsdienstes abends von zuhause aus zu einem Mordfall ausrücken musste. Ganz verzweifelt suchte ich den Schlüssel meines

Dienstwagens und entschloss mich schließlich, da er unauffindbar war, mit dem eigenen Auto an den Tatort zu fahren. Ich war schon auf dem Weg zur Garage, als mir meine Ehefrau zurief, sie habe den Schlüssel gefunden. Er war in der Spülmaschine. Es hatte sich dann herausgestellt, dass unser fünfjähriger Sohn die Dienstwagenschlüssel kurzerhand beiseitegeschafft hatte. Er konnte es überhaupt nicht leiden, wenn sein Vater Dienst hatte und dann immer lange weg war.

Eine Begebenheit, die mir äußerst peinlich war und die möglicherweise für mich mit drastischen Konsequenzen hätte enden können, trug sich Anfang der 80er-Jahre zu. Zusammen mit einem Kollegen war ich im Rahmen von Ermittlungen in einem Mordfall unterwegs. Wir wollten in einer großen Fellbacher Firma einen Zeugen befragen. Dazu nahmen wir in einer Sitzecke im Foyer des Unternehmens Platz und protokollierten dort die Aussage des Zeugen. Danach fuhren wir wieder zurück zum Stuttgarter Polizeipräsidium in der Hahnemannstraße. Als ich aus dem Dienstwagen ausstieg, bemerkte ich, dass meine Herrenumhängetasche samt (entgegen der Dienstvorschrift) darin befindlicher Dienstpistole und mein Dienstausweis fehlten. Augenblicklich stellte sich Panik bei mir ein. Meine Körpertemperatur stieg auf gefühlte 41 Grad. Schnell war mir bewusst, dass ich meine Tasche vor dem Gespräch mit dem Zeugen neben meinem Sitzplatz im Foyer der Firma abgestellt und dort wohl stehen gelassen hatte. Nun hatte ich ein echtes Problem. Was, wenn Pistole und Dienstausweis in falsche Hände geraten? Ohne lange über mögliche disziplinarische Folgen nachzudenken, montierten wir unser Blaulicht auf den Zivilwagen und brausten mit eingeschaltetem Martinshorn durch den Stuttgarter Feierabendverkehr zurück nach Fellbach. Als wir mit quietschenden Reifen vor dem Firmengebäude hielten, kam uns auch schon der Empfangschef entgegen – mit einem breiten Grinsen im Gesicht und meiner Tasche in der Hand. Glücklicherweise trafen wir ein, bevor er telefonisch meine Dienststelle verständigte. Sie können sich vermutlich nicht vorstellen, welche Dimensionen der Stein hatte, der mir in diesem Moment vom Herzen gefallen ist.

Trotz der vielen aufregenden und nicht selten schrecklichen Erlebnisse habe ich bis heute nicht bereut, den Beruf des Kriminalbeamten gewählt zu haben.

Blicken Sie nun mit mir zurück auf jahrzehntelange Ermittlertätigkeit in der Mord- und Brandkommission Stuttgart, die ich in zwei

Teile gegliedert habe: In eine längere Phase im Anschluss an meine Ausbildung, die von 1977 bis ins Jahr 2004 reicht, in der ich aktuelle Straftaten bearbeitet habe. Und in eine etwas kürzere zwischen 2004 und 2012, als ich damit beschäftigt war, Alt-Mordfälle, sogenannte cold cases, neu aufzurollen.

Bevor ich jedoch von meinen Fällen berichte, will ich kurz, statt einer Einleitung, davon erzählen, wie für mich alles begann, damals im Jahr 1974 …

Hinweis: Aus Gründen des Persönlichkeitsschutzes habe ich in diesem Buch die Namen der Polizeibeamten mit wenigen Ausnahmen geändert und die Namen von Opfern, Zeugen und Tätern anonymisiert. Der Verzicht auf die Endung -innen zur Bezeichnung der weiblichen Form ist der besseren Lesbarkeit geschuldet. Sie ist selbstverständlich immer mit eingeschlossen.

Aller Anfang ist schwer

1974 | Schon wieder kommt Stuttgart im Zusammenhang mit der Baader-Meinhof-Gruppe *(RAF)* in die Schlagzeilen. Das Jahr ist noch jung, als die Radionachrichten berichten, dass Generalbundesanwalt *(GBA)* Ludwig Martin beim Oberlandesgericht Stuttgart *(OLG)* den Antrag auf Eröffnung der gerichtlichen Voruntersuchung gegen führende Mitglieder der Baader-Meinhof-Gruppe gestellt hat. Damit steht fest, dass der Prozess gegen diese terroristische Vereinigung vor dem OLG Stuttgart stattfinden wird.

In den beiden vorausgegangenen Jahren war die baden-württembergische Landeshauptstadt mehrfach wegen Aktivitäten der RAF in den Fokus der Öffentlichkeit geraten. Im Juni 1972 hatte die RAF Bombenanschläge in Stuttgart angedroht. Diese Bombendrohung hatte einen der größten Polizeieinsätze in der Stuttgarter Nachkriegszeit ausgelöst und das öffentliche Leben fast zum Erliegen gebracht. Glücklicherweise waren die angekündigten Ereignisse nicht eingetreten. Aber es war nur wenige Wochen später zu einem tragischen Todesfall im Hochhauskomplex »Hannibal« in Stuttgart-Asemwald gekommen, als bei der Stürmung einer mutmaßlich konspirativen Wohnung der RAF ein Unbeteiligter von einem Kriminalbeamten versehentlich erschossen worden war.

Dass die Nachricht von einem bevorstehenden Mammut-Prozess in Stuttgart gegen die Baader-Meinhof-Gruppe auf mein zukünftiges Leben Auswirkungen haben würde, ist mir natürlich an diesem Vormittag auf der Fahrt nach Stuttgart noch nicht klar.

Ich leiste zu dieser Zeit meine letzten Tage als Zeitsoldat beim 3. Instandsetzungsbataillon 500 in der Hahnenkamm-Kaserne im fränkischen Heidenheim bei Gunzenhausen ab und bin gerade dabei, die restlichen Urlaubstage in meiner schwäbischen Heimat zu verbringen. Bereits während meiner zweijährigen Bundeswehrzeit hatte ich indirekt die Auswirkungen der Aktivitäten der RAF zu spüren bekommen. Nach verschiedenen Bombenanschlägen, insbesondere auf Polizeidienststellen in Augsburg und München, war die Sicherheitsstufe auch in den Bundeswehrstandorten erhöht und die Wachdienste waren verstärkt worden. Wir wurden dahingehend sensibilisiert, dass Angehörige der RAF möglicherweise Bundeswehreinheiten überfallen könnten, um in den Besitz von Schusswaffen zu gelangen.

In Stuttgart will ich an diesem Tag ein paar Fragen im Reisebüro klären und einige Reiseutensilien einkaufen. Nach meinem Ausscheiden aus der Bundeswehr soll es erst einmal nach Marokko in den Urlaub gehen. Die Königstraße ist voll mit Menschen, als ich an diesem Vormittag unterwegs bin.

Da fällt mein Blick kurz auf ein Werbeplakat in einem Schaufenster. Schon fast vorbei, werde ich auf ein Logo der Polizei Baden-Württemberg aufmerksam: »Direkteinstieg zur Kriminalpolizei« steht dort in großen Lettern. Ich wundere mich noch, dass ich überhaupt vor dem Werbeplakat stehen bleibe. Die berufliche Zukunft nach meiner Bundeswehrzeit ist eigentlich schon geregelt. Als passionierter Segelflieger ist für mich klar, dass mein Wunschberuf in der Luftfahrt liegt. Vor Monaten schon habe ich mich bei der Bundesanstalt für Flugsicherung zur Ausbildung als Flugsicherungslotse beworben. Eine Eignungsprüfung habe ich auch schon gemacht und bestanden. Vor wenigen Tagen habe ich den schriftlichen Bescheid erhalten, dass ich noch im Sommer 1974 meine Ausbildung am Flughafen in Nürnberg antreten kann.

Ich bin schon dabei, mich von dem Plakat abzuwenden, um meinen Bummel über die Königstraße fortzusetzen, gehe aber plötzlich doch noch einmal einen Schritt zurück und lese weiter: »Höchstalter 35 Jahre, Fachhochschulreife oder mittlere Reife mit Berufsausbildung, charakterliche, geistige und körperliche Eignung. Informieren Sie sich unverbindlich bei unserem Einstellungsberater.«

Hat mich nicht schon früher immer der Kriminalkommissar im Fernsehen fasziniert? Wieso habe ich eigentlich nie ernsthaft darüber nachgedacht, zur Kripo zu gehen? Das wäre doch jetzt die Chance! Ich zögere und mein Blick schweift mehrfach über das Plakat. Warum eigentlich nicht, denke ich. Beraten lassen kann ich mich ja mal.

Eine Stunde später stehe ich unterhalb der Karlshöhe vor einem herrschaftlichen Gebäude in der Mörikestraße, unmittelbar neben dem Lapidarium der Stadt Stuttgart. Am Eingang hängt ein messingfarbenes Schild: »Landespolizeidirektion Stuttgart II – Verwaltung«. Im zweiten Stock dieser ehemaligen Villa Ostertag-Siegle, die Ende des 19. Jahrhunderts vom Stuttgarter Großindustriellen Gustav Siegle für dessen Tochter Margarete Ostertag erbaut wurde, befindet sich das Büro des Einstellungsberaters. Ich werde von Herrn Schilling, einem älteren Herrn mit graumeliertem Haarkranz, begrüßt. Er kommt relativ schnell zur Sache und versucht in mir die Begeisterung für eine Ausbildung zum Kriminalanwärter zu wecken. Er schildert insbesondere das abwechslungsreiche und interessante Berufsbild und vermeidet auch nicht, mich auf die guten Beförderungs- und Aufstiegsmöglichkeiten in der Polizeilaufbahn hinzuweisen.

Bei der Ausbildung von Kriminalanwärtern handle es sich um ein Sonderprogramm des Innenministeriums, um den Personalnotstand bei der Kriminalpolizei zu beheben, der sich im Zusammenhang mit den Aktivitäten der Baader-Meinhof-Bande ergeben habe. Die Ausbildung würde zwei Jahre dauern und, abgesehen von drei Laufbahnlehrgängen an der Polizeischule in Freiburg, ausschließlich in Stuttgart stattfinden. Im Rahmen eines Umlaufes würde ich mehrere Dezernate der Kriminalpolizei kennenlernen, nach absolvierter Ausbildung zum Kriminalmeister in Besoldungsgruppe A7 befördert und bei einem Dezernat als Ermittlungsbeamter eingesetzt werden. Schlussendlich verdeutlicht er mir die zeitliche Dringlichkeit. Wenn ich tatsächlich Interesse an einer Ausbildung hätte – und die formalen Voraussetzungen würden bei mir vorliegen –, so müsse ich mich sehr schnell entscheiden, da bereits zwei Wochen später eine Eignungsprüfung beim Landeskriminalamt *(LKA)* stattfinde, zu der ich dann eingeladen würde, sofern alle erforderlichen Bewerbungsunterlagen bis dahin vorliegen würden. Bei der Verabschiedung drückt er mir noch die Bewerbungsunterlagen in die Hand und bittet mich eindringlich, eine Bewerbung abzugeben.

Als ich das Polizeipräsidium an der Mörikestraße verlasse, drehen sich meine Gedanken nur noch um die Frage, ob ich mich bewerben soll oder nicht. Ich vergesse fast meine Einkäufe, die ich in Stuttgart noch erledigen möchte.

Meine Entscheidung lässt nicht lange auf sich warten. Nachdem ich bereits eine Zusage der Flugsicherung habe, ist für mich klar: »Verlieren kann ich ja nichts. Ich bewerbe mich, und wenn es nicht klappt, werde ich Fluglotse.«

Wie von Herrn Schilling angekündigt, erreicht mich, nur wenige Tage nachdem ich meine Bewerbung abgeschickt habe, eine Einladung zur Eignungsprüfung beim *LKA*. Weiterhin teilt mir Herr

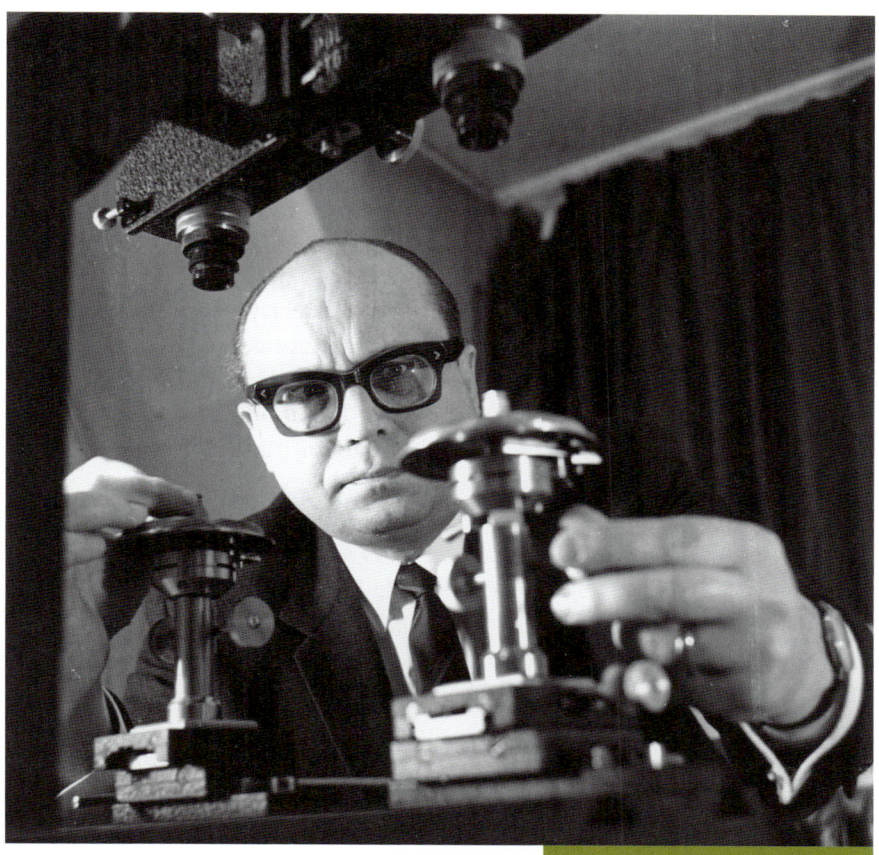

Kurt Frey, langjähriger Leiter der Stuttgarter Mordkommission und Kripochef in Stuttgart von 1970 bis 1980.

Schilling mit, dass der Chef der Stuttgarter Kriminalpolizei es sich vorbehalten hat, alle Bewerber für den Kriminaldienst persönlich kennenzulernen, um sich einen Eindruck von seinen neuen potenziellen Mitarbeitern zu verschaffen. Hierzu möge ich mich bitte am kommenden Montag um 17 Uhr im Vorzimmer des Kripo-Chefs, Herrn Leitender Kriminaldirektor Kurt Frey, einfinden.

Pünktlich, wie es sich für einen angehenden Kriminalbeamten gehört, stehe ich am Spätnachmittag des fraglichen Montags im Dienstgebäude Dorotheenstraße 10, dem Sitz der Kriminalpolizei. Dass es sich hierbei um das »Hotel Silber« handelt, weiß ich damals noch nicht. Natürlich kenne ich auch die Geschichte dieses Polizeidienstgebäudes nicht: Die Tatsache, dass in diesem Gebäude von 1933 bis 1945 die Gestapo untergebracht war und von hier die Deportation unzähliger württembergischer Juden organisiert wurde, ist mir noch viele Jahre verborgen geblieben.

Im Vorzimmer von Kripochef Frey macht sich die Vorzimmerdame Frau Rautenberg gerade fertig, um Feierabend zu machen. Die dicke, gepolsterte Türe zum Zimmer des Chefs ist verschlossen. Frau Rautenberg teilt mir einen Stuhl zu und meint, ich solle warten, bis Herr Frey mit seiner Besprechung fertig sei. Er habe die Unterlagen auf seinem Schreibtisch und wisse, dass ich einen Termin bei ihm habe. Anschließend wünscht sie mir einen schönen Abend und verlässt ihr Büro.

Dann sitze ich gottverlassen in dem Büro und warte und warte.

Es vergeht eine halbe Stunde, es vergeht eine ganze Stunde. Gelegentlich geht die Türe auf, jemand kommt heraus, holt etwas oder klärt etwas ab und geht wieder hinein. Durch den offenen Türspalt dringen in dem Moment Rauchschwaden ins Vorzimmer. Von meinem Platz aus erkenne ich einige ältere Herren, die um einen Tisch mit tief hängender Lampe sitzen und heiße Diskussionen führen. Wenn ich diese Szene in einem Kriminalfilm gesehen hätte, würde ich an ein dunkles Hinterzimmer eines illegalen Spielclubs denken. Wortfetzen dringen an mein Ohr: MEK – Einsatz – Kräfteanforderung – Zugriff.

»Um Gottes willen, wo bin ich denn hier gelandet?« Die Türe geht wieder zu. Nach einer weiteren halben Stunde vollzieht sich dasselbe Spiel wieder. Mir ist klar, dass es hier offensichtlich gerade um einen größeren bevorstehenden Einsatz geht. Ich überlege schon, ob es überhaupt sinnvoll ist, hier weiter zu warten. Ich kann mir nicht vorstellen, dass der Kripo-Chef jetzt einen Kopf hat, um mit mir ein Bewerbungsgespräch zu führen.

Fast zwei Stunden sind vergangen, als die Türe aufgeht und alle Anwesenden mit Aktenordnern unten den Armen das Zimmer verlassen. Leitender Kriminaldirektor Kurt Frey, ein stattlicher Mann Mitte fünfzig mit schwarzer Hornbrille und weißem Hemd mit hochgekrempelten Ärmeln, entdeckt mich nun im Vorzimmer und fragt mich in breitem schwäbischen Dialekt: »Wär senn Sie denn?«

Er hat den Termin offensichtlich vergessen und entschuldigt sich bei mir dafür, dass ich so lange warten musste. Geduld sei eine wesentliche Voraussetzung für den Beruf des Kriminalbeamten und dies hätte ich somit unter Beweis gestellt. Nach einigen kurzen, höflichen

Floskeln ist das Bewerbungsgespräch zu Ende, bevor es richtig angefangen hat, und ich habe den Segen des »Lieben Gottes«. Ein Spitzname, von dem ich erst später erfahre. Zu diesem Zeitpunkt weiß ich natürlich noch nicht, dass Kurt Frey in Stuttgart von seinen Mitarbeitern liebevoll der »Liebe Gott« genannt wird. Frey ist geschätzt, weil er immer ansprechbar ist und die schützende Hand über seine Mitarbeiter hält. Was ein »Donnerwetter« nicht ausschließt.

Die erste Bewährungsprobe habe ich also bestanden.

Nur wenige Tage später fahre ich wieder nach Stuttgart. Dieses Mal, um am Eignungstest beim LKA teilzunehmen, das in mehreren Gebäuden um den Hölderlinplatz im Stuttgarter Westen seinen Sitz hat. In dem alten, mehrstöckigen Gebäude neben dem 3. Polizeirevier finden sich dann neben mir noch weitere, meist jüngere Bewerber, die frisch ihr Abitur hinter sich gebracht haben. Die Eignungsprüfung besteht aus einem schriftlichen Test sowie einem anschließenden persönlichen Gespräch mit einem Polizeipsychologen, Personalsachbearbeitern und Polizeiführungskräften.

Mein Eindruck, dass alles recht gut gelaufen ist, bestätigt sich wenige Wochen später. Mich erreicht ein offizielles Schreiben des legendären Stuttgarter Polizeipräsidenten Paul Rau, der von 1956 bis 1980 die Stuttgarter Polizei repräsentiert und sich 1960 einen Namen als Gründer der Motorradstaffel der Stuttgarter Polizei gemacht hat. Seither bezeichnet man in Stuttgart die Beamten der Verkehrsüberwachung auf ihren Motorrädern liebevoll als »Raureiter«. Am 29. August 1974 soll ich am Dienstsitz des Polizeipräsidenten in der Villa Federer in der Mörikestraße 20, zusammen mit vierzehn anderen Bewerbern, als Kriminalanwärter meine Einstellungsurkunde überreicht bekommen.

Als der Tag gekommen ist, es ist ein heißer Sommertag, melde ich mich anlässlich meiner Ernennung zum Kriminalanwärter im Vorzimmer von Polizeipräsident Paul Rau in der Mörikestraße an. Ich bin etwas eingeschüchtert von der herrschaftlichen Villa Federer, seit 1958 Dienstsitz des Stuttgarter Polizeipräsidenten. Zuvor hatte hier Oberbürgermeister Dr. Arnulf Klett sein Büro.

Die resolute Vorzimmerdame und Sekretärin des Polizeipräsidenten führt mich zusammen mit weiteren Anwärtern in einen beeindruckenden Empfangssaal und kündigt an, dass der Herr Polizeipräsident in wenigen Minuten erscheine.

Tatsächlich dauert es nicht lange, die hohe, doppelflügelige Tür geht auf und Polizeipräsident Rau betritt den Saal. Ich mache Anstalten, mich von meinem Stuhl zu erheben, wie ich es als ehemaliger Bundeswehr-Unteroffizier gewohnt war, wenn eine höhergestellte Persönlichkeit den Raum betritt.

Meine Kollegen, allesamt frisch von der Schulbank angereist, erkennen die Situation nicht und bleiben sitzen, was mich dann dazu veranlasst, ebenfalls sitzen zu bleiben. Es vergehen Sekunden, die mir unendlich lang vorkommen. Polizeipräsident Rau schaut ernst in die Runde, mustert jeden Einzelnen von uns und sagt zunächst keinen Ton.

Schließlich bricht er sein Schweigen: »Meine Herren, ich verlasse jetzt den Raum und komme später wieder. Sie können sich ja zwischenzeitlich überlegen, was Sie falsch gemacht haben.« Er macht eine Kehrtwendung und die Tür fällt hinter ihm ins Schloss. Meine neuen Kollegen schauen sich fragend an.

»Seid ihr eigentlich bescheuert?«, fährt es aus mir raus. Ich kläre sie darüber auf, dass er erwartet hat, dass wir uns von den Sitzplätzen erheben.

Eine geschlagene halbe Stunde lässt er uns nun warten.

»Na also, es geht doch«, meint er, als er das zweite Mal im Saal erscheint und alle Kandidaten artig aufstehen. Sein Ärger verflüchtigt sich ziemlich schnell. Er schildert uns ausführlich, welchen Herausforderungen die Polizei derzeit gegenübersteht und was wir zu erwarten haben. Er geht natürlich auch auf die Aktivitäten und die damit verbundenen Gefahrensituationen im Zusammenhang mit der Baader-Meinhof-Bande ein.

Ganz förmlich werden wir anschließend von ihm zu Kriminalanwärtern ernannt und begießen danach gemeinsam diesen feierlichen Anlass mit einem Gläschen Sekt-Orange.

Am Montag der darauffolgenden Woche ist unser offizieller Dienstantritt.

In der ersten Woche stellen sich uns die Dienststellenleiter sämtlicher Kriminalpolizeidienststellen im Rahmen einer Ausbildungswoche vor und erläutern ihre Aufgaben anhand von interessanten Kriminalfällen. Die Woche endet mit der Aushändigung eines Polizei-Dienstausweises, einer Kriminaldienstmarke, in die meine Dienstnummer 0876 eingraviert ist, sowie einer Dienstpistole vom Typ Walther PPK, Kaliber 7,65 Millimeter, samt Munition. Die Ausbildung an der Waffe soll in den nächsten Tagen erfolgen.

Als erste Ausbildungsstation ist für mich das Dezernat 11 (Jugendschutz) vorgesehen, das im Dachgeschoss des Alten Waisenhauses am Charlottenplatz seinen Dienstsitz hat. Vom Dienststellenleiter werde ich dem erfahrenen, älteren Kollegen Armin Baier zugeteilt. Diese Betreuer werden noch heute im Polizeijargon »Bärenführer« genannt.

Er übergibt mir auch gleich einen ersten Fall. Dem Schüler eines Stuttgarter Gymnasiums wurde der Füllfederhalter gestohlen. Einen Tatverdacht hat er nicht. Von meinem Bärenführer werden mir die einzelnen Ermittlungsschritte und auch die ganzen Formalien erläutert, die zu beachten sind. (Zu meiner Schande muss ich gestehen, dass ich diesen Fall bis heute nicht aufklären konnte.)

Im Rahmen von Jugendschutzstreifen sind wir oft unterwegs und kontrollieren in Gaststätten und bei Veranstaltungen, ob die Vorschriften zum Schutz der Jugend eingehalten werden. Auch der ein oder andere Jugendliche wird von uns im Kaufhaus abgeholt, wenn er dort beim Ladendiebstahl vom Kaufhausdetektiv erwischt wurde.

In den ersten Tagen komme ich auch gleich zu meiner ersten Einsatzfahrt mit Blaulicht. Bei einer Bank ist Überfallalarm ausgelöst worden. In solchen Fällen fahren neben den Streifenwagen der Schutzpolizei auch Zivilfahrzeuge der Kriminalpolizei schnellstens zum mutmaßlichen Tatort, um gegebenenfalls Observations- oder Fahndungsaufträge übernehmen zu können. Kurz bevor wir mit unserem PS-starken weißen VW Käfer Baujahr 1965 vor Ort sind, kommt über Funk allerdings die Durchsage, dass es sich um einen Fehlalarm handelt.

Nach einem sechswöchigen Kriminalanwärterlehrgang an der Landespolizeischule in Freiburg werde ich die nächsten zwei Monate zum Dezernat 14 (Staatsschutz) abgeordnet. Diese Dienststelle ist (zur damaligen Zeit) im Dachgeschoss der Präsidentenvilla in der Mörikestraße 20 untergebracht, in der ich vor wenigen Wochen meine Ernennungsurkunde zum Kriminalanwärter erhalten habe.

Die nächsten Wochen sind ausgefüllt mit Ermittlungs-, Überprüfungs- und Observationsmaßnahmen im Zusammenhang mit der Baader-Meinhof-Bande. Man hat Bezüge nach Stuttgart fest-

gestellt und vermutet, dass hier konspirative Wohnungen unterhalten werden.

Sehr oft sind wir auch bei Staatsempfängen im Neuen Schloss oder in den Ministerien eingesetzt, da die Kriminalpolizei für den Innenschutz zuständig ist.

Nach einem oft nervenaufreibenden Dienst ist es beim Dezernat Staatsschutz nicht unüblich, sich nach Feierabend ein Fläschchen Bier zu genehmigen. Ich, als Jüngster im Dezernat, bekomme von den Kollegen dann manchmal den Auftrag, in der Kantine ein paar Flaschen Bier zu holen und dabei auch das Leergut abzugeben. Und

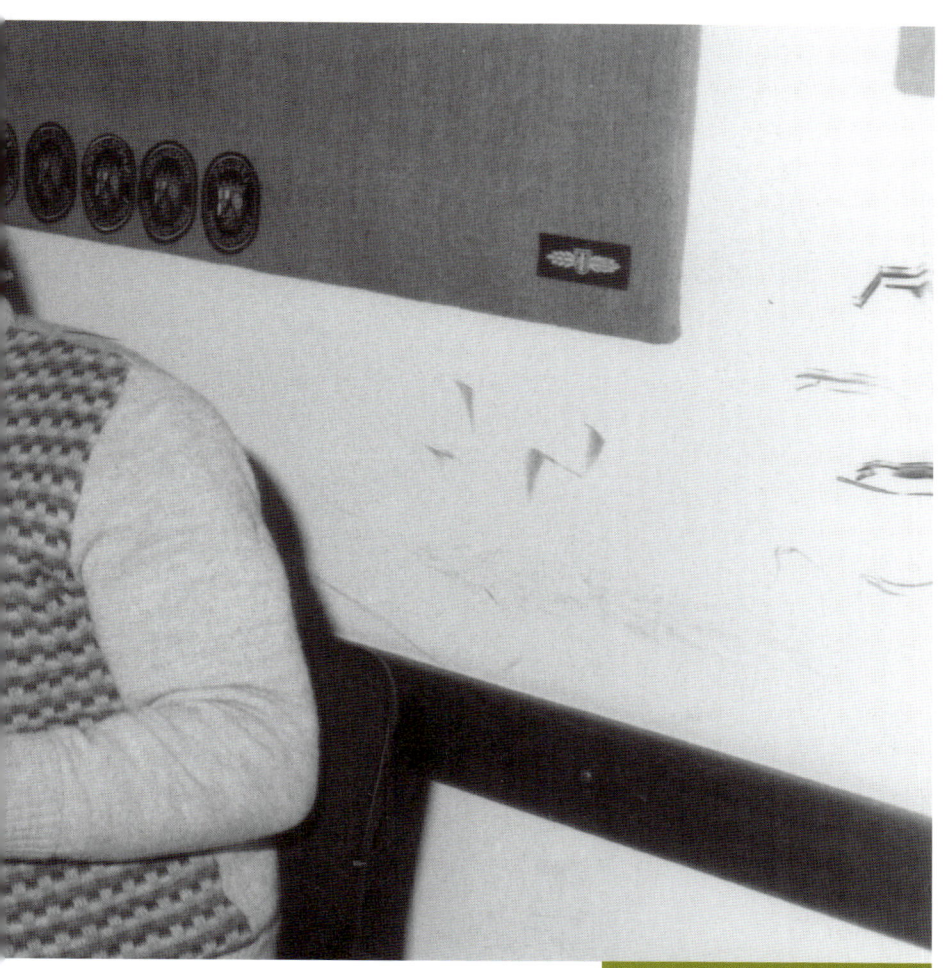

Dieses Bild zeigt mich, damals noch Kriminalmeister, beim Aktenstudium im Stuttgarter Polizeipräsidium am Pragsattel im Jahr 1977.

so passiert es auch, dass just in dem Moment, als ich mit den leeren Bierflaschen im Arm die knarzende Holztreppe runtergehe, sich im ersten Stock eine Türe öffnet und Polizeipräsident Rau ins Treppenhaus tritt. Man möchte im Erdboden versinken, so peinlich ist mir die Begegnung in diesem Moment. Wie angewurzelt bleibe ich stehen, vermutlich mit hochrotem Kopf. Mein erster Gedanke ist: »So, das war's jetzt – das ist das Ende deiner Polizeilaufbahn!«

Polizeipräsident Rau mustert mich und meine Leergutsammlung im Arm, sagt zunächst nichts, lächelt dann ganz knitz, wünscht mir einen schönen Abend und geht weiter.

Glücklicherweise hat diese Begegnung dann doch nicht zum Ende meiner Polizeikarriere geführt. Das Buch wäre nämlich sonst an dieser Stelle zu Ende.

Nach einem weiteren sechsmonatigen Lehrgang an der Landespolizeischule ist ab August 1975 das Dezernat 5 (Diebstahlsdelikte) für die nächsten Monate meine dienstliche Heimat. Täglich bin ich mit Kollegen in Stuttgarts Kaufhäusern unterwegs, um vorwiegend männliche, gelegentlich aber auch weibliche Ladendiebe einzusammeln, die dort von Hausdetektiven beim Diebstahl ertappt worden sind. Wir bringen sie anschließend zu unserer Dienststelle im »Hotel Silber«, überprüfen, ob sie einen festen Wohnsitz haben, geben ihnen Gelegenheit, sich zu den Vorwürfen zu äußern, und liefern sie, sofern sie keinen festen Wohnsitz nachweisen können, in die Polizeihaftanstalt ein, die im Erdgeschoss des gleichen Gebäudes eingerichtet ist.

Täglich werden meine Kollegen und ich vom Dezernatsleiter mit Diebstahlsanzeigen eingedeckt. Der Stapel auf meinem Schreibtisch wird einfach nicht kleiner. Ist ein Vorgang zur Vorlage an die Staatsanwaltschaft abgeschlossen, kommen zwei neue Vorgänge hinzu. Sachbearbeitung wie am Fließband. Über ein halbes Jahr bin ich dieser massenhaften Flut an Diebstahlsanzeigen ausgesetzt.

Am Montag, dem 2. Februar 1976, finde ich mich morgens zu Dienstbeginn bei der Mordkommission in der Hasenbergstraße im Stuttgarter Westen ein.

Als ich mich beim Inspektionsleiter, Kriminalhauptkommissar Müller, vorstelle, sind bereits sämtliche Kollegen in dessen Büro versammelt. Er hatte am Tag zuvor Geburtstag und all seine Mitarbeiter sind zum Gratulieren erschienen.

Nur wenige Minuten später wird die lockere Runde durch einen Anruf unterbrochen. Herr Müller nimmt das Gespräch entgegen. Seine ursprünglich heitere Miene verzieht sich zu einem ernsthaften Gesichtsausdruck, er macht sich eifrig Notizen auf einem Zettel, beendet das Telefonat nach kurzer Zeit und wendet sich zu uns: »Männer, sattelt die Hühner! Die Funkzentrale teilt mit, dass vor wenigen Minuten in unmittelbarer Nähe, in der Gutenbergstraße, eine Frau mit einem Kabel um den Hals tot aufgefunden wurde. Wir müssen von einem Mord ausgehen.«

Paul Rau prägt von 1956 bis 1980 über 24 Jahre als Polizeipräsident die Stuttgarter Polizei.

Alle Anwesenden bekommen von ihm eine Aufgabe zugeteilt. Während ein Trupp von vier Beamten sofort zu Fuß an den von der Dienststelle nur 100 Meter entfernten

Tatort ausrückt, soll ich mich zusammen mit weiteren Kollegen zur Durchführung einer Nachbarschaftsbefragung bereithalten.

Noch bevor wir mit der Befragung in dem Mehrfamilienhaus beginnen, in dem sich die Tat zugetragen hat, wird folgender Sachverhalt bekannt: Eine 42-jährige alleinstehende Frau, Tochter der Hausbesitzerin, wurde laut Gerichtsmediziner in den frühen Morgenstunden in ihrer Wohnung überfallen und beraubt. Die Wohnung ist durchwühlt, sämtliche Schränke, Schubladen und Behältnisse sind geöffnet. Die lediglich mit einem Nachthemd bekleidete Frau liegt auf dem Boden und wurde offensichtlich mit einem Elektrokabel erdrosselt.

Bis weit in den Abend hinein befragen wir sämtliche Hausbewohner und die Nachbarschaft nach Hinweisen oder verdächtigen Wahrnehmungen. Leider ergeben sich keine konkreten Ermittlungsansätze, die uns auf die Spur des Täters führen könnten.

Über mehrere Wochen arbeitet die Sonderkommission mit mindestens 20 Beamten akribisch alle Hinweise und Spuren ab. Das komplette persönliche Umfeld des Opfers sowie Bezugspersonen im Kollegenkreis werden befragt und gegebenenfalls überprüft. Als alle Ermittlungsansätze ausgeschöpft sind, berichtet im Mai 1976 die Fernsehsendung »Aktenzeichen XY – ungelöst« von dem Fall. Auch ich sitze damals an einem Telefon im Polizeipräsidium, an dem Hinweise aufgenommen werden sollen.

Allerdings bringt auch die Sendung keinen Durchbruch. Der entscheidende Hinweis geht nicht ein, so dass der erste Mordfall, mit dem ich als Kriminalbeamter konfrontiert werde, nicht aufgeklärt werden kann.

Da zum Aufgabengebiet der Mordkommission auch die Bearbeitung von unklaren Todesfällen, Suiziden, tödlichen Haus- oder Betriebsunfällen gehört, werden alle Kriminalanwärter zu sogenannten Leichensachbearbeitern ausgebildet, um erkennen zu können, ob in einem vorliegenden Todesfall möglicherweise nachgeholfen wurde, das heißt ob eventuell Fremdverschulden vorliegen könnte. Aus diesem Grund werde ich dem erfahrenen und kurz vor der Pensionierung stehenden »Bärenführer« Werner Bächle zur Seite gestellt, der mich in die Leichensachbearbeitung einweisen soll.

Kurz nach Dienstbeginn, an einem sonnigen Februartag, rücken wir gemeinsam nach Stuttgart-Feuerbach in den Föhrichwald zu meiner ersten Leichensache aus. Ein Spaziergänger hat dort offensichtlich einen älteren Mann erhängt an einem Baum vorgefunden. Ein zwischenzeitlich eingetroffener Arzt habe den Tod festgestellt, weshalb nun die Mordkommission auf den Plan gerufen wird.

Ein Streifenwagen des Polizeireviers Feuerbach lotst uns zu dem einsamen Tatort im Föhrichwald. Dort angekommen, fordert mich mein »Bärenführer« auf: »So, jetzt schau genau hin, was ich mache, protokolliere sämtliche Angaben der Kollegen der Schutzpolizei und notiere alles, was ich dir später bei der Besichtigung der Leiche diktiere, damit wir mit deinen Aufschrieben einen ordentlichen Bericht an die Staatsanwaltschaft fertigen können.«

Gesagt, getan. Ich schreibe seitenweise die Informationen der beiden Streifenbeamten nieder und anschließend, nachdem wir die bereits steife Leiche vom Baum abgehängt haben, notiere ich mir über viele Seiten die einzelnen Leichenerscheinungen, die mir mein »Bärenführer« während der Leichenbesichtigung diktiert.

Glücklicherweise finden wir in der Kleidung einen Schlüsselbund sowie Hinweise auf seine Identität und seinen Wohnort, so dass wir nach dem Abtransport des Leichnams durch den städtischen Bestattungsdienst sofort zur mutmaßlichen Wohnung des Toten fahren können.

Wir haben Glück, der Schlüssel passt in die Wohnungstür. Der ältere Mann lebte dort alleine und sehr zurückgezogen. Auf dem Küchentisch finden wir eine Vielzahl von Medikamentenschachteln sowie Arztbriefe, die darauf schließen lassen, dass der Mann schwer krank war und seinem Leben ein Ende gesetzt hat.

Alle weiteren Ermittlungen können wir anschließend von der Dienststelle aus erledigen. Da spätestens am nächsten Morgen ein umfassender Bericht an die Staatsanwaltschaft vorgelegt werden muss, damit der Leichnam zur Beerdigung freigegeben werden kann, müssen wir am späten Nachmittag noch in die Tasten greifen. Nun ist meine Mithilfe gefordert, da ich ja die ganzen Angaben, wie ich finde, ausführlich notiert habe. Wir setzen uns zu einer Angestellten ins Schreibzimmer und mein »Bärenführer« beginnt zu diktieren. Er hört gar nicht auf. Ich bin perplex, was er alles in seinem Gedächtnis gespeichert hat. Nach annähernd einer Stunde ist er mit dem zehnseitigen Bericht fertig, ohne meine Hilfe in Anspruch genommen zu haben. Anstandshalber fragt er mich: »Stimmt's? Oder hab ich was vergessen?«

Mit dem Feuerwehr-Einsatzleiter spreche ich mich am Brandort ab.

Natürlich nicht, bis aufs kleinste Detail stimmt alles mit meinen Aufzeichnungen überein.

Meinen ersten Todesfall habe ich hinter mich gebracht. Es klingt jetzt vielleicht pietätlos, aber es war ein angenehmer Todesfall. Ein Tatort im Wald bei Sonnenschein, kein übler Verwesungsgeruch, da der Tod erst wenige Stunden zuvor eingetreten war. Kann man sich einen angenehmeren Tatort vorstellen?

Um mehr Sicherheit bei der Bearbeitung von Todesfällen zu bekommen, muss ich in den nächsten Wochen noch möglichst oft mit erfahrenen Kollegen ausrücken. Ich habe vor kurzem erfahren, dass ich schon in vier Wochen das erste Mal als sogenannter Leichensachbearbeiter zum Bereitschaftsdienst eingeteilt bin. Dann kann es sein, dass ich außerhalb der normalen Bürozeit alleine – ohne »Bärenführer« – zu Todesfällen ausrücken muss.

Tatsächlich warte ich nicht allzu lange auf meine ersten Einsätze im Bereitschaftsdienst. Beim ersten Fall, einem häuslichen Sturz einer älteren Dame in Stuttgart-West, werde ich abends zuhause alarmiert. Bereits während der Anfahrt gehe ich im Geiste sämtliche Punkte meiner Checkliste für Todesfälle durch, um ja nichts zu vergessen.

Natürlich bin ich etwas aufgeregt, als ich am Tatort eintreffe. Jetzt muss ich schließlich alleine die Leichenbesichtigung durchführen und darf vor allem keine Spuren, die möglicherweise auf ein Fremdverschulden hindeuten, übersehen. Auch die Leichenerscheinungen muss ich richtig deuten, um Rückschlüsse auf die Todeszeit ziehen zu können. Irgendwie bin ich froh, dass ich nicht gleich einen Parkplatz finde, so kann ich noch einmal um den Häuserblock fahren, um meine Gedanken etwas zu sortieren.

Die Ermittlungen vor Ort gestalten sich dann doch recht unkompliziert. Die Frau hat in ihrer Wohnung alleine gelebt, ist unglücklicherweise gegen einen Heizkörper gestürzt und hat sich tödliche Kopfverletzungen zugezogen. Ein Fremdverschulden kann ich ausschließen, da die Wohnungstüre von innen abgeschlossen war.

Weil ich während meiner Umlaufzeit bei der Mordkommission noch mindestens zehn Mal im Bereitschaftsdienst ausrücken muss, bekomme ich eine gewisse Routine und Selbstsicherheit bei Todesermittlungsverfahren. Die halbjährige Ausbildungszeit bei der Mordkommission ist noch nicht abgeschlossen, da steht für mich fest, dass ich bei dieser Dienststelle alt werden könnte. Das Arbeitsspektrum ist interessant und breit gefächert, vom Mord über Brandstiftung bis zum Beamtendelikt. Allerdings sind für mich die hervorragende Zusammenarbeit und der Teamgeist unter den Mitarbeitern letztendlich entscheidend.

Mein Chef signalisiert mir am Ende meiner Ausbildungsphase, kurz bevor ich zum Abschluss noch den dreimonatigen Kriminalfachlehrgang an der Landespolizeischule in Freiburg absolviere, dass er mich gerne fest in seiner Mannschaft hätte. Da demnächst sein versierter Brandermittlungsbeamter in Ruhestand geht, will er mich für dieses Ressort gewinnen und in Speziallehrgängen zum Brandermittler und Sprengmeister ausbilden lassen. Das kommt mir natürlich sehr entgegen und ich lasse ihn wissen, dass er auf mich setzen kann.

MORD, BRANDSTIFTUNG UND ANDERE ABGRÜNDE

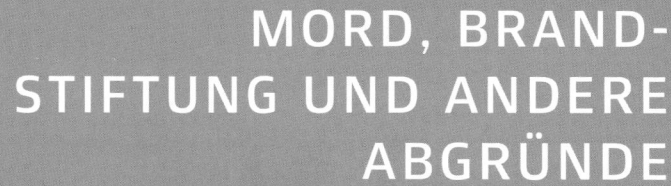

Bevor Sie mit mir in die Abgründe von Mord, Totschlag und Brandstiftung hinabsteigen, ist es mir ein wichtiges Anliegen, einige Vorbemerkungen zur Arbeitsweise der Kriminalpolizei im Allgemeinen und im Speziellen zu meiner zu machen.

Jeder hat gewisse Vorstellungen von der Tätigkeit eines Kriminalkommissars. Meistens stammen solche Bilder im Kopf aus dem Fernsehen oder aus Kriminalromanen. Dass die sich meist gravierend von der Realität unterscheiden, wird niemanden wirklich wundern.

Ein paar einfache Beispiele: Ein Fernsehkommissar trifft am Tatort ein und lässt sich von Spurensicherungsbeamten – die offensichtlich schon eine ganze Weile am Werk sind – die ersten Informationen liefern. Ein Detail könnte man meinen, aber eben auch ein Klischee, das man immer wieder in Filmen sieht und das man getrost in das Reich der Märchen verweisen kann. Nicht selten kommt der Fernsehkommissar sogar alleine an den Tatort, wenn es hoch kommt in Begleitung eines Kollegen, mit dem er dann den Fall bis zum Ende durchzieht. Im Film wird, vermutlich aus Gründen der zeitlichen und finanziellen Ökonomie, aber fast nie dargestellt, welche riesige »Maschinerie« in Wirklichkeit in Gang kommt, wenn sich bei einem Todesfall Anhaltspunkte für ein Fremdverschulden ergeben. Den bei Drehbuchautoren so beliebten alleine und eigenbrötlerisch ermittelnden Kommissar gibt es in der Realität nicht. Nirgendwo.

Grundsätzlich wird, und das nicht nur in Stuttgart, im Falle eines Tötungsdeliktes eine Mordkommission aus etwa 20 oder noch mehr Beamten gebildet – je nach Umfang der erforderlichen Ermittlungsmaßnahmen. Die Mordkommission ist dabei keine feststehende Organisationseinheit der Kriminalpolizei. Sie wird, bezogen auf den aktuellen Kriminalfall, stets neu und individuell zusammengestellt.

Landläufig bezeichnet man auch die gesamte Dienststelle, die für die Bearbeitung von Straftaten gegen das Leben, also für Tötungsdelikte zuständig ist, als »Mordkommission«. Tatsächlich heißt beziehungsweise hieß diese Organisationseinheit im Fall von Stuttgart zu der Zeit, als sich die nachfolgenden Fälle ereignet haben, aber Kriminalpolizeiinspektion 1 *(KPI 1)* (heute: Kriminalinspektion 1). Sie setzte sich aus drei Dezernaten zusammen: dem Dezernat 1, zuständig für Tötungsdelikte und unklare Todesfälle, dem Dezernat 2, zuständig für Branddelikte, Explosionen und Verstöße gegen das Ausländergesetz, sowie dem Dezernat 3, zuständig für Amts- und Korruptionsdelikte.

Vor dem Umzug ins Polizeipräsidium am Pragsattel ist die Mordkommission in der Hasenbergstraße in Stuttgart-West beheimatet.

Im Falle eines Tötungsdeliktes wurde aus Beamten der Dezernate eine Mordkommission zusammengestellt.

Neben dem Inspektionsleiter und den drei Dezernatsleitern waren dort etwa 25 Ermittlungsbeamte tätig und darüber hinaus noch etwa zehn Angestellte, die vorwiegend Schreibarbeiten erledigten und insbesondere zur Protokollierung von Zeugen- und Beschuldigtenvernehmungen zur Verfügung standen.

Unsere Büros waren zunächst nicht im Polizeipräsidium untergebracht, sondern dezentral in einem größeren Geschäftsgebäude in der Hasenbergstraße im Stuttgarter Westen. Erst im Herbst 1977 erfolgte der Umzug in das damals neue Dienstgebäude am Pragsattel.

Der bescheidene Fahrzeugpool der KPI 1 umfasste im Jahr 1976 drei Zivilfahrzeuge, einen weißen VW-Käfer 1300, einen weißen VW-Variant 1600 sowie einen dunkelblauen Opel Ascona. Alle Fahrzeuge waren mit Sprechfunkgeräten ausgestattet. Gelegentlich mussten die Beamten auch die eine oder andere Fahrt mit der Straßenbahn zurücklegen, da die drei Fahrzeuge natürlich nicht für alle Beamten ausreichten.

Unser Dienst begann werktags um 7 Uhr, wurde durch eine 30-minütige Mittagspause unterbrochen und endete, wenn keine unaufschiebbaren Ermittlungen anstanden, um 16.30 Uhr.

Außerhalb der regulären Dienstzeit, also zwischen 16.30 Uhr und 7 Uhr am nächsten Morgen sowie über das Wochenende von Freitag 16.30 Uhr durchgehend bis Montagmorgen 7 Uhr, waren zwei Kollegen zum Bereitschaftsdienst eingeteilt. Sie waren für alle Kriminalfälle zuständig, die in dieser Zeit in das Aufgabengebiet der drei Dezernate fielen. In der Regel waren das alle unklaren Todesfälle, alle versuchten und vollendeten Tötungsdelikte sowie alle Brände mit großem Schadensausmaß.

Die zwei Beamten mussten in dieser Zeit ihre ständige Erreichbarkeit gewährleisten, was in einer Zeit ohne Rufmelder oder Mobiltelefon nur einen sehr kleinen Aktionsradius um das heimische Festnetztelefon zuließ. Zunächst konnte uns auch kein Dienstfahrzeug für die Fahrten zwischen Wohnung und Tatort zur Verfügung gestellt werden, da man befürchtete, dass vor der Wohnung des Beamten abgestellte Dienstfahrzeuge möglicherweise aufgebrochen wurden und das polizeiliche Sprechfunkgerät entwendet werden könnte. Das bedeutete, dass die Bereitschaftsbeamten gegen Kostenerstattung mit dem Privatfahrzeug zum Tatort ausrückten. Für die Ehefrau hieß das nicht nur Telefonierverbot, sondern auch Fahrverbot mit der Familienkutsche.

Erst Anfang der 80er-Jahre wurde uns dann nach langem Kampf mit unserer Verwaltung ein ausrangierter VW-Käfer als Bereitschaftsfahrzeug zur Verfügung gestellt, bei dem das Funkgerät ausgebaut war.

Was passiert nun, wenn die Polizei von einem Tötungsdelikt Kenntnis erlangt? Wie kommt die ganze polizeiliche »Maschinerie« in Gang?

Zu Beginn der Ermittlungen unterscheiden sich Krimi und Realität tatsächlich nicht allzu sehr. Meist wird jemand Zeuge eines Verbrechens oder findet eine Leiche und verständigt über den Notruf 110 die Polizei. Die Polizeinotrufzentrale schickt, heute wie damals, einen Streifenwagen zum Tatort und verständigt den Kriminaldauerdienst, der ebenfalls sofort zum Ort des Geschehens ausrückt. Tagsüber, also zu den normalen Bürozeiten, wird der Leiter des Dezernates für Tötungsdelikte über den Sachverhalt informiert.

Während die Kollegen der Schutzpolizei vermutlich schon am Tatort eingetroffen sind, beginnt der Dezernatsleiter damit, eine Mordkommission zusammenzustellen und entsendet sofort mehrere seiner Ermittler an den Tatort. Einen davon bestimmt er als Sachbearbeiter des Falles.

Parallel dazu verständigt er die Kriminaltechnik, sofern das nicht schon von der Notrufzentrale veranlasst wurde, die dann ebenfalls mit mehreren Beamten ausrückt. Mit dabei haben sie ihren Tatortwagen, einen Klein-LKW, in dem sich sämtliche Spurensicherungsgeräte und Materialien befinden, die sie am Tatort benötigen.

Die Schutzpolizeibeamten haben zwischenzeitlich sicher schon den Tatort mit einem Absperrband gesichert, damit von unberechtigten Personen keine Spuren beschädigt oder gar zerstört werden können. Gleichzeitig verschaffen sie sich einen Überblick und versuchen festzustellen, was passiert ist, wer das Opfer ist und ob es Hinweise auf einen Täter gibt. Sie nehmen auch die Personalien sämtlicher Zeugen auf. Sollten diese den oder die Täter beschreiben können, wird natürlich sofort über Funk eine Fahndung ausgestrahlt.

Diese ersten Maßnahmen am Tatort, bei denen die Schutzpolizeibeamten teilweise auch von Kollegen des Kriminaldauerdiensts unterstützt werden, sind richtungsweisend und entscheiden im weiteren Verlauf der Ermittlungsmaßnahmen mitunter über Erfolg oder Nichterfolg im vorliegenden Fall.

Auch diese oft ausschlaggebenden Standardmaßnahmen der Streifenbeamten werden in Krimis meist zu wenig gewürdigt. Häufig werden sie zu »Komparsen« degradiert, die lediglich für die Absperrung des Tatortes zu sorgen haben. Ein Klischee, das ihnen absolut nicht gerecht wird.

Kurze Zeit später treffen die Ermittlungs- und Spurensicherungsbeamten der Mordkommission am Tatort ein und beginnen gemeinsam mit ihrer Arbeit. Sobald sich der Fallsachbearbeiter einen Überblick über die Tatortsituation und über die von ihm zu treffenden kriminalpolizeilichen Maßnahmen verschafft hat, teilt er seinen Kollegen, die mit ihm zusammen ausgerückt sind, einzelne Aufgaben zu. Meist sind es zunächst die Vernehmungen von unmittelbaren Tatzeugen, Angehörigen des Opfers sowie dem Leichenfinder. Es sind viele Ermittlungen und Zeugenvernehmungen erforderlich, die nicht – wie im Krimi suggeriert wird – lediglich von einem Kommissar und seinem Mitarbeiter alleine erledigt werden können. Daher wird der Sachbearbeiter regelmäßig von einem Ermittlungsteam vor Ort unterstützt. Falls erforderlich fordert er noch weitere Ermittler bei seinem SOKO-Leiter an.

Eine häufige Maßnahme, um nach einem Tötungsdelikt sachdienliche Hinweise zu erlangen, sind Hausbefragungen. Das Ziel ist, sämtliche Bewohner des Tatobjektes oder aber auch Nachbarn zu befragen, ob sie verdächtige Wahrnehmungen vor, während oder nach der Tat gemacht haben. Nicht selten werden die Bewohner eines ganzen Straßenzuges von den Ermittlungsbeamten aufgesucht. Das duldet keinen zeitlichen Aufschub und muss so bald als möglich erledigt werden, da erfahrungsgemäß die Erinnerungsfähigkeit der Zeugen von Tag zu Tag abnimmt und insbesondere selbst Wahrgenommenes mit gehörten oder in der Zeitung gelesenen Informationen vermengt werden. Kaum jemand dürfte in einem Krimi schon gesehen haben, wie vielleicht zehn Kriminalbeamte zum »Klingelputzen« unterwegs sind. So nennen wir diese Standardmaßnahme im Polizeijargon.

Während der Fallsachbearbeiter am Tatort alles koordiniert, wird zwischenzeitlich auf der Dienststelle die Ermittlungszentrale bezogen, ein Großraumbüro mit bis zu 20 Arbeitsplätzen, entsprechenden Kommunikationsmöglichkeiten und technischer Ausstattung. Zwischenzeitlich wurde auch eine Sonderkommission gebildet und ein Beamter zum SOKO-Leiter bestimmt. Er stellt nun seine Mannschaft zusammen, die je nach Fallkonstellation 20, 40 oder gar noch mehr Beamte umfassen kann. Diese Beamten werden dann teilweise auch aus anderen Kripo-Dezernaten zur SOKO abgeordnet.

Neben dem SOKO-Leiter und dem Fallsachbearbeiter gibt es in der Ermittlungszentrale noch einen Aktenführer, den sogenannten »Desk«. Bei ihm laufen sämtliche schriftlichen Berichte, Aktenvermerke und Vernehmungsprotokolle zusammen, die von ihm auf weitere Ermittlungsansätze, aber auch auf Widersprüchlichkeiten ausgewertet werden.

Sobald am Tatort alle unaufschiebbaren Maßnahmen am Opfer abgeschlossen sind, wird der Leichnam zur Rechtsmedizin gebracht. Der zuständige Staatsanwalt ist sehr häufig ebenfalls am Tatort, um sich einen Eindruck vom Ort des Geschehens zu machen, gegebenenfalls auch mit dem Fallsachbearbeiter strafprozessuale Maßnahmen abzusprechen oder die Obduktion anzuordnen.

Bei der Leichenöffnung ist übrigens immer von Beginn an ein Ermittlungsbeamter anwesend, um dem Gerichtsmedizinerteam fallbezogene Informationen geben zu können. Ebenso ist auch ein Kriminaltechniker mit dabei, der tatrelevante Spuren an der Opferbekleidung oder am Körper des Toten, wie Fremdhaare, Fremdblut, Fingernagelschmutz oder Sperma, sicherstellt und diese sofort an die Kriminaltechnik weiterleitet.

Und wie sieht es im Krimi aus? Da kommt der Herr Kommissar nach abgeschlossener Obduktion und lässt sich vom Gerichtsmediziner alles berichten.

Leider setzen sich die falschen Klischees über die kriminalpolizeiliche Arbeit fort. Oft ist zu sehen, wie der Ermittler in einem Wohnzimmer steht und querbeet alle anwesenden Personen, ob Zeugen oder Tatverdächtige, gemeinsam befragt. Das darf natürlich unter keinen Umständen passieren! Zeugen und insbesondere mögliche Tatverdächtige dürfen niemals gemeinsam vernommen werden. Nur wenn alle Beteiligten getrennt voneinander gehört werden, ist eine (oft unbeabsichtigte) Beeinflussung auszuschließen.

Auch müssen Fernsehkommissare ein ausgesprochen gutes Gedächtnis haben, denn sie müssen sich fast nie Notizen bei ihren Gesprächen machen. Außerdem haben sie auch meistens das Glück, immer Tatverdächtige zu ermitteln, die der deutschen Sprache mächtig sind. Ich kann mich nur an wenige Krimis erinnern, in denen stundenlange Verhöre in Anwesenheit eines Dolmetschers stattgefunden haben.

Die Ermittlungsarbeit ist in der Regel auch nicht geprägt von Spannungen zwischen den Ermittlern und dem Kripo-Chef, dem Polizeipräsidenten, dem Staatsanwalt oder dem sparsamen Haushälter aus der Polizeiverwaltung. Natürlich ist der Kripo-Chef nicht sonderlich begeistert, wenn der SOKO-Leiter zehn weitere Ermittler anfordert, die er aus anderen Dezernaten abziehen muss, obwohl diese auch am Limit arbeiten. Auch der Haushälter wird letztendlich Gelder für eine spezielle Ermittlungsmaßnahme oder wichtige kriminaltechnische Untersuchung bereitstellen, wenn es um ein Kapitalverbrechen geht, das die Bevölkerung in erheblichem Maße beunruhigt.

Die Aufklärungsquote bei Mord liegt übrigens seit Jahrzehnten (und das nicht nur in Stuttgart, sondern auch in anderen deutschen Großstädten) auf sehr hohem Niveau, häufig zwischen 90 und 100 Prozent. Mit ausschlaggebend dafür ist der Umstand, dass die meisten Tötungsdelikte Beziehungstaten innerhalb der Familie, des Bekannten- oder Kollegenkreises sind. Erfahrungsgemäß gibt es hier viele Ermittlungsansätze, die zu einem Tatverdacht führen.

Anders liegt der Fall bei Brandstiftungen. Sie aufzuklären ist weit schwieriger. Der Ermittlungsaufwand, um an Verdachtsmomente zu gelangen, ist in diesem Deliktbereich erheblich größer. Schon die Suche nach verwertbaren Spuren im Brandobjekt ist durch den meist hohen Zerstörungsgrad erheblich erschwert. Erst durch langwierige Untersuchungen kann die eigentliche Brandursache ermittelt werden und erst nach Abschluss dieser Phase wird geprüft, wer den Brand verursacht haben könnte.

Ist der Brand fahrlässig oder gar vorsätzlich gelegt worden, beginnt die Suche nach dem Brandstifter. Da allerdings viele Brandstifter keinen Bezug zum Ort ihres Zündelns haben, weil sie sich meist wahllos Objekte aussuchen, ist es weit schwieriger als bei Gewaltverbrechen, Tatverdächtige zu ermitteln beziehungsweise Hinweise auf sie zu gewinnen.

Nachdem ich nun in groben Zügen die Routinearbeit einer Mord- und Brandkommission dargestellt habe – auch um zu verdeutlichen, dass zwischen Krimi und realer Polizeiarbeit oft Welten liegen –, will ich im Folgenden von einigen meiner spektakulärsten Fälle aus meiner über 40-jährigen Dienstzeit bei der Kriminalpolizei in Stuttgart berichten.

»Verkehrsdelikt«

1976 | Mein neunmonatiger Ausbildungsabschnitt bei der Mordkommission geht bald zu Ende.

Als ich an einem Montagmorgen im Oktober 1976 kurz nach 7 Uhr mein Büro im Dienstgebäude der Mordkommission in der Hasenbergstraße im Stuttgarter Westen betrete, beginnt meine letzte Woche bei dieser Dienststelle. Ab nächster Woche werde ich für drei Monate zum Kriminalfachlehrgang an die Landespolizeischule nach Freiburg abgeordnet. In den Büros ist schon hektische Betriebsamkeit, die es ansonsten nur gibt, wenn ein Einsatz bevorsteht.

»Guten Morgen! Was ist los? Haben wir einen Einsatz?«, frage ich meinen Kollegen im Nebenzimmer, der gerade dabei ist, die Fernschreiben auszuwerten, die während der Nacht eingegangen sind. »Ja, die halbe Mordkommission war am Wochenende im Einsatz. In der Talstraße im Stuttgarter Osten, nicht weit weg vom Gaskessel, ist am Samstagnachmittag ein junges Callgirl tot in ihrem Appartement aufgefunden worden«, erklärt mir mein Zimmernachbar und fügt hinzu: »Unser Inspektionsleiter hat auch schon für 7.30 Uhr eine Besprechung für alle in seinem Büro angesetzt. Wir müssen heute jede Menge Vernehmungen und Ermittlungen in dieser Sache machen. Da brauchen wir jeden Mann.«

Kurze Zeit später versammeln sich alle Angehörigen der Stuttgarter Mordkommission pünktlich im Zimmer des Inspektionsleiters, Kriminalrat Müller. Insgesamt 24 Beamte und vier Angestellte im Schreibdienst zwängen sich in das Büro des Chefs: »Meine Damen und Herren, am Samstag kam es zu einem Tötungsdelikt an der 22-jährigen Prostituierten Maria E., die sich in ihrem Milieu ›Helene‹ genannt hat. Ihr gleichaltriger Freund, Beschützer und Zuhälter Bernd L. will sie gegen 14 Uhr tot in der Dusche ihres Appartements in der Talstraße aufgefunden haben. Aufgrund seiner Vorstrafen wegen Zuhälterei sowie des Umstandes, dass er sich in seiner ersten Vernehmung in Widersprüchlichkeiten verwickelt hat, steht er unter Tatverdacht. Zwischenzeitlich sagt er nichts mehr, er macht von seinem Aussageverweigerungsrecht Gebrauch. Er wurde nach mehrstündiger Vernehmung am frühen Sonntagmorgen vorläufig festgenommen und sitzt derzeit in der Haftanstalt im ›Hotel Silber‹. Uns liegen Erkenntnisse vor, dass sich Maria E. vor kurzem von ihrem Zuhälter trennen wollte und zu ihren Eltern nach Erlangen geflüchtet ist. Bernd L. hat sie aber unter Gewaltanwendung von dort wieder nach Stuttgart verbracht. Weiter ist uns zugetragen worden, dass Maria E. von ihrem durchschnittlichen täglichen Liebeslohn in Höhe von mindestens 500 D-Mark bis auf ein Taschengeld von 5 bis 6 D-Mark alles an Bernd L. abführen musste. Er bekommt von seiner zweiten Freundin, ebenfalls eine Prostituierte, ein fragwürdiges Alibi, das es heute zu überprüfen gilt. In diesem Zusammenhang müssen wir heute auch klären, ob sein auffälliges Auto, ein feuerwehrrotes Cabrio des Typs Ford Mustang mit Waiblinger Kennzeichen, zur mutmaßlichen Tatzeit in der Nacht von Freitag auf Samstag in der Nähe des Tatortes abgestellt war oder gesehen wurde. In Absprache mit der Staatsanwaltschaft soll er heute noch dem Haftrichter vorgeführt werden, der über eine Untersuchungshaft zu entscheiden hat.«

Inspektionsleiter Müller weist uns darauf hin, dass zwar momentan alles für Bernd L. als Täter spreche, wir aber dennoch in alle Richtungen ermitteln müssten: »Wer sagt uns, dass nicht der letzte Freier der Täter war? Aus diesem Grund müssen nun Notiz- und Adressbücher des Opfers nach Namen von Freiern oder sonstigen Kontaktpersonen ausgewertet werden.«

Nach dem Lagevortrag unseres Inspektionsleiters werden Ermittlungstrupps gebildet und die Aufträge verteilt. Als Erstes werden zwei Ermittlungstrupps eingeteilt, die eine ausführliche Hausbefragung im Tatobjekt durchführen, da am Wochenende nicht alle Bewohner erreicht werden konnten. Vielleicht gibt es einen Bewohner, der in der Nacht auf Sonntag eine verdächtige Wahrnehmung gemacht hat oder eventuell den Tatverdächtigen Bernd L. im Haus gesehen hat.

Zwei weitere Beamte bekommen den sehr wichtigen Auftrag, die in der Opferwohnung sichergestellten Notiz- und Adressbücher sowie Telefonverzeichnisse des Opfers akribisch auszuwerten und die Erreichbarkeit der Personen zu ermitteln. Schließlich müssen alle Freier der jungen Frau aufgesucht, zum Alibi vernommen und anschließend die entsprechenden Alibizeugen dazu befragt werden.

Parallel dazu wird ein weiterer Trupp den Auftrag erhalten, alle möglichen Erkenntnisse über das Opfer und den bisher einzigen Tatverdächtigen zusammenzutragen. Ein Beamter wird zusammen mit einem Kriminaltechniker beauftragt an der heute stattfindenden Obduktion bei der Gerichtsmedizinischen Fakultät der Universität Tübingen auf dem dortigen Bergfriedhof teilzunehmen. Dies soll dazu dienen, dass den Gerichtsmedizinern fallspezifische Fragen bei der Obduktion beantwortet werden können und dass umgekehrt auch wichtige Erkenntnisse aus der Obduktion sofort an die Sonderkommission weitergeleitet werden können.

Zusammen mit meinem Kollegen Kurt Steinle, der ebenfalls mit mir die Ausbildung bei der Polizei begonnen hat, werde ich zum Ermittlungskomplex »Alibi-Überprüfung der Freier« eingeteilt. Wir beide erhalten die Aufgabe, die Kontoinhaber zu ermitteln, die die Liebesdienste des Opfers nicht in bar, sondern mit einem Scheck bezahlt haben. Insgesamt fünf Schecks konnten nämlich bei der Durchsuchung des Opfer-Appartements sichergestellt werden.

Zusammen mit Kurt Steinle mache ich mich auch gleich auf den Weg zu drei Stuttgarter Banken, um die Personalien der Kontobesitzer herauszufinden. Es dauert nicht lange, bis uns die Anschriften der fünf Männer vorliegen, die es jetzt zu überprüfen gilt.

Wir haben uns auch zwischenzeitlich eine Strategie zurechtgelegt, auf welche Art und Weise wir die Personen kontaktieren, ohne sie im Beisein einer Ehefrau in Erklärungsnot zu bringen. Wir gehen davon aus, dass wir nur an wahrheitsgemäße Aussagen der »Kunden« von Helene kommen, wenn wir die betreffenden Personen in einer neutralen Umgebung, am besten auf unserer Dienststelle, mit dem delikaten Sachverhalt konfrontieren. Deshalb wollen wir die Herren, die teilweise aus der

Die »Stuttgarter Zeitung« berichtet am 18. Oktober 1976 über den Mord an dem Stuttgarter Callgirl.

Ist der Zuhälter der Mörder?

Mordkommission schließt Tatzusammenhang mit der Münchner Serie von Prostituierten-Morden aus

Das 22jährige Stuttgarter Callgirl Maria Eckert, das in der Nacht zum 16. Oktober in ihrem Appartement in der Talstraße 28 ermordet worden war, ist mit großer Wahrscheinlichkeit von ihrem Zuhälter, dem 22jährigen Bernd L. getötet worden. Dies nimmt die Stuttgarter Mordkommission an, die allerdings mit letzter Sicherheit nicht ausschließen kann, daß der letzte Kunde der attraktiven Prostituierten das Mädchen zuerst durch mehrer Schläge eines stumpfen Gegenstandes auf den Kopf erschlagen, dann erdrosselt und schließlich im Becken ihrer Dusche ertränkt hat. Obgleich der Stuttgarter Callgirl-mord auch Parallelen zu der Serie von Prostituierten-Morden in München ausweist, schließt die Mordkommission offenbar einen Tatzusammenhang aus.

Die entstellte Leiche der 22jährigen war am Nachmittag des 16. Oktober im Duschraum ihres Appartements 11 in der Talstraße 28 von ihrem „Betreuer" sowie des-
...inger Freundin — die
...betre-

Waiblinger Kennzeichen in der Nacht zum 16. Oktober geparkt war. Bisher nicht gefunden wurde auch die noch unbekannte Tatwaffe.
Nach der Version, die von der Mor... mission für wahrscheinlich...

ausgesetzt worden war, besaß die 22jährige mit der möglichen Androhung, gegen ihren Zuhälter vor Gericht auszusagen, ein erhebliches Druckmittel. Wie auch bei anderen Zuhälter-Dirne-Verhältnissen hatte sich die 22jährige, seit sie für den „Freund" zunächst auf den Straßenstrich ging, offenkundig in einer fast sklavenhaften Lage befunden.
Recherchen haben ergeben, daß Maria Eckert, die je Tag bis zu 500 Mark verdiente, den täglichen Liebeslohn auf Heller und Pfennig ihrem Zuhälter abliefern mußte. Die 22jährige...

feinen Stuttgarter Gesellschaft stammen und mit Sicherheit kein Interesse daran haben, dass ihr Ausflug in die Talstraße publik wird, unter einer sogenannten Legende – im Polizeijargon der Ausdruck für einen vorgetäuschten Vorladungsgrund – zu einer Vernehmung auf unsere Dienststelle schriftlich vorladen.

Noch am frühen Abend werfen wir die Vorladungsschreiben in die Briefkästen der Herren. Sie sollen möglichst am morgigen Dienstag wegen einer Überprüfung in einem »Verkehrsdelikt« auf unserer Dienststelle vorsprechen. Tatsächlich erscheint am nächsten Vormittag einer der Vorgeladenen. Kaum Platz genommen, bringt er seine Verwunderung zum Ausdruck, dass man jetzt wohl schon wegen eines Verkehrsdeliktes zur Kriminalpolizei vorgeladen werde.

Als er vom wahren Grund seiner Vorladung erfährt, ist ihm das sichtlich peinlich.

Nach kürzester Zeit haben wir allerdings eine sachliche Gesprächsebene gefunden, weshalb er ohne Umschweife auch zu seinem amourösen Abenteuer steht und umfassende Angaben macht. Sein Alibi für die fragliche Tatnacht lässt sich auch sehr schnell überprüfen und stellt sich als glaubhaft heraus.

Als ich das Vernehmungsprotokoll abschließe, fragt er mich, ob er in naher Zukunft damit rechnen müsse, eine Vorladung zu einer Gerichtsverhandlung zu erhalten. Wir beruhigen ihn und erklären, dass dies mit hoher Wahrscheinlichkeit nicht der Fall sein wird, sofern sich herausstellt, dass seine Angaben der Wahrheit entsprechen. Entschieden untermauert er nochmals den Wahrheitsgehalt der soeben gemachten Aussage und überreicht mir seine geschäftliche Visitenkarten mit der Bemerkung: »Für den Fall, dass Sie Nachfragen haben, kontaktieren Sie mich bitte über meine geschäftliche Rufnummer.«

Wir versprechen das!

Während Kurt den Herrn zum Ausgang begleitet, kommt mein Dezernatsleiter ins Zimmer und teilt mir mit, dass draußen im Wartezimmer ein Ehepaar warten würde, das von mir vorgeladen worden sei.

Zunächst bin ich irritiert, da ich kein Ehepaar vorgeladen habe. Im Wartezimmer treffe ich auf einen sehr sportlich gekleideten Herrn mittleren Alters, der in Begleitung seiner sehr attraktiven jungen Frau ist. Er stellt sich und seine Frau als Gerhard und Sabine Klopstock aus Stuttgart-Degerloch vor.

Da mir bewusst ist, dass sich hier möglicherweise ein mittelschweres Familiendrama anbahnt, bitte ich Herrn Klopstock, mir ins Vernehmungszimmer zu folgen. Seine Frau bitte ich, einstweilen zu warten, es würde auch nicht lange dauern.

Doch Herr Klopstock will es anders: »Nein, meine Frau kann ruhig mitkommen«, entgegnet er in der Annahme, dass er eventuell wegen einer Geschwindigkeitsüberschreitung vernommen wird. Ich versuche ihn mit Engelszungen zu überzeugen, dass es wohl besser ist, wenn seine Gemahlin im Wartezimmer bleiben würde. Weil er aber immer noch nicht begriffen hat, dass ich gerade dabei bin seine Ehe zu retten, meint er kaltschnäuzig: »Ich habe doch keine Geheimnisse vor meiner Frau!«

Ich biete nun alles auf, um das Schlimmste zu verhindern. Dabei geht es vordergründig vor allem darum, eine wahrheitsgemäße Aussage von ihm zu bekommen, was in Anwesenheit der Ehefrau nicht ohne Probleme zu schaffen wäre.

»Herr Klopstock, als Kriminalbeamter bin ich verpflichtet, Sie alleine zu vernehmen, ohne dass Sie durch die Anwesenheit Ihrer Frau oder einer anderen Person beeinflusst werden. Ich hoffe, Sie verstehen das!«, erkläre ich ihm in sehr sachlichem und bestimmendem Ton.

Widerwillig lenkt er ein und folgt mir ins Vernehmungszimmer. Behutsam kläre ich ihn dort auf, warum ich seine Ehefrau bei der Vernehmung nicht dabeihaben wollte. Von Sekunde zu Sekunde wird er bleicher im Gesicht. Ihm bleibt die Sprache weg. Kurz überlege ich, ob ich eventuell sogar einen Arzt holen muss, falls er in Ohnmacht fallen sollte.

»Glauben Sie mir nun, dass es besser war, Ihre Ehefrau draußen warten zu lassen?«, frage ich ihn. Er überwindet seine Sprachlosigkeit und macht einen verbalen Kniefall vor mir: »Sie glauben ja gar nicht, wie dankbar ich Ihnen bin! Um Gottes willen, wenn das meine Frau erfahren hätte. Bitte versprechen Sie mir, dass Sie ihr nichts darüber sagen! Das wäre das Ende meiner Ehe.« »Solange Sie mir gegenüber wahrheitsgemäße Angaben machen, sehe ich keine Veranlassung, Ihrer Frau etwas von dem ›Verkehrsdelikt‹ zu erzählen«, entgegne ich, worauf er mir vor der Vernehmung sein Ehrenwort gibt, dass ich die reine Wahrheit von ihm erfahre. Folglich läuft die Vernehmung auch sehr harmonisch und für mich gibt es keinen Zweifel am Wahrheitsgehalt seiner Aussage.

Sein Alibi stellt sich später als sattelfest heraus und kann auch von Zeugen bestätigt werden.

Als wir nach Abschluss der Vernehmung im Wartezimmer wieder auf seine Ehefrau treffen, fragt sie ihn gleich, um was es denn ging. »Halb so schlimm, war nur ein Verkehrsdelikt. Erzähl ich dir auf der Heimfahrt«, antwortet Herr Klopstock, der zwischenzeitlich wieder seine Fassung gefunden hat.

Ich möchte wirklich nicht wissen, was er seiner Gemahlin auf der Fahrt nach Hause über unser Gespräch berichtet hat. Ach ja, die anderen Vorgeladenen sind ebenfalls brav auf die Vorladung hin erschienen, allerdings kam keiner von ihnen in Begleitung seiner Ehefrau. Zur Klärung des Mordfalles haben sie allerdings insofern beigetragen, als dass sie als Tatverdächtige ausgeschlossen werden konnten.

Bernd L. wurde einige Monate später vor dem Stuttgarter Landgericht der Prozess gemacht. Er leugnete bis zuletzt, die Tat begangen zu haben. Aufgrund der vielen Indizien, die für seine Täterschaft sprachen, wurde er zu einer langjährigen Haftstrafe verurteilt.

Sand aus Mogadischu

1977 | Endlich sollen die vielen dezentral im Stadtgebiet gelegenen Dienststellen der Stuttgarter Polizei in einem neuen Polizeipräsidium untergebracht werden. Vor zwei Jahren wurde das ehemalige Robert-Bosch-Krankenhaus am Pragsattel im Stuttgarter Norden vom Land erworben und zwischenzeitlich umfangreich und mit enormen Kosten auf die polizeilichen Bedürfnisse zugeschnitten. Mitte Oktober 1977 steht auch für die KPI 1, die Mord- und Brandkommission, der Umzug an.

Für mich ist deshalb bereits beim Frühstück klar, dass heute mein Arbeitstag anders abläuft als gewöhnlich. Ich gehe davon aus, dass ich im Laufe des Tages mein komplettes Büro in Umzugskisten verpacke, damit der für den nächsten Tag geplante Umzug von unserem bisherigen Dienstgebäude in der Hasenbergstraße im Stuttgarter Westen in unser neues Domizil am Pragsattel über die Bühne kann.

Durch eine spektakuläre Radiomeldung in den 6-Uhr-Nachrichten werde ich aus meinen Gedanken gerissen. Die vor fünf Tagen von palästinensischen Terroristen entführte Lufthansa-Maschine »Landshut« wurde auf dem Flughafen der somalischen Hauptstadt Mogadischu von der deutschen Spezialeinheit GSG 9 gestürmt. Alle 86 Geiseln seien unverletzt befreit, drei der vier Entführer tödlich verletzt worden.

Das spontane Glücksgefühl über die erfolgreiche Befreiung der Passagiere und der Besatzung weicht kurze Zeit später einer inneren Anspannung, verbunden mit dem Gedanken, was jetzt wohl mit dem seit 5. September 1977 entführten Arbeitgeberpräsidenten Hanns Martin Schleyer geschieht, der nach wie vor in der Gewalt der RAF ist. Seine Entführer sowie die Geiselnehmer der Lufthansa-Maschine hatten gedroht, ihn umzubringen, wenn nicht elf deutsche Terroristen, darunter auch die in der Justizvollzugsanstalt Stuttgart-Stammheim einsitzenden RAF-Mitglieder, freigelassen werden.

Kurz nach 7 Uhr an diesem 18. Oktober 1977 betrete ich den Flur des zweiten Stockwerks in unserem Dienstgebäude in der Hasenbergstraße. Links und rechts türmen sich bereits gepackte Umzugskisten, die auf den Transport ins neue Polizeipräsidium warten. Aber ans Pa-

Das Mehrzweckgebäude (links), in dem die RAF-Prozesse stattfinden, sowie die Justizvollzugsanstalt Stuttgart (rechts).

cken ist jetzt nicht zu denken. Natürlich ist an diesem Dienstagmorgen die erfolgreiche Geiselbefreiung in Mogadischu das beherrschende Gesprächsthema unter den Kollegen. Insbesondere diskutieren wir über die möglichen Folgen, die Auswirkungen auf uns haben könnten. Es dauert nicht lange, bis sich an diesem Morgen die Ereignisse auch bei uns überschlagen.

Etwa gegen 8 Uhr erreicht uns auf dem Alarmapparat der Mordkommission die Meldung von unserem Polizeiführer vom Dienst (PVD) aus der Funkzentrale, dass wir sofort in die Justizvollzugsanstalt Stammheim ausrücken sollen, dort seien die RAF-Gefangenen Andreas Baader und Gudrun Ensslin tot in ihren Zellen aufgefunden worden. Jan-Carl Raspe und Irmgard Möller seien schwer verletzt, Notärzte seien bereits im Einsatz.

Mein Chef wird von unserem Inspektionsleiter beauftragt, mit drei seiner Beamten sofort nach Stammheim zu fahren, um die Todesermittlungen durchzuführen. Weiterhin würde die Kriminaltechnik verständigt werden, um uns bei der Spurensicherung zu unterstützen. Von meinem Chef kommt dann der Auftrag, einen Dienstwagen zu besorgen. »Wir treffen uns unten am Hauseingang. Unsere Dienstwaffen lassen wir aber hier, sonst müssen wir in Stammheim das zeitraubende Prozedere mit der Abgabe der Waffen über uns ergehen lassen!«

Lediglich mit den Fahrzeugschlüsseln und meiner Ausrücktasche mit allen für Todesermittlungsverfahren wichtigen Formularen und Utensilien bewaffnet, hole ich vom nahegelegenen Polizeiparkplatz in der Gutenbergstraße unser heißestes Pferd im Stall, einen zivilen Opel Ascona mit konspirativen Funkeinbauten. Noch kurz das Blaulicht aufmontiert, meinen Chef und zwei weitere Kollegen am Hauseingang eingesammelt und ab geht es durch den morgendlichen Berufsverkehr durch die Innenstadt und auf der B 27 in Richtung Stammheim. Keine zehn Minuten später fahren wir am Pförtnerhäuschen des angeblich sichersten Gefängnisses Deutschlands vor und halten unsere Dienstausweise bereit, da wir das übliche Zugangsprozedere erwarten.

Weit gefehlt – die Schranke geht hoch, noch bevor unser Fahrzeug zum Stillstand kommt. Wir werden durchgewinkt. Selbst das mehrere Meter hohe unüberwindbare Stahltor geht dann wie von Geisterhand gesteuert auf. Wir schauen uns ungläubig an, da jeder von uns schon mehrfach in anderer Sache im Stammheim war und jedes Mal mindestens zehn Minuten benötigte, bis er ins Herz des Gefängnisses eingelassen wurde.

Als wir im Innenhof neben den Sanitätsfahrzeugen parken und aus dem Fahrzeug steigen, werden wir auch sofort standesgemäß empfangen. Es ist nämlich ein übliches Ritual, dass Polizeibeamte – und wir sind trotz unserer zivilen Kleidung unschwer als solche zu erkennen – von den Häftlingen mit einem Konzert begrüßt werden. Sie begrüßen die Herren von der »Schmiere«, indem sie wie im Chor mit allen zur Verfügung stehenden Metallgegenständen an die Gitter ihrer Fenster klopfen.

Auch am Eingang zum Hauptgebäude müssen wir nicht wie gewohnt unsere Ausweise vorlegen. Wir werden sofort von einem Justizbeamten im Empfang genommen und mit dem Aufzug in den siebten Stock begleitet, dessen Südflügel komplett für die vier RAF-Gefangenen reserviert ist.

Im siebten Stock angekommen, kommt uns eine weibliche Aufsichtsbeamtin entgegen, die uns schon erwartet. Vermutlich mit etwas gemischten Gefühlen und mit erstauntem Gesichtsausdruck begrüßt sie mich: »Hallo, Herr Schühlen. Sie schon wieder hier in Stammheim. Sie waren doch erst letztes Jahr hier, als sich Ulrike Meinhof umgebracht hat!«

Ich erkläre dann auch gleich meinem Chef und meinen zwei Kollegen, dass ich die Dame bereits im Mai 1976 anlässlich der Ermittlungen im Zusammenhang mit dem Selbstmord der Ulrike Meinhof als Zeugin vernommen habe. Sie war in der Nacht, als sich das RAF-Mitglied in ihrer Zelle erhängt hat, die diensthabende Aufsichtsbeamtin.

Von ihr erhalten wir anschließend die ersten Informationen über die heutigen Ereignisse.

Offensichtlich sei der Gefangene Jan-Carl Raspe heute Morgen bei der Frühstücksausgabe von einem ihrer Kollegen schwer verletzt durch eine Schussverletzung in seiner Zelle aufgefunden worden, worauf man sofort einen Notarzt verständigt habe. In der Folge hätte dann das Aufsichtspersonal festgestellt, dass Andreas Baader tot in seiner Zelle liegt, Gudrun Ensslin sich an ihrem Zellenfenster erhängt hat und Irmgard Möller versucht hat, sich mit einem Messer umzubringen.

Die Verletzten Raspe und Möller seien zwischenzeitlich in notärztlicher Obhut und vermutlich schon auf dem Weg ins Krankenhaus.

Zwischenzeitlich trifft auch der Anstaltsleiter im siebten Stock ein. Auf seine Weisung hin sind sämtliche Zellen nach dem Abtransport der Verletzten abgeschlossen worden, um einer Beschädigung oder Vernichtung von kriminaltechnischen Spuren vorzubeugen. Von ihm erfahren wir auch, dass seit der Entführung Hanns Martin Schleyers eine Kontaktsperre unter den RAF-Gefangenen angeordnet worden war, um zu verhindern, dass sie Informationen von außen erhalten und untereinander austauschen. Eine Kontaktaufnahme sollte dadurch verhindert werden, dass Pressspanplatten mit einer dicken Schaumstoffauflage insbesondere zur Nachtzeit vor die Zellentüren geklemmt wurden.

Vertreter der Stuttgarter Staatsanwaltschaft sowie der Generalstaatsanwaltschaft sind nun auch vor Ort. Ebenso vier unserer Kollegen der Kriminaltechnischen Untersuchungsstelle, die uns bei der Spurensicherung unterstützen sollen. Weiterhin wird die polizeiliche

Präsenz im siebten Stock durch eine Abordnung der Abteilung Staatsschutz des LKA Baden-Württemberg (LKA BW) verstärkt.

Um eine höchstmögliche Transparenz zu gewährleisten und um jeglichen zu erwartenden Vorwürfen aus dem linken Spektrum sowie aus dem Kreis der Vertrauensanwälte im Vorfeld entgegenzutreten, wird in Absprache mit den beteiligten Ministerien für Inneres und Justiz festgelegt, dass ein internationales Rechtsmediziner-Gremium gebeten wird, die Obduktionen der verstorbenen RAF-Mitglieder durchzuführen.

Neben dem Leiter des Gerichtsmedizinischen Instituts der Stadt Stuttgart, Prof. Dr. Joachim Rauschke, der mir von vielen Obduktionen bekannt ist, soll auch der Leiter der Gerichtsmedizin der Universität Tübingen, Prof. Dr. Hans Joachim Mallach, der Obduktion beiwohnen. Aus dem europäischen Ausland will man zusätzlich die renommierten Gerichtsmediziner Prof. Dr. Wilhelm Holczabeck von der Universität Wien, Prof. Dr. Hanspeter Hartmann von der Universität Zürich sowie Prof. Dr. Armand André von der Universität Lüttich in Belgien hinzuziehen. Die Herren seien bereits verständigt und teilweise auch schon auf der Anreise nach Stuttgart. Die Polizeihubschrauberstaffel stehe bereit, um im Einzelfall die Gerichtsmediziner auf dem schnellsten Weg nach Stammheim zu transportieren. Weiterhin beabsichtigt man auch, einen Vertreter von Amnesty International sowie eine Abordnung der Wahlverteidiger der Verstorbenen zur Obduktion zuzulassen.

Man entschied, dass die Abteilung Staatsschutz des LKA BW die Ermittlungsführung übernimmt und von den Beamten der Kriminalpolizei Stuttgart dahingehend unterstützt wird, dass diese den objektiven Tatortbefund erhebt, das heißt alle objektiven Spuren und Fakten dokumentiert, sicherstellt und kriminaltechnisch untersucht.

Mit der Staatsanwaltschaft sprechen wir ab, dass die Spurensicherung erst nach dem Eintreffen des Rechtsmediziner-Gremiums beginnen soll. Vorab wollten wir aber eine erste Tatortbesichtigung machen, durch die geöffneten Zellentüren hindurch, ohne aber die Zellen zu betreten, damit keine Spuren zerstört werden.

Als Erstes lassen wir uns die Zelle 719 am südlichen Ende des großen Flures im siebten Stock aufschließen. Sie ist Andreas Baader zugewiesen und doppelt so groß wie eine normale Haftzelle, da eine Zwischenwand zwischen zwei Zellen entfernt worden ist.

Vom Eingang aus erkenne ich Baader leblos, rechts von einem Paravent auf dem Rücken liegend. Seinen Kopf umfließt ein großer Blutsee. Irgendwelche Verletzungen lassen sich von dieser Position aus nicht erkennen. Die Haftzelle macht auf mich einen sehr düsteren, unordentlichen und ungepflegten Eindruck.

Unmittelbar gegenüber Baaders Zelle liegt die Zelle 720, die von Gudrun Ensslin belegt ist. Nach dem Öffnen der Zellentüre erkenne ich eine braune Anstaltsdecke, die vor ein Zellenfenster gespannt ist. Dahinter sehen wir lediglich zwei mit Wollsocken bekleidete Füße, die frei in der Luft hängen. Ein Stuhl, der möglicherweise als Aufstiegsmittel gedient hat, steht daneben. Auch Ensslins Zelle macht einen unordentlichen Eindruck auf mich, auf dem Fußboden liegen unter anderem unappetitlichen Essensreste.

Als uns die Zelle 716 von Jan-Carl Raspe aufgeschlossen wird, äußern wir nach kurzer Betrachtung die Vermutung, dass er wohl während der Schussabgabe auf seiner Matratze auf dem Boden gesessen oder gelegen hat. An der Wand ganz hinten sind nämlich großflächig Blutantragungen über einer zum Kopfkissen zusammengerollten Anstaltsdecke zu erkennen.

Zuletzt werfen wir einen Blick in die Zelle 725, in der heute Morgen Irmgard Möller verletzt aufgefunden wurde. Auch sie hat offensichtlich, wie alle anderen RAF-Gefangenen, auf einer auf dem Boden liegenden Matratze genächtigt. Zwei Anstaltsdecken liegen auf ihrer Schlafstätte und an mehreren Stellen sind Blutspuren festzustellen.

Noch während der Besichtigung der RAF-Zellen erhalten wir die Nachricht, dass Jan-Carl Raspe um 9.45 Uhr im Katharinenhospital seiner schweren Schussverletzung erlegen ist. Aus dem Robert-Bosch-Krankenhaus erfahren wir, dass Irmgard Möller zwischenzeitlich außer Lebensgefahr sei und von einer Abordnung der Stuttgarter Schutzpolizei im Krankenhaus bewacht wird.

Inzwischen halten sich immer mehr Leute mit Rang und Namen aus dem Justizbereich im siebten Stock auf, um sich ein Bild über die Situation zu machen. Immer wieder müssen wir dafür sorgen, dass die Zellen bis zum Eintreffen des Gerichtsmediziner-Gremiums geschlossen bleiben.

Unser Chef macht uns auch deutlich, dass ganz Deutschland in den nächsten Tagen ein Augenmerk darauf haben wird, wie ordentlich und wie gründlich wir hier unsere Arbeit erledigen. Es werde sicher nicht lange dauern, bis die ersten Vorwürfe kommen und Vermutungen geäußert werden, dass hier keine Selbsttötungen, sondern möglicherweise staatlicher Mord vorliege.

Wir können uns schon jetzt ausmalen, dass allein die Tatsache, dass in eines der sichersten Gefängnisse Deutschlands Schusswaffen eingeschmuggelt wurden, einen Skandal ersten Ranges auslösen wird.

Bis zum Eintreffen des internationalen Gerichtsmediziner-Gremiums überbrücken wir die Zeit mit dem Fertigen von Grundrissskizzen und fotografischen Übersichtsaufnahmen des gesamten Zellentraktes im siebten Stock.

Endlich ist es dann so weit. Gegen 15 Uhr trifft der letzte noch zu erwartende Gerichtsmediziner, Prof. Dr. Holczabeck aus Wien, eingeflogen mit einem Polizeihubschrauber, auf dem Hubschrauberlandeplatz im Areal des Stammheimer Mehrzweckgebäudes ein.

Auf dringenden Wunsch der Gerichtsmediziner muss noch auf die Schnelle ein mobiles Röntgengerät organisiert und nach Stammheim gebracht werden, um damit Andreas Baader in Hinblick auf seine Schussverletzung in seiner Zelle röntgen zu können.

Nachdem die Vorgehensweise von den Gerichtsmedizinern festgelegt ist, macht unser Polizeifotograf zunächst Übersichts- und Detailaufnahmen von Baaders Zelle. Anschließend können wir Polizeibeamte zusammen mit den Gerichtsmedizinern erstmals die Zelle betreten und uns einen detaillierten Überblick über die Tatortsituation machen. Jetzt erst erkenne ich auch die Pistole, die neben dem Kopf von Andreas Baader in dessen Blut liegt.

In meinen Gedanken blenden sich in dem Moment Bilder von Begegnungen ein, als ich Andreas Baader – die Augen meist verdeckt durch eine runde Sonnenbrille – im Gerichtssaal erlebt habe. Ich habe gelegentlich während meiner Abordnungen zum Stammheimer Prozess als Zuhörer im Saal gesessen. Insbesondere erinnere ich mich an die übelsten Beleidigungen, die er öfters dem Vorsitzenden Richter Dr. Prinzing an den Kopf geworfen hat.

Emotionen haben hier jedoch keinen Platz, jetzt ist von uns eine sachliche und gewissenhafte Polizeiarbeit gefordert.

Da wir keine Sektionsgehilfen hier vor Ort in Stammheim haben und sich alle Anwesenden nicht angesprochen fühlen, als der Leichnam von Andreas Baader nun auf die mobile Röntgenanlage gelegt

werden soll, ergreifen mein Kollege und ich die Initiative. Wir stülpen uns Latex-Einweghandschuhe über die Hände und hieven den Toten auf den Röntgentisch.

Als Ergebnis stellen die Mediziner anschließend fest, dass der Kopf im Bereich des Nackens ein Einschussloch und vorne im Bereich des Haaransatzes an der Stirn ein Ausschussloch aufweist.

Die blutverschmierte Pistole stellen unsere Kriminaltechniker sicher. Da die Griffschalen der Waffe offensichtlich entfernt wurden, können wir erkennen, dass sich im eingeführten Magazin noch einige Patronen befinden.

> Gegenüberliegende Seite: Fahndungsplakat des Bundeskriminalamtes, mit dem nach den flüchtigen Mitgliedern der Baader-Meinhof-Bande gesucht wird.

Als die Gerichtsmediziner mit ihrer Arbeit fertig sind, wenden wir uns der Zelle von Gudrun Ensslin zu. Sie hat sich offensichtlich mit dem Rücken zur Wand mit einem Elektrokabel an ihrem Zellenfenstergitter erhängt. Damit sie möglichst lange nicht entdeckt wird, hat sie eine Anstaltsdecke vor dem Fenster befestigt. Natürlich macht sich das Gutachter-Gremium im Anschluss auch noch ein Bild vom Zustand der Zellen von Irmgard Möller und Jan-Carl Raspe.

Das Ganze ist eine sehr zeitaufwändige Prozedur und zieht sich über geschätzte drei Stunden hin.

Da die beiden Toten anschließend zur Obduktion nach Tübingen transportiert werden müssen, wird darüber diskutiert, wie dies am unauffälligsten gemacht werden könnte. Zwischenzeitlich ist die Justizvollzugsanstalt nämlich von einer Vielzahl von RAF-Sympathisanten und internationalen Medienvertretern belagert. Um zu vermeiden, dass die Leichenwagen mit den RAF-Gefangenen von einem Tross von Fahrzeugen verfolgt werden, kommt der Plan auf, die Leichenwagen leer abfahren zu lassen. Die Toten sollten stattdessen in einem Pferdetransporter der Polizeireiterstaffel, der üblicherweise täglich im Innenhof des Mehrzweckgebäudes parkt, an den Sektionsort nach Tübingen transportiert werden. (Ob diese List dann tatsächlich angewandt wurde, entzieht sich heute meiner Kenntnis.)

Erst am Abend, als die Toten abtransportiert sind und sich die Rechtsmediziner auf den Weg zur anberaumten Sektion machen, kehrt im siebten Stockwerk die Ruhe ein, die ich schon den ganzen Tag herbeigesehnt habe. Ein konzentriertes Arbeiten ist nämlich bisher aufgrund der vielen Anwesenden kaum möglich gewesen. Für uns ist erst um etwa 20 Uhr die Zeit angebrochen, mit unserer eigentlichen polizeilichen Tatortarbeit beginnen zu können. An Feierabend ist jetzt nicht zu denken.

Während ich mit meinen Dezernatskollegen mit dem Vermessen, Skizzieren und Dokumentieren der Spuren beginne, setzen die Beamten des LKA ihre Vernehmungen des Vollzugspersonals fort und erfassen das komplette persönliche Schrifttum sowie die Literatur der Gefangenen.

In keiner der Zellen werden von uns Aufzeichnungen der Verstorbenen oder der verletzten Irmgard Möller gefunden, die den Rückschluss auf eine Suizidabsicht zulassen würden, wie dies sonst oft bei Selbsttötungen der Fall ist.

Kurz vor Mitternacht unterbrechen wir unsere Arbeiten und wollen sie kommenden Vormittag fortsetzen.

Bohrende Fragen tun sich auf, als wir zu viert in unserem blauen Opel Ascona zurück zu unserer Dienststelle in den Stuttgarter Westen fahren. Auf welchem Weg sind wohl die scharfen Schusswaffen in das »bisher« sicherste Gefängnis Deutschlands gekommen? Wie haben die Mitglieder der Baader-Meinhof-Gruppe trotz der verhängten Kontaktsperre nachts mitbekommen, dass die entführte Lufthansa-Maschine gestürmt und sämtliche Geiseln unverletzt befreit wurden? Wie haben sie sich untereinander verständigt? Wo hatten sie ihre Schusswaffen versteckt, ohne dass sie bei den regelmäßigen Zellendurchsuchungen entdeckt worden sind? Warum hat in der Nacht niemand die Pistolenschüsse gehört?

Die Tageszeitung, die ich am nächsten Morgen aus dem Briefkasten fische, bestätigt nicht nur unsere Fragen vom Vorabend, sondern auch unsere Befürchtungen in Bezug auf die Pressereaktionen. Die Schlagzeile lautet: »Skandal: BM-Selbstmorde mit Pistolen.«

In der morgendlichen Besprechung werden die aktuellsten Informationen zum Fall ausgetauscht. Ein Kollege, der bei den Obduktionen in Tübingen dabei war, berichtet von den dortigen vorläufigen Ergebnissen. Demnach haben die Untersuchungen an den Leichen keine Anhaltspunkte ergeben, die gegen eine Selbsttötung sprechen würden. Andreas Baader soll sich mit einem aufgesetzten Schuss im Nacken erschossen haben. Zudem wurden an seiner Hand Schmauchspuren sichergestellt, das sind Rückstände, die durch Pulververbrennung entstehen und sich beim Abfeuern von Munition auf der Schusshand niederschlagen. Die Untersuchungen bei Jan-Carl Raspe hatten ebenfalls einen aufgesetzten Schuss ergeben. Der Schusskanal verlief von der Schläfe aus quer durch den kompletten Schädel. Bei Gudrun Ensslin, der Tochter eines Stuttgarter Pfarrers, stellten die Rechtsmediziner typische Zeichen eines Selbstmordes durch Erhängen fest.

Heute sollen die Maßnahmen zur Sicherung der Spuren fortgesetzt werden. Der Schwerpunkt soll zunächst auf der Klärung der Frage liegen, wo die Schusswaffen versteckt waren.

Am frühen Vormittag treffen wir erneut in Stammheim ein. Im Gegensatz zu gestern müssen wir unseren Dienstwagen vor dem Gefängnisareal auf dem öffentlichen Parkplatz vor dem eigens für die RAF-Gerichtsprozesse gebauten Mehrzweckgebäude abstellen. Natürlich müssen wir heute auch unsere Dienstausweise vorlegen, die peinlichst genau unter die Lupe genommen werden. Da wir nicht angemeldet sind, muss erst die Anstaltsleitung den »Besuch« genehmigen. Letztendlich wird mit unserer Polizeifunkzentrale Kontakt aufgenommen, damit von dort unsere Identität bestätigt wird. Nach einer geschätzten Wartezeit von zehn Minuten haben wir dann alle bürokratischen Hürden überwunden.

Ohne Trubel und Hektik und vor allem auch ohne den störenden »Tatorttourismus« leitender Beamter können wir in dem komplett für die vier RAF-Gefangenen reservierten Südflügel des siebten Stockwerks unsere Arbeit fortsetzen.

Der geschätzt etwa 500 Quadratmeter große Südflügel stand den vier Gefangenen komplett zur Verfügung. Insgesamt elf Haftzellen, darunter Zellen eigens für ihre Literatur, für ihre technischen Geräte sowie eine Zelle mit Fitness-Geräten. Der große Flur in der Mitte des RAF-Traktes wurde bis zur Kontaktsperre als »Umschlussraum« genutzt, das heißt die Zellentüren der zwei männlichen und der zwei weiblichen Gefangenen waren geöffnet, so dass sie miteinander Kontakt haben konnten. Wir fanden denn auch bei der Suche nach eingeschmuggelten Gegenständen in den Siphons der Toiletten zahlreiche Kondome.

Ich gehe davon aus, dass die »normalen« Untersuchungshäftlinge in den anderen Stockwerken nichts von diesen bevorzugten Haftbedingungen wussten, da dies sonst zu einer Gefängnisrevolte hätte führen können. Weltweit ist mir kein Gefängnis bekannt, in dem Gefangene beider Geschlechter gemeinsam untergebracht sind.

Es dauert nicht lange, da stoßen wir bei unserer Untersuchung in Raspes Zelle Nr. 716 auf eine Versteckmöglichkeit, die zur Unterbringung einer Schusswaffe gedient haben könnte. Als wir die Sockelleisten abklopfen, vernehmen wir Hohlgeräusche. Nachdem wir die Sockelleiste entfernt haben, entdecken wir in der Ecke des Raums einen rechtwinklig über die Ecke verlaufenden Hohlraum, der ausreichend groß ist, um dort eine Pistole zu verstecken. In derselben Zelle finden wir, in einer Decke eingehüllt, ein offensichtlich ebenfalls eingeschmuggeltes kleines Transistorradio. Wie wir später feststellen, ist es auch funktionsfähig. Somit sind wir bei der Frage, wodurch die Terroristen Kenntnis von der Stürmung der Lufthansa-Maschine erlangt haben, ein Stückchen weitergekommen.

Jetzt steht nur noch die Frage im Raum, wie sie trotz der Kontaktsperre untereinander kommuniziert haben.

Mehrfach machen wir auch ziemlich ekelhafte Entdeckungen. In den von den Gefangenen bewohnten Zellen ist fast alles verstaubt und verdreckt. Wir finden eingetrocknete und teilweise verschimmelte Essensreste. In den Toilettenschüsseln liegen angetrocknete Kotreste, die überlagert sind von schwarzen Rußrückständen. Rauchablagerungen ziehen sich in Höhe der Toiletten an den Wänden hoch. Wir ziehen den Rückschluss, dass die Gefangenen hier irgendwelche Schriftstücke verbrannt haben, damit sie nicht in die falschen Hände kommen.

Am Nachmittag erscheinen zwei Beamte, vermutlich aus dem Justizministerium, um sich ebenfalls ein Bild von der Tatortsituation zu machen. Sie schauen uns bei unserer Arbeit interessiert über die Schulter. Ich komme mit einem der beiden ins Gespräch und erfahre, dass zwischenzeitlich schon die tollsten Mord-Verschwörungstheorien kursieren. Unvermittelt fragt er mich, ob wir bei unseren Spurensicherungsmaßnahmen auch schon Sand aus Mogadischu gefunden hätten. Vermutlich an meinem ungläubigen Gesichtsausdruck erkennt er, dass er mir das näher erklären muss. Eine der Verschwörungstheorien unterstelle, dass die Spezialeinheit GSG 9 nach der erfolgreichen Geiselbefreiung in Mogadischu noch in derselben Nacht mit einer Sondermaschine nach Stuttgart geflogen worden sei, wo sie in einen Hubschrauber umgestiegen wäre und sich über dem Stammheimer Gefängnis abgeseilt hätte, um die RAF-Gefangenen umzubringen. Demzufolge könnte in Stammheim Sand aus Mogadischu von den Stiefeln der Männer zurückgeblieben sein. Ich kann dem Beamten anschließend glaubhaft versichern, dass wir hier auf keine Sandrückstände gestoßen sind,

Verkehrskontrollen im Rahmen der Fahndung nach flüchtigen RAF-Mitgliedern gehören in den 70er-Jahren zum täglichen Bild auf Stuttgarts Straßen.

versichere ihm aber, dass wir ein Augenmerk bei den weiteren Spurensicherungsmaßnahmen darauf legen werden.

Weitere Versteckmöglichkeiten tun sich auf. In Baaders Zelle untersuchen wir einen Plattenspieler und stellen, nachdem wir das Gehäuse entfernt haben, fest, dass darin ausreichend Platz sowie eine Aufhängevorrichtung für eine Schusswaffe vorhanden sind. Im Hohlraum eines Porzellanwaschbeckens finden wir einige eingeschmuggelte Rasierklingen.

Am Abend erfahren wir, dass Justizminister Traugott Bender aufgrund der Vorfälle in Stammheim den Leiter der Justizvollzugsanstalt mit sofortiger Wirkung entlassen hat. Zudem gebe es im Landtag Überlegungen, einen parlamentarischen Untersuchungsausschuss einzurichten. Er soll die Frage klären, wie es zu den Selbstmorden in Stammheim kommen konnte.

In den nächsten Tagen erwarten uns zahlreiche Überraschungen und neue Entdeckungen. Wir nehmen nun auch die vielen unbewohnten Zellen des RAF-Traktes genauer ins Visier. In der Fitness-Zelle Nr. 713, in der ein Home-Trainer steht, finden wir wieder ein Versteck für eine Schusswaffe. Zudem entdecken wir kleinere Mengen Gips und sonstiges Material, das zum Verdecken und zur Kaschierung eines Unterputzversteckes geeignet ist.

Da wir davon ausgehen, dass möglicherweise noch weitere gut kaschierte Verstecke in den Zellenwänden zu finden sind, klopfen wir in Absprache mit der Staatsanwaltschaft intensiv jede Wand nach möglichen Hohlräumen ab. Die Mühe ist nicht vergeblich. In Zelle 723 stoßen wir beim Abklopfen in der Mitte einer Wand auf einen Hohlraum. Zum Vorschein kommt ein gut verpackter und mit Klebeband umwickelter Revolver mit zahlreichen separat verpackten Patronen.

Damit jedoch nicht genug.

In derselben Zelle finden wir einen weiteren Hohlraum hinter einer Sockelleiste. Es kommt ein in Wachspapier eingewickelter Gegenstand von der Größe eines zusammengeklappten Zollstockes zum Vorschein. Wir trauen unseren Augen nicht. Ähnlich einer Stange Knet handelt es sich um formbaren Sprengstoff. Spätere Untersuchungen des Kriminaltechnischen Institutes des LKA ergeben, dass es sich um 270 Gramm gewerblichen Ammonsalpeter-Sprengstoff handelt, wie er beispielsweise im Bergbau oder bei Gesteinssprengungen verwendet wird. Eine unmittelbare Gefahr für uns bei der Spurensicherung besteht nicht, da diese Art von Sprengstoff transportfähig und handhabungssicher ist. Seine enorme Wirkung kann er nur entfalten, wenn er mit einem Sprengzünder durch eine elektrische Zündmaschine zur Detonation gebracht wird. Trotzdem geben wir das Paket zur sicheren Verwahrung und zur Untersuchung sofort in Obhut des LKA.

In letzter Konsequenz stellt sich für uns nun natürlich die Frage, ob die Terroristen auch im Besitz von Sprengzündern und gar einer Zündmaschine waren. Um die Antwort vorwegzunehmen – wir können in den Zellen keine derartigen Hilfsmittel für einen möglichen Sprengstoffanschlag finden.

Die Horrornachrichten und Skandale überschlagen sich fast stündlich: Jetzt platzt auch noch die Nachrichtenmeldung rein, mit der viele gerechnet haben, von der aber jeder gehofft hat, dass sie nicht eintrifft. Die Entführer von Hanns Martin Schleyer haben ihre Drohung wahrgemacht. Der Arbeitgeberpräsident wurde in Mulhouse in Frankreich erschossen im Kofferraum eines Fahrzeuges aufgefunden.

Die Bundesrepublik trudelt von einem Schreckensszenario ins nächste. Die innere Sicherheit in Deutschland gerät fast aus dem Gleichgewicht. Eine spannungsgeladene Zeit erreicht einen neuen Höhepunkt.

Unsere Ermittlungen und Spurensicherungsmaßnahmen in Stammheim dauern noch mehrere Wochen an. Im Ergebnis können wir und insbesondere das LKA, das die Federführung bei den Ermittlungen hat, feststellen, dass die RAF-Gefangenen sich zweifelsfrei aus eigenem Entschluss selbst umgebracht haben, nachdem die Geiselbefreiung in Mogadischu ihre Hoffnung, jemals wieder freizukommen, zerschlagen hat. Andreas Baader hat bei seinem Suizid vergeblich versucht, einen Mord vorzutäuschen, indem er sich einen Genickschuss verpasste.

Einige Zeit später kann auch die Frage des Einschmuggelns der Schusswaffen geklärt werden. Zwei Vertrauensanwälte der RAF-Terroristen hatten in Prozessakten Hohlräume geschaffen, die zum versteckten Transport von Waffen geeignet waren. Dem Justizpersonal war untersagt, die Prozessakten der Vertrauensanwälte beim Betreten des Gerichtssaales zu durchsuchen.

Die Rechtsanwälte, die die Waffen und anderes Material in die Zellen geschmuggelt haben, wurden rechtskräftig verurteilt. Mein neues Büro im ersten Stock des neuen Polizeipräsidiums am Pragsattel konnte ich nach mehrwöchiger Verzögerung beziehen. Sand aus Mogadischu fanden wir übrigens nie!

Ein Mord zum 21. Geburtstag

1978 | Es ist morgens kurz vor 7 Uhr. Auf dem Pragsattel rollt an diesem 10. Oktober die Blechlawine – wie fast jeden Tag – auf den Bundesstraßen 10 und 27 nach Bad Cannstatt und in die Innenstadt.

Ich bin an diesem Dienstagmorgen auf dem Weg zum Dienst. Aus Richtung Löwentor quält sich ein Löschzug der Stuttgarter Berufsfeuerwehr unter Einsatz seiner ohrenbetäubenden Martinshörner hoch zum Pragsattel, einer der verkehrsreichsten Kreuzungen Stuttgarts. Als die schweren, signalroten Einsatzfahrzeuge der Feuerwehr über die Siemensstraße abwärts nach Feuerbach fahren, schießt es mir durch den Kopf: Die wollen doch hoffentlich nicht nach Feuerbach, um einen Fahrzeugbrand zu löschen?

Seit Monaten hält nämlich ein offensichtlich krankhaft veranlagter Serienbrandstifter die Feuerbacher Bevölkerung in Atem. In unregelmäßigen Abständen gehen dort Fahrzeuge des Typs Renault R4 in Flammen auf. Schon mindestens zehn solche Autos sind durch seine Taten total ausgebrannt. Vor kurzem wurde ich mit den Ermittlungen beauftragt und habe trotz intensiver Nachforschungen noch keinen erfolgversprechenden Ansatz, der zur Täterermittlung beitragen könnte.

Als ich kurze Zeit später mein Dienstzimmer im ersten Stock des Polizeipräsidiums betrete, greife ich sofort zum Telefonhörer und rufe den PVD in der Funk- und Notrufzentrale der Polizei an, die im dritten Stock desselben Gebäudes ihren Sitz hat. Von ihm bekomme ich auch gleich Entwarnung: »Offensichtlich handelt es sich um einen Fehlalarm bei einer Feuerbacher Firma. Es wurde rein vorsorglich ein zweiter Löschzug der Feuerwache Bad Cannstatt zur Verstärkung der Feuerbacher Feuerwehr angefordert. Du kannst aber gleich nach Bad Cannstatt zu einem Tötungsdelikt fahren. Im Bellingweg, unweit des Cannstatter Güterbahnhofes, wurde ein junger Mann erschlagen auf einem Gehweg aufgefunden. Die Bereitschaftsbeamten der Mordkommission sind von zuhause aus schon ausgerückt, die Spurensicherung der Kriminaltechnik ist auf dem Weg und der Kriminaldauerdienst trifft vor Ort zusammen mit der Schutzpolizei die ersten Maßnahmen.«

Tja, eigentlich habe ich mir einen anderen Tagesplan ausgedacht. Heute wollte ich nämlich weitere Ermittlungen durchführen, um meinen R4-Feuerteufel aus Feuerbach dingfest zu machen.

Augenblicke später betritt mein Kollege Kurt Steinle mein Büro und signalisiert mir wie erwartet, dass wir von unserem Dezernatsleiter den Auftrag bekommen haben, die vor Ort im Bellingweg eingesetzten Beamten zu unterstützen. »Ich kümmere mich sofort um einen Dienstwagen. Pack du schnell deine Einsatzunterlagen zusammen. Wir treffen uns in der Garage«, sagt Kurt und macht sich auf den Weg. Als ich kurz darauf in den Hinterhof zur Garage komme, hat er schon das Blaulicht auf das Dach des weinroten, zivilen Audi 80 geklemmt.

Auch wir kommen trotz Einsatz der Sondersignale – so heißen Blaulicht und Martinshorn im polizeilichen Sprachgebrauch – nur schwer durch den morgendlichen Berufsverkehr. Wenig später erreichen wir trotzdem das Wohngebiet um den Bellingweg. Ein Raureiter hat die Straße mit seinem Motorrad abgesperrt, lässt uns aber sofort durch, als wir dort eintreffen. Zwei Streifenwagen des zuständigen 12. Polizeireviers in Bad Cannstatt, der große Tatortwagen der Kriminaltechnik sowie einige Zivilfahrzeuge des Kriminaldauerdienstes und der Bereitschaftsbeamten sind ebenfalls schon eingetroffen.

Hinter einem Polizeiabsperrband liegt der Tote, zugedeckt mit einer schwarzen Plastikplane. Als die Kollegen der Spurensicherung die Abdeckplane entfernen, um den Toten in seiner originären Lage zu fotografieren, können wir erkennen, dass der junge Mann im Gesicht viele schwere Verletzungen aufweist, die vermutlich durch einen stumpfen Gegenstand entstanden sind. Nachdem die Kollegen die Lage fotografisch gesichert haben, durchsuchen Spurensicherungsbeamte die blutdurchtränkte Kleidung des Opfers nach Ausweispapieren und sonstigen Unterlagen, die zur Identifizierung beitragen könnten.

»Das sieht nicht gut aus. Alle Taschen sind leer«, meint der Chef der Kriminaltechnik, der ebenfalls an den Tatort gekommen ist. »Der hat nichts dabei, was zur Identifizierung geeignet wäre. Da müssen wir wohl später bei der Obduktion Fingerabdrücke nehmen. Vielleicht können wir so seine Personalien ermitteln.« »Gibt es irgendwelche Zeugen, die die Person kennen?«, fragen wir die Kollegen des Kriminaldauerdienstes, die zwischenzeitlich auf der Suche nach

Zeugen waren. »Bisher haben wir lediglich den Finder der Leiche, einen Hausmeister einer Firma hier in der Nachbarschaft, vernommen. Er gab an, dass er den Toten gegen 5.45 Uhr heute Morgen entdeckt hat, als er zu seiner Arbeitsstelle ging«, berichtet der Kollege des Kriminaldauerdienstes.

Kriminalrat Gosbert Müller, der Leiter der Mordkommission, ist zwischenzeitlich auch am Tatort eingetroffen und schaltet sich nun in das Gespräch ein: »So wie es aussieht, müssen wir wohl eine Lautsprecherdurchsage machen. Nur so können wir Zeugen zum Tatgeschehen und zur Person des Opfers ausfindig machen. Herr Steinle und Herr Schühlen, Sie fordern einen Lautsprecherwagen an und organisieren die Beschallung dieses Wohngebietes mit der Frage, wer den Toten kennt und wer verdächtige Wahrnehmungen in der vergangenen Nacht gemacht hat.« Außerdem beauftragt er andere Kollegen damit, die Rechtsmedizin und die Staatsanwaltschaft zu verständigen und eine Sektion vorzubereiten.

Der von uns über Funk angeforderte Lautsprecherwagen trifft kurze Zeit später am Tatort ein.

Zwischenzeitlich haben wir uns einen Text für die Durchsage überlegt und sprechen den vorbereiteten Text auf eine Tonbandkassette. Wir fahren nun das komplette Wohngebiet zwischen Veielbrunnenweg und Güterbahnhof ab, bleiben alle 100 Meter stehen, aktivieren unser Martinshorn und spielen folgenden Text ab: »Achtung, Achtung, hier spricht die Polizei! Heute Morgen wurde gegen 5.45 Uhr eine männliche Person im Bellingweg tot aufgefunden. Der Tote konnte bisher nicht identifiziert werden. Wo wird eine Person vermisst mit folgender Beschreibung: 30 bis 35 Jahre alt, 1,72 Meter groß, schlanke Gestalt, dunkelbraune Haare? Der Mann ist mit einer grauen Hose und einem blaugrauen Rollkragenpullover bekleidet und trägt braune Sandalen. Wer hat in der Nacht von Montag auf Dienstag im Bellingweg verdächtige Wahrnehmungen gemacht? Hinweise werden hier am Lautsprecherwagen entgegengenommen.«

Wir erregen an diesem Dienstagmorgen in dem üblicherweise sehr ruhigen Wohngebiet natürlich sofort Aufmerksamkeit. Viele Fenster gehen auf und die Bewohner lauschen, was da zu hören ist. Einige Anwohner kommen auch zu uns an den Lautsprecherwagen, sprechen uns an, aber weniger, um uns die erhofften Hinweise auf die tote Person zu geben, sondern eher, um Genaueres über die Todesumstände zu erfahren.

Der Lautsprecherwagen der Stuttgarter Polizei im Einsatz. Im polizeiinternen Sprachgebrauch auch »LauKW« genannt.

Der letztendlich entscheidende Hinweis zur Klärung der Identität des Toten bleibt jedoch aus. Nach mehr als drei Stunden gibt es keine Ecke im Wohngebiet, die wir noch nicht angesteuert haben.

Wir nehmen nun Kontakt mit unserem Chef, Kriminalrat Müller, auf, der dann entscheidet, dass wir die Aktion abbrechen sollen.

Kurt Steinle und ich sind etwas enttäuscht, dass wir mit unseren Durchsagen erfolglos waren. Da fällt uns spontan ein, dass nur wenige hundert Meter Luftlinie entfernt bis zum vergangenen Wochenende auf dem Cannstatter Wasen das große Volksfest war und nun gerade abgebaut wird. Wer weiß, ob der Tote nicht vielleicht einen Bezug zum Volksfest hat. Spontan entschließen wir uns, entgegen der Anordnung unseres Chefs, ein paar Durchsagen auf dem Gelände des Cannstatter Wasens zu machen. Dort angekommen stellen wir hektische Betriebsamkeit fest. Die Karussells, Schießbuden und Achterbahnen werden gerade zerlegt und auf Lastwagen und Anhänger verladen. Einzig die großen Bierzelte der Stuttgarter Brauereien stehen noch.

Schon bevor wir mit unserem Polizei-Lautsprecherwagen mit der ersten Durchsage beginnen, werden wir misstrauisch von allen Beschäftigten beäugt. Bereits bei der zweiten Durchsage meldet sich der Eigentümer eines Karussells und gibt an, dass er heute Morgen seinen Mitarbeiter Heinz-Johann B. vermisst hat, der beim Abbau mithelfen sollte. Er würde auf die Personenbeschreibung passen.

Noch während wir mit dem Herrn im Gespräch sind, melden sich zwei Mitarbeiter einer Achterbahn, die berichten, dass sie am gestrigen Abend zusammen mit einem Schausteller in einer Gaststätte in der Daimler Straße nahe der Eisenbahnbrücke waren. Dieser sei mit einem anderen, jüngeren Gast in Streit geraten und hätte mit ihm zusammen kurz nach Mitternacht die Gaststätte verlassen. Der Jüngere sei 21 Jahre alt, habe dunkle, wellige Haare, trage einen Oberlippenbart, spreche einen hessischen Dialekt und würde bei einer Schrotthandlung am Cannstatter Güterbahnhof arbeiten.

Diese neuen Ermittlungsansätze teilen wir sofort unserer SOKO-Leitung mit. Kriminalrat Müller ist sehr erfreut über die vielversprechenden Hinweise: »Das hört sich ja sehr gut an. Ich schicke Euch gleich zwei Ermittlungstrupps auf den Wasen. Sorgt bitte dafür, dass der Arbeitgeber des mutmaßlichen Opfers sofort zum Robert-Bosch-Krankenhaus gebracht wird, dort findet demnächst die Obduktion statt. Er soll das Opfer identifizieren. Ihr beide kommt dann mit den zwei Zechkumpanen zurück zur Dienststelle, dort könnt ihr dann in Ruhe eine protokollarische Vernehmung über den Verlauf des Abends in der Gaststätte machen. Ich schicke dann noch zusätzlich einen Trupp des Fahndungsdezernates raus, die sollen bei sämtlichen Schrotthändlern am Cannstatter Güterbahnhof den dritten Zechkumpan suchen.«

Bei der anschließenden Vernehmung der beiden Schausteller vom Volksfest erfahren wir, dass der 21-Jährige, den sie gestern Abend in der Gaststätte in der Daimlerstraße kennengelernt haben, ihnen in hessischem Dialekt beiläufig erzählt hat, dass er aus Darmstadt komme und zusammen mit seinem Stiefvater bei einer Schrotthandlung am Cannstatter Güterbahnhof arbeiten würde. In Vorfreude auf seinen 21. Geburtstag, den er am nächsten Tag feiern würde, hätte er sogar drei Runden Bier bezahlt. Aus einer Laune heraus hätte er im Laufe des Abends einen weiteren Schausteller, der mit am Tisch saß, zu einem Wettkampf im Armdrücken aufgefordert. Da sie sich über den Sieg nicht einig waren, sei es dann zu einem Streit gekommen, in dessen Verlauf sie sich gegenseitig beschimpft und beleidigt haben. Etwa eine halbe Stunde nach Mitternacht sei man gemeinsam aufgebrochen und hätte die Gaststätte verlassen. Während die beiden Zeugen in Richtung ihrer Unterkunft auf dem Cannstatter Wasen gegangen seien, hätten sie die beiden Streithähne auf der Straße vor der Gaststätte zurückgelassen. Dort sei der Streit wieder aufgeflammt, da der Hesse partout eine Entschuldigung eingefordert habe, da der andere ihn als »blöden Hund« bezeichnet habe. Über den weiteren Verlauf des Streites können die beiden Zeugen nichts mehr zu Protokoll geben.

In der Zwischenzeit, während Kurt und ich die beiden Zeugenaussagen protokollieren, haben sich die weiteren Ermittlungen in diesem Mordfall überschlagen.

Der Schaustellerchef, der einen Mitarbeiter vermisste, hat zwischenzeitlich kurz vor Beginn der Obduktion in der Pathologie des Robert-Bosch-Krankenhauses das Opfer als seinen 33-jährigen Mitarbeiter Heinz-Johann B. identifiziert. Fast zeitgleich haben Kollegen des Kriminaldauerdienstes damit begonnen, alle Schrotthandlungen im näheren Umfeld des Cannstatter Güterbahnhofes zu überprüfen. Bereits bei der zweiten überprüften Schrotthandlung sind sie erfolgreich. Sie werden relativ schnell auf zwei Personen hingewiesen, die gerade dabei sind, einzelne größere Schrottstücke zu zerteilen. Es handelt sich dabei um den 21-jährigen Friedel-Willi K. und dessen Stiefvater, die beide aus Darmstadt stammen und seit Monatsanfang hier arbeiten.

Der Tatverdächtige wird vorläufig festgenommen und sofort ins Polizeipräsidium gebracht.

Im Rahmen einer anschließenden Durchsuchung der Unterkunft können Schuhe des Verdächtigen sichergestellt werden, an denen sich Blut befindet. Zwischenzeitlich ist der Tatverdächtige zusammen mit seinem Stiefvater zur Vernehmung im Polizeipräsidium eingetroffen. Kollegen haben bereits damit begonnen, beide getrennt voneinander zu vernehmen.

Nach weniger als einer Stunde signalisiert ein Kollege des Vernehmungsteams, dass Friedel-Willi K. ein Geständnis abgelegt habe.

In einer Besprechung am Abend, in der alle Ermittlungs- und Vernehmungsergebnisse von den beteiligten Sonderkommissionsmitgliedern vorgetragen werden, war dann Näheres über das Geständnis zu erfahren: Friedel-Willi K. sei seinem Opfer Heinz-Johann B. auf dem Nachhauseweg zunächst in gewissem Abstand gefolgt. Im Bellingweg habe er ihn dann eingeholt und erneut von ihm eine Entschuldigung für den »blöden Hund« eingefordert, was dieser nach wie vor ablehnte. Daraufhin habe er seinen Kontrahenten zunächst mit Fäusten malträtiert und anschließend, nachdem er zu Boden gegangen sei, nun auch noch mit den Füßen massiv auf ihn eingetreten, bis er bewusstlos war. In dieser hilflosen Lage habe er ihn schwerverletzt und röchelnd zurückgelassen, um sich auf den Weg nach Hause zu machen. Unterwegs sei in ihm die Befürchtung aufgekeimt, dass das Opfer ihn ja verraten und bei der Polizei anzeigen könne, falls es überleben würde. Das habe er verhindern wollen, weshalb er sich dann entschlossen habe, sein Opfer zu töten. Um ein geeignetes Tatwerkzeug zu finden, sei er zur nur wenige Meter entfernten Schrotthandlung gegangen, um dort einen Eisenstab zu holen. Mit diesem Stab habe er mehrfach auf den röchelnden Mann eingeschlagen und ihm letztendlich den Eisenstab in den Oberkörper gerammt. Nachdem er davon ausgegangen war, dass sein Opfer tot ist, sei er zu seiner Unterkunft gegangen, hätte den Eisenstab unterwegs über eine Bretterwand geworfen und sich anschließend schlafen gelegt.

Bei dieser Vorgehensweise handelt es sich um einen klassischen Fall von Verdeckungsmord. Friedel-Willi K. hat sein Opfer nur deshalb getötet, um nicht als Täter der vorausgegangenen Körperverletzung ermittelt werden zu können.

Im Rahmen der weiteren Ermittlungen an den Folgetagen heben wir bei den Zeugenaussagen, insbesondere bei den Zechgenossen und dem Wirtsehepaar darauf ab, ob die Gäste vor oder nach Mitternacht die Gaststätte verlassen haben. Bei der Strafzumessung ist nämlich von Bedeutung, ob der Beschuldigte bei der Tat noch 20 Jahre alt war und somit unter das Jugendstrafrecht mit einer Höchststrafe für Mord von zehn Jahren fällt oder ob er bereits 21 Jahre alt war und somit unter das Erwachsenenstrafrecht fällt, bei dem eine lebenslange Freiheitsstrafe für Mord möglich wäre.

Die Ermittlungen ließen letztendlich keinen Zweifel an der Tatsache, dass Friedel-Willi K. den Mord nach Mitternacht und somit an seinem 21. Geburtstag verübt hat. Sie förderten außerdem zu Tage, dass K., der zusammen mit neun Geschwistern unter schwierigsten familiären Verhältnissen aufgewachsen ist, im Alter von vier Jahren in einem Heim untergebracht wurde und anschließend bei Pflegeeltern lebte. Etwa ein Jahr vor dem Mord hatte er in einer sadistischen Anwandlung zwei Kaninchen, einige Lämmer und eine Katze getötet. Gegenüber einem Zeugen gab er auch einmal an: »Ich habe Angst, einmal einen Menschen zu töten.«

Die eingerichtete Sonderkommission kann einige Tage später personell reduziert werden, so dass Kurt und ich wieder herausgelöst werden. Nun kann ich endlich mein ursprüngliches Vorhaben umsetzen, nämlich die Aufklärung der Feuerbacher Brandserie.

Das Schwurgericht Stuttgart I unter Vorsitz von Richter Schupp verurteilte Friedel-Willi K. im November 1979 zu einer 15-jährigen Freiheitsstrafe mit anschließender Unterbringung in einer psychiatrischen Klinik.

Des Pyromanen heiße Liebe

1978/79 | Die morgendlichen Gespräche im Kollegenkreis sind an diesem 10. Mai 1978 nur durch ein einziges Thema geprägt: Aldo Moro ist tot aufgefunden worden.

Wochenlang ist dieser Nachricht ein Hoffen und Bangen um den ehemaligen italienischen Ministerpräsidenten vorausgegangen. Mitglieder der italienischen linksterroristischen Vereinigung »Rote Brigaden« hatten Moro am 13. März 1978 entführt, um inhaftierte Gesinnungsgenossen freizupressen. Nachdem der italienische Staat allerdings nicht auf die Forderungen eingegangen war, wurde er nun in Rom in einem Fahrzeug ermordet aufgefunden.

Ich muss mich aus den Gesprächen ausklinken, als mich mein Chef anspricht: »Herr Schühlen, kommen Sie kurz mit in mein Büro, ich habe einen wichtigen Auftrag für Sie!«

In seinem Büro angekommen, greift er nach einem umfangreichen Aktenordner und erklärt mir sein Anliegen: »Ich bekam gestern einen Anruf vom Leiter des 15. Polizeireviers in Feuerbach. Die haben in ihrem Revierbereich seit einigen Monaten eine Brandserie an Fahrzeugen. Insgesamt sind es zwischenzeitlich neun Fälle. Das Eigenartige ist, dass es jedes Mal Fahrzeuge der Marke Renault vom Typ R4 sind. Die kommen bei ihren Ermittlungen nicht weiter und haben um die Übernahme des Falles gebeten. Ich weiß, wir von der Kripo sind nicht für Fahrzeugbrände zuständig, aber bevor diese Serie überhandnimmt und die Bevölkerung von Feuerbach verunsichert wird, habe ich der Übernahme der Ermittlungen zugesagt. Hier sind die bisher angefallenen Ermittlungsunterlagen. Machen Sie sich ein Bild, lesen Sie sich in den Vorgang ein und nehmen Sie Kontakt zum Revierleiter auf.«

Wenig später mache ich mich in meinem Büro mit Hilfe der Akten über Details der Brandserie vertraut. Gebrannt hat es ausnahmslos in der Nacht. Die fünftürigen französischen Kult-Fahrzeuge mit der Revolverschaltung seitlich des Lenkrades standen im Freien, meist am Straßenrand geparkt. Der Brandstifter hat sich ausschließlich im Stadtteil Feuerbach über die Fahrzeuge hergemacht. Bei allen Bränden liegt ein Totalschaden in der Größenordnung zwischen 2000 und 5000 D-Mark vor.

In einem ersten Ermittlungsschritt will ich mir einen Überblick über mögliche Tatzusammenhänge mit anderen Fahrzeugbränden im übrigen Stadtgebiet Stuttgarts sowie in den umliegenden Städten und Gemeinden verschaffen. Eine Nachfrage bei der Berufsfeuerwehr Stuttgart ergibt, dass in den vergangenen Monaten außerhalb Feuerbachs keine vergleichbaren Brände an R4-Fahrzeugen gemeldet wurden.

Auch Telefonate mit Brandermittlern bei den benachbarten Polizeidirektionen in Esslingen, Böblingen, Ludwigsburg und Waiblingen erbringen keine Erkenntnisse über Brände, die in diese Serie passen könnten.

Das weitere Vorgehen will ich mit dem Leiter des Feuerbacher Polizeireviers besprechen. Ich treffe mich mit ihm dort in der Wache des 15. Polizeireviers, das im Bezirksrathaus am Wilhelm-Geiger-Platz untergebracht ist. Als er mich in sein Büro führt, fällt mir sofort eine Stadtkarte an der Wand auf, in der die einzelnen Brandorte mit farbigen Stecknadeln markiert sind.

»Ich werde in den nächsten Tagen alle Brandorte aufsuchen, damit ich mir ein detailliertes Bild über die Tatörtlichkeiten machen kann, und will auch mit allen Zeugen und Fahrzeugbesitzern nochmal reden, um möglicherweise Beziehungen zwischen den einzelnen Brandfällen herstellen zu können«, erläutere ich mein geplantes Vorgehen. »Parallel dazu werde ich alle uns bekannten Serienbrandstifter auf Verbindungen zu Feuerbach überprüfen. Falls erforderlich müssen wir auch im ein oder anderen Fall die Alibis unserer bekannten Pyromanen überprüfen.« »Wir müssen damit rechnen, dass der Täter ein weiteres Mal zuschlägt. Welche Maßnahmen sollen wir vom Revier aus beim nächsten Brandfall in die Wege leiten?«, fragt mich mein Gesprächspartner. Ich schlage ihm vor, neben den üblichen Absperr- und Fahndungsmaßnahmen auch die Schaulustigen im Auge zu behalten und vielleicht ein paar Fotos von ihnen zu machen. Es kommt immer wieder vor, dass sich Brandstifter unter die Schaulustigen mischen und von dort aus den Einsatz der Feuerwehr beobachten. Daneben ist die Ermittlung von Tatzeugen sehr wichtig. Vor allen Dingen muss aber gewährleistet werden, dass der Kriminaldauerdienst und die Kriminaltechnik zur Spurensicherung verständigt werden. Sofern konkrete Fahndungsan-

Beim Versuch, diesen Renault R4 in Brand zu setzen, geht das Feuer von selbst aus, bevor es großen Schaden anrichten kann.

sätze vorliegen, werden diese von der Funk- und Notrufzentrale koordiniert.

So ist mein Plan – es kommt allerdings anders.

Am Tag nach der Besprechung mit dem Feuerbacher Polizeichef – ich bin gerade im

Rahmen von Ermittlungen in einem anderen Fall zusammen mit einem Kollegen in der Stadtmitte Stuttgarts unterwegs – bekommen wir einen Funkspruch mit, dass es vor wenigen Minuten auf dem Parkplatz zwischen Landtag und Staatstheater eine Schießerei mit zwei Toten gegeben habe. Da wir gerade am Neckartor in unmittelbarer Nähe sind, fahren wir sofort zum Tatort. Als wir ankommen, sind schon zwei Streifenfahrzeuge und ein Notarztwagen vor Ort. Die Sanitäter brechen gerade ihre erfolglosen Wiederbelebungsversuche an einer Frau und einem Mann ab.

Relativ bald ist klar, dass es sich hier um ein Ehedrama handelt. Ein Mann aus der Schweiz hat sich offensichtlich mit seiner in Stuttgart von ihm getrennt lebenden Ehefrau zu einer Aussprache getroffen. Zeugen berichten, dass der Mann plötzlich eine Pistole auf seine Frau gerichtet und dann mehrmals auf sie geschossen habe. Anschließend habe er sich mit der Waffe selbst getötet.

Noch während ich den Parkplatzwächter als Zeugen vernehme, trifft auch unser Dezernatsleiter ein und überträgt mir die Sachbearbeitung in diesem Fall. Zwangsläufig geraten deshalb meine Ermittlungen in der Brandserie ins Stocken. In der Realität ist es eben anders als bei der Krimi-Serie »Tatort«, wo der Kommissar von der Übernahme des Falles bis zur Täterermittlung am Fall bleiben kann.

In den nächsten Tagen bindet mich dieser Fall. Es wird im Übrigen nicht die einzige Unterbrechung im Laufe der Ermittlungen zum R4-Brandstifter bleiben. Glücklicherweise hat der Feuerteufel ein Nachsehen mit mir und es kommt zwischenzeitlich nicht zu weiteren Brandstiftungen.

Lange dauert die Ruhephase allerdings nicht. Dann geht ein R4 im Triebweg nahe des Feuerbacher Sportparks in Flammen auf, wenige Tage später einer in der Siemensstraße und ein Dritter in der Weilimdorfer Straße.

Obwohl alle vorgesehenen Maßnahmen getroffen werden, gibt es keine Hinweise auf den Täter. Sämtliche Fahndungsmaßnahmen laufen ins Leere. Im Gespräch mit den geschädigten Fahrzeugbesitzern kann mir leider keiner der Betroffenen einen Tatverdacht nennen.

»Ich muss jetzt endlich mal alle unsere bekannten Serienbrandstifter auf Verbindungen zu Feuerbach überprüfen«, sage ich meinen

Kollegen im Rahmen einer morgendlichen Frühbesprechung: »Bisher habe ich mir wegen anderweitiger Ermittlungen nie die Zeit dafür nehmen können.«

In mühevoller Kleinarbeit versuche ich also von unseren etwa 50 bekannten Serienbrandstiftern, die in den letzten Jahren in Stuttgart wegen Brandstiftungen verurteilt wurden, die aktuellen Wohnsitze und Arbeitsstellen herauszufinden. Am Ende dieser langwierigen Schreibtischarbeit muss ich feststellen, dass von allen karteikartenmäßig erfassten Serienbrandstiftern nur noch wenige in Stuttgart wohnen und viele von ihnen noch in Haft sind. Allerdings bleibt eine Person im Raster hängen: Wolfgang R., 32 Jahre alt, wohnhaft in der Bregenzer Straße unweit des Feuerbacher Bahnhofes, von Beruf Kaufmann, seit einigen Jahren allerdings als Bühnenbeleuchter in einem Stuttgarter Theater beschäftigt. Er wurde bereits vor einigen Jahren wegen Brandlegungen an Fahrzeugen verurteilt, zwischenzeitlich ist er aber wieder frei.

Mein Bauchgefühl sagt mir, dass ich hier auf der richtigen Spur bin. Jetzt gilt es nur noch, ihn zu überführen, am besten auf frischer Tat.

Diese neuen Erkenntnisse trage ich meinem Chef mit der Bitte vor, das Mobile Einsatzkommando (MEK), das für die Observation von Tatverdächtigen zuständig ist, zu beauftragen, Wolfgang R. über mehrere Nächte zu beobachten. »Da mach' ich Ihnen nicht sehr viel Hoffnung, Herr Schühlen«, macht mir mein Chef deutlich. »Das MEK ist seit Monaten im Zusammenhang mit Observationsaufgaben wegen der RAF-Maßnahmen verheizt. Ich kann mir nicht vorstellen, dass wir von denen auch nur einen Mann bekommen.« Und tatsächlich kommt es zunächst nicht zu den gewünschten Observationsmaßnahmen, derzeit sind keine Spezialkräfte für meinen Fall verfügbar.

Auch mein Plan B, die Observationen mit Kollegen unseres Dezernates durchzuführen, löst sich ziemlich schnell in Luft auf, da ich mir im Bereitschaftsdienst einen neuen Fall eingefangen habe.

Bei einer Wirtshausstreiterei in Stuttgart-Giebel hat ein 21-jähriger Mann einem 40-jährigen Gast einen Halbliter-Glasbierkrug heimtückisch von hinten auf den Kopf geschlagen. Das Opfer wurde dabei lebensgefährlich verletzt und konnte nur durch eine Notoperation gerettet werden.

Geschätzte zwei Wochen später kann ich den Fall der Staatsanwaltschaft vorlegen und mich von nun an wieder um die dringend notwendige Observation des Wolfgang R. kümmern.

Mein Kollege Kurt Steinle, der mich immer wieder in meinen Fall unterstützt hat, erklärt sich bereit, mit mir zusammen die Wohnung unseres Tatverdächtigen im Auge zu behalten. Mehrere Nächte verbringen wir in verschiedensten zivilen Dienstfahrzeugen in sicherer Entfernung, aber immer in Sichtweite zur Wohnung von Wolfgang R. in der Bregenzer Straße. Meist sind wir fünf bis sechs Stunden vor der Wohnung in Lauerstellung. Spätestens nach zwei Stunden ist es uns dann stinklangweilig. Ich bin Gott froh, dass ich nicht beim MEK bin, da die sehr oft längere Observationsaufträge haben. Das wäre definitiv nichts für mich.

Nachdem Wolfgang R. in den von uns observierten Nächten seine Wohnung nicht verlässt, brechen wir meist zwischen 1 und 2 Uhr ab und kehren zu unserer Dienststelle am Pragsattel zurück.

Einige Wochen später schlägt unser Feuerteufel wieder zu. Dieses Mal in der Glemsstraße. Es brennt wieder ein R4. Drei Tage später steht ein weiterer R4 in der Leobener Straße in Flammen. Auch diese beiden Brände liegen wieder in Feuerbach.

Es ist zum Verzweifeln. Niemand hat den Brandstifter bei seinen Taten beobachtet. Es ergeben sich keinerlei Ermittlungsansätze. Obwohl Zivilfahrzeuge des Kriminaldauerdienstes noch in der Brandnacht die Wohnung unseres Tatverdächtigen observieren, kann Wolfgang R. nicht bei der Heimkehr angetroffen werden.

Mir ist klar, so können wir nie den Täter überführen. Vierzehn Fahrzeuge gehen nun schon auf das Konto des Pyromanen. Ich muss mir nun etwas einfallen lassen. Der Druck, nun endlich einen Täter zu ermitteln, nimmt stetig zu. Nicht von Seiten meiner Vorgesetzten. Auch nicht von Seiten der örtlichen Presse oder der Feuerbacher Bevölkerung, was mich eigentlich wundert, offensichtlich hat man die Zusammenhänge und die damit verbundene Gefahr noch gar nicht richtig erkannt. Einzig und allein die Feuerwehr ist sich des Ausmaßes bewusst. Der Leiter der Feuerwache 4 in Feuerbach ist deshalb auch in ständigem Kontakt zu mir, was auch für mich vorteilhaft ist, da ich alle notwendigen Informationen von der Feuerwehr auf direktem Weg erhalte.

Nein, den Druck mache ich mir selbst. Wir können doch nicht zulassen, dass da einer uns an der Nase herumführt und möglicherweise noch weitere Fahrzeuge in Brand setzt!

Dies sieht auch unser Dezernatsleiter so und macht deshalb folgenden Vorschlag: »Wir haben doch seit einigen Monaten eine neue Einheit, die Einsatzhundertschaft. Das ist eine hochengagierte Truppe von mehr als 100 jungen Polizeibeamten, die frisch von der Bereitschaftspolizei nach Stuttgart versetzt wurden. Die sind für Großeinsätze sowie für Durchsuchungsmaßnahmen vorgesehen. Vielleicht kann ich den Hundertschaftsführer für eine groß angelegte Observationsmaßnahme gewinnen. Kommen Sie, Herr Schühlen, wir gehen mal zu ihm, er hat sein Büro hier gleich ein Stockwerk tiefer im Erdgeschoss.«

Wir haben Glück, Polizeihauptkommissar (PHK) Kuno Braun ist in seinem Büro. Wir können auch gleich unser Anliegen vorbringen. Er zögert nicht lange und erklärt sich bereit uns zu unterstützen: »Ich habe diese Woche zwar alle meine Leute verplant, aber nächste Woche könnten wir einen Einsatz planen. Ich stelle euch 20 Mann zur Verfügung, dann könnt ihr zehn Trupps bilden.« »Der Einsatz muss aber in Zivil ablaufen«, fügt mein Chef hinzu, »sonst können wir es gleich im Radio bekannt geben, dass wir observieren.«

PHK Braun verzieht kurz sein Gesicht, meint dann aber: »Naja, bisher haben wir alle unsere Einsätze in Uniform abgewickelt, aber dann ist das halt der erste Einsatz in Zivil. Das macht meinen Jungs bestimmt Spaß, das ist mal was anderes. Ich habe allerdings keine Zivilfahrzeuge, die müsst ihr besorgen.« »Das ist das kleinste Problem, die organisiere ich«, erklärt mein Dezernatsleiter und fährt fort: »Wir machen zwischenzeitlich eine Einsatzkonzeption mit einzelnen Standorten für die Observationsmaßnahmen. Wir suchen Örtlichkeiten, wo üblicherweise Fahrzeuge des Typs R4 parken. Alle weiteren Details besprechen wir dann in einer Einsatzbesprechung nächste Woche.«

Es ist Anfang September 1978. Am Abend vor dem ersten Einsatz stehen zehn polizeiatypische Zivilfahrzeuge auf dem Parkplatz im Polizeiareal an der Hahnemannstraße, die wir uns von verschiedenen Kriminalpolizeidienststellen ausgeliehen haben.

In der Einsatzbesprechung treffen wir auf 20 hochmotivierte junge Polizeibeamte, die darauf drängen, heute Nacht den R4-Brandstifter auf frischer Tat zu ertappen. Sie sind erstmals in Zivil im Einsatz, mit verdeckt zu tragendem Pistolenholster, einem Handsprechfunkgerät und einer Kriminal-Dienstmarke ausgestattet.

Bei Einbruch der Dämmerung schwärmen die zehn zivilen Fahrzeuge aus und nehmen in Feuerbach ihre zugewiesenen Standorte ein. Im elften Fahrzeug sind Kurt Steinle und ich in Feuerbach unterwegs, um den Einsatz zu koordinieren und als Ansprechpartner für die Observationsteams da zu sein.

Durch die über Funk mitgeteilten Wahrnehmungen bekomme ich den Eindruck, dass unsere Jungs von der Einsatzhundertschaft ganz heiß sind, den Feuerteufel zu überführen. Für den Fall, dass ein Feuer an anderer Stelle gemeldet wird, haben wir vereinbart, dass einige Fahrzeuge die Zufahrtswege zur Wohnung des Wolfgang R. beobachten und erst auf unser Kommando zugreifen.

Ich bin realistisch genug zu wissen, dass die Wahrscheinlichkeit nicht allzu hoch ist, dass wir ihn ausgerechnet bei unserer ersten Observationsmaßnahme überführen können. Andererseits bin ich mir aber sicher, dass wir ihn schnappen, falls er sich für heute Nacht etwas vorgenommen hat.

Je später es wird, desto mehr schleicht sich aber die Vermutung ein, dass uns Wolfgang R. heute keinen Gefallen tut und seinen Drang zum Zündeln im Zaum hält. Um 3 Uhr nachts brechen wir die Aktion ab. Schließlich gab es im Rahmen der Brandserie keine R4-Brandstiftungen, die später als 2 Uhr waren.

Leider sind auch die nächsten Observationen zusammen mit der Einsatzhundertschaft vergeblich – unser Brandstifter schlägt nicht mehr zu. Allerdings sind wir in Bezug auf ein mögliches Motiv des Brandstifters weitergekommen. Wir haben nämlich herausgefunden, dass Wolfgang R. seit einiger Zeit mit einer jungen Frau aus Feuerbach befreundet ist. Sie wohnt in der Nähe des Feuerbacher Sportparks, wo auch schon einmal ein R4 gebrannt hat. Unweit ihrer Wohnung parkt ein gelber Renault R4. Eine anschließende Halterfeststellung bestätigt unsere Vermutung. Das Fahrzeug ist auf seine Freundin zugelassen.

Für mich gibt es nun fast keine Zweifel mehr, dass Wolfgang R. unser gesuchter Feuerteufel ist. Ich vermute, dass er nach Auseinandersetzungen mit seiner Freundin, um Aggressionen abzubauen, Fahrzeuge vom Typ des Autos der Frau in Brand setzt.

Gott sei Dank geht in den nächsten Wochen kein weiterer R4 in Flammen auf. Ich muss mich nämlich wieder mal um andere Fälle kümmern. Unter anderem bin ich zu einer Sonderkommission abgeordnet, die sich um die Aufklärung des Mordes an einem Schausteller im Bellingweg bemüht.

Irgendwann holen mich die Ereignisse aber wieder ein.

Am Mittwoch, dem 9. Mai 1979, werde ich morgens kurz vor 5 Uhr durch Telefonklingeln aus dem Schlaf gerissen. Der PVD aus der Funkzentrale meldet sich und berichtet mir, dass heute Nacht um 2.30 Uhr ein zunächst unbekannter Mann zwei Liter Benzin im Hausflur eines Gebäudes in der Pfarrstraße in der Stuttgarter Altstadt ausgeschüttet und entzündet hat. Anschließend sei er mit einem Fahrzeug geflüchtet. Ein aufmerksamer Taxifahrer habe die Brandstiftung beobachtet, sich das Autokennzeichen gemerkt und über Notruf 110 die Polizei und Feuerwehr informiert. Bei der anschließenden Feststellung des Fahrzeughalters sei die Überraschung groß gewesen: Das Fahrzeug ist auf meinen Tatverdächtigen Wolfgang R. zugelassen. »Den Kriminaldauerdienst habe ich damit beauftragt, sofort die Wohnung des Tatverdächtigen anzufahren. Die haben ihn dann auch kurze Zeit später festgenommen, als er nach Hause zurückkehrte. Er sitzt nun im Polizeigewahrsam und wartet, dass du ihn zu den Vorwürfen vernimmst«, erklärt mir der PVD.

Ich bin natürlich sehr erfreut über diese Festnahme und mache mich auch gleich auf den Weg in den Dienst. Ich kann es kaum erwarten, dem Feuerbacher Feuerteufel gegenüberzusitzen.

Bevor ich ihn jedoch in seiner Haftzelle im Polizeigewahrsam des Präsidiums in der Hahnemannstraße besuche, arbeite ich erst einmal die Akten durch, die meine Kollegen der Schutzpolizei und des Kriminaldauerdienstes in der Nacht geschrieben haben. Jedes Detail ist wichtig für mich.

Zunächst veranlasse ich, dass der Erkennungsdienst von Wolfgang R. die Fingerabdrücke nimmt, eine dreiteilige Porträtaufnahme macht und eine detaillierte Personenbeschreibung anfertigt. Dann holen Kurt Steinle und ich unseren mutmaßlichen Brandstifter persönlich in seiner Zelle ab.

Gesprächig ist Wolfgang R. nicht, als wir die langen Gänge durch das ehemalige Robert-Bosch-Krankenhaus zum Vernehmungsraum gehen. Er scheint aber angespannt, vermeidet den direkten Blickkontakt zu uns. Ich bin gespannt, wie er auf unsere Vorhaltungen reagieren wird.

Zuerst hört er sich geduldig und fast teilnahmslos die Belehrung über seine Rechte gegenüber der Polizei an und erklärt sich selbstsicher bereit, Angaben zu machen. Vermutlich ist er noch der Meinung, dass wir ihm nichts beweisen können.

Er versucht – was zu erwarten war – zunächst jeglichen Verdacht von sich zu weisen. Später muss er jedoch zwangsläufig Stück für Stück seine Aussagen korrigieren und räumt immer nur das ein, was wir ihm gerade widerlegt haben.

Zunächst bestätigt er, dass er am Brandort war, ein Feuer in einem Hauseingang entdeckt habe und dies löschen wollte. Auf die Frage, warum er dann geflüchtet sei, erklärte er: »Ich hatte Angst, dass man mir nicht glaubt, dass ich das Feuer löschen wollte. Würden Sie jemandem glauben, der schon mal wegen Brandstiftung verurteilt wurde?« »Herr R., wir glauben Ihnen deshalb nicht, da wir wissen, dass Sie einen Benzinkanister in der Hand hatten, als Sie ins Haus gegangen und dann wieder rausgerannt sind«, erwidern wir.

Mit dem hat er wohl nicht gerechnet, dass er sogar mit dem Benzinkanister beobachtet wurde, und nach kurzer Überlegungsphase gibt er dann zu, den Brand im Hausflur des Altstadthauses gelegt zu haben. Bei der Frage nach seinem Motiv blockt er total und behauptet schlicht, dass er dafür keine Erklärung hat.

Natürlich beenden wir die Vernehmung an dieser Stelle nicht und haken wegen der Fahrzeugbrände energisch nach. Damit etwas zu tun zu haben, weist er strikt von sich und meint schließlich empört: »Ihr wollt mir nun wohl alle Brandstiftungen anhängen, die sich in letzter Zeit in Stuttgart ereignet haben. Da mach ich nicht mit. Ich will wieder zurück in meine Zelle.« Weiteres Zureden hilft nichts. Aufgrund unseres Fragenfeuerwerkes wird er immer bockiger und blockiert nun total.

Wir bringen ihn nach insgesamt fünf Stunden Vernehmung wieder zurück in seine Zelle und veranlassen, dass er am Spätnach-

> Die »Bild-Zeitung« berichtet am 14. März 1980 über den Prozessverlauf im Fall des 32-jährigen Serienbrandstifters.

Immer wenn er Krach mit der Freundin hatte:
Stuttgarter zündete sechs Autos an

ad. Stuttgart, 14. März

Immer wenn der Feuerbacher Bühnenbeleuchter Wolfgang R. (34) Krach mit seiner büh-

gingen in Flammen auf. Die 15. Große Strafkammer hat den feurigen Liebhaber gestern für zwei Jahre in d...

Auch seine 32jährige Freundin fährt einen R 4. Deshalb suchte er sich regelmäßig diesen Auto-

erklärte der Mann vor Gericht.

Offenbar hatte er nicht gewagt, seiner Freundin bei seinem Krach die mittag dem Haftrichter vorgeführt wird, der dann entscheiden muss, ob er in Untersuchungshaft kommt.

Ich habe nun noch etwa zwei Stunden Zeit einen ausführlichen Bericht über die Brandserie zu diktieren, der dann mit zur Haftrichter-Vorführung geht.

Wie nicht anders zu erwarten, hat der Haftrichter einen Haftbefehl ausgestellt, und Wolfgang R. wird mit dem nächsten Gefangenentransport in die Justizvollzugsanstalt Stuttgart-Stammheim eingeliefert. Dort sitzt er zunächst bis zu seiner Gerichtsverhandlung vor der 15. Großen Strafkammer des Landgerichts Stuttgart.

Im März 1980 wurde Wolfgang R. wegen versuchter schwerer Brandstiftung an dem Altstadthaus und wegen Sachbeschädigungen an Fahrzeugen in mehreren Fällen zu einer Freiheitsstrafe von zwei Jahren mit anschließender Unterbringung in einer psychiatrischen Klinik sowie zum Entzug seiner Fahrerlaubnis verurteilt.

Beifall für eine Tote

1980 | Kurz nach 17 Uhr an diesem Dienstag, dem 30. September, schließe ich meine Bürotür im ersten Stock des Stuttgarter Polizeipräsidiums ab. Eigentlich ist nun Feierabend, leider gilt das für mich nur bedingt. Ich habe von jetzt bis zum Dienstbeginn am nächsten Morgen Bereitschaftsdienst für die Mordkommission. Das bedeutet, dass ich im Fall eines Tötungsdeliktes, eines größeren Brandes oder eines unnatürlichen Todesfalles (zum Beispiel häuslicher Unfall, Betriebsunfall, Selbsttötung) ausrücken muss, um am Tat- oder Unfallort alle erforderlichen, unaufschiebbaren kriminalpolizeilichen Maßnahmen zu treffen. Mit meinem Ausrückkoffer sowie einer Fototasche bewaffnet, besteige ich in der Garage meinen zivilen Dienstwagen, der mir für mögliche Einsatzfahrten in dieser Nacht zur Verfügung steht.

Auf der Fahrt nach Hause höre ich den Funkverkehr der Stuttgarter Polizei. Das hat für mich den Vorteil, dass ich schon im Ansatz mitbekomme, falls sich ein Einsatz anbahnt, der in die Zuständigkeit der Mordkommission fällt.

Am späten Abend, 15 Minuten vor Mitternacht – ich habe mich vor einer halben Stunde schlafen gelegt und bin in der ersten Tiefschlafphase – werde ich unsanft von meinem Telefon geweckt, das neben mir auf dem Nachttisch steht. Noch etwas benommen greife ich zum Hörer und melde ich mich. Ein Kollege des Kriminaldauerdienstes meldet sich: »Hallo Pit! Hast Du schon geschlafen?« Meine Antwort wartet mein Gesprächspartner erst gar nicht ab: »Es tut mir leid, aber ich vermute, dass deine Nachtruhe ab sofort beendet ist. Wir brauchen dich dringend. Auf dem Cannstatter Volksfest hat sich ein schreckliches Unglück ereignet. Eine junge Frau wollte mit Freunden Achterbahn fahren und ist im Bereich des Einstieges auf die Schienen gestürzt und von einer heranbrausenden Bahn erfasst worden. Sie muss sofort tot gewesen sein.« »Wen hast du bereits verständigt? Wer ist momentan vor Ort am Unglücksort?«, frage ich zurück. »Ich habe zwei meiner Kollegen des Kriminaldauerdienstes losgeschickt, die müssten schon vor Ort sein. Darüber hinaus sind noch Beamte der

Wasenwache sowie Rettungssanitäter dort, die auf einen Arzt warten, der den Tod feststellen soll. Des Weiteren ist ein Lichtmastwagen der Fahrbereitschaft angefordert worden, der den Unfallort ausleuchten kann«, berichtet mir mein Kollege am anderen Ende der Leitung. »Verständige bitte auch noch den Bereitschaftsbeamten der Kriminaltechnik zur Spurensicherung«, bitte ich meinen Kollegen, bevor ich mich fertig mache, um an den Unglücksort zu fahren.

Da in dieser Nacht wenig Verkehr ist, erreiche ich den Cannstatter Wasen sehr schnell. Das Blaulicht, das ich vorsichtshalber auf mein Autodach geklemmt habe, um bei Verkehrsstaus besser durchzukommen, kommt deshalb nicht zum Einsatz.

Auf der Fahrt stelle ich mir die Frage, weshalb es mich schon wieder trifft, einen tödlichen Unfall auf dem Cannstatter Volksfest aufzunehmen. Erst im vergangenen Jahr ist es durch die Verkettung tragischer Umstände zu einem Todesfall an einem Karussell gekommen. Ein junger Schaustellergehilfe ist damals, wohl aus Übermut, außen stehend an dem Karussell mitgefahren. Kurze Zeit später haben ihn die Kräfte verlassen. Er ist durch die Luft geschleudert worden und hat sich beim Aufprall am Boden tödliche Verletzungen zugezogen. Auch damals hatte ich Bereitschaftsdienst und habe die Ermittlungen in dem grausamen Unglücksfall geführt.

Schon bei der Anfahrt über die König-Karls-Brücke erkenne ich die illuminierten Festzelte, Buden und Karussells des Volksfestes, das nach dem Münchner Oktoberfest das zweitgrößte Volksfest in Deutschland ist.

Da ich mein Eintreffen über Funk angekündigt habe, erwartet mich am Eingang bereits eine Besatzung der Wasenwache, die mich zum Unglücksort in der »Mondlöscherstraße«, so die volksfestinterne Straßenbezeichnung, führt. Die Beamten informieren mich sogleich darüber, dass es sich um den sogenannten »Katapult« handelt, eine Achterbahn mit Looping. Auch erfahre ich von ihnen, dass mich an der Unfallstelle neben dem Leiter der Wasenwache auch der neue Polizeipräsident Dr. Eduard Vermander erwartet, der erst vor ein paar Wochen als Nachfolger des legendären Polizeipräsidenten Paul Rau in sein Amt eingeführt wurde.

Na toll, auch das noch, denke ich bei mir.

Wir bahnen uns einen Weg durch die zahlreichen, sensationshungrigen Schaulustigen, die sich vor dem »Katapult« versammelt haben und jetzt versuchen, einen Blick durch die provisorisch als Sichtschutz aufgehängten Tücher zu erhaschen.

Im Eingangsbereich des »Katapult« steht eine Gruppe uniformierter Schutzpolizeibeamter um einen hochgewachsenen, mit einem grauen Trenchcoat bekleideten Mann. »Das ist wohl unser neuer Polizeipräsident!«, ist mein erster Gedanke. Obwohl er sein Büro nur drei Stockwerke über meinem Büro hat, habe ich ihn persönlich noch nicht kennengelernt.

So ist es dann auch. Ich stelle mich als Kriminalobermeister Schühlen von der Mordkommission vor, und er begrüßt mich, indem er sich ebenfalls vorstellt und erwähnt, dass er eigentlich rein privat zusammen mit Freunden und Bekannten hier auf dem Volksfest ist. Gemeinsam lassen wir uns dann vom Leiter der Wasenwache berichten, was zwischenzeitlich zum Unfallhergang bekannt ist.

Der Polizeihauptkommissar erläutert uns, dass eine 21-jährige Drogistin aus Stuttgart-Feuerbach etwa gegen 23.15 Uhr zusammen mit Freunden mit der Achterbahn fahren wollte. Aus bisher nicht geklärten Umständen sei sie im Einstiegsbereich in die Gleise der Bahn gestürzt und von einem heranbrausenden Wagen der Achterbahn erfasst und überrollt beziehungsweise mitgeschleift worden. Ein Angestellter des Fahrgeschäftes, der in der Aufsichtskabine saß, habe dann gleich den Notknopf gedrückt, so dass die Bahn dann kurze Zeit später zum Stehen kam. Sofort habe man erkennen können, dass der Körper der jungen Frau in mehrere Teile zerrissen wurde.

Erste Vernehmungen von Augenzeugen hätten ergeben, dass keiner den Sturz genau wahrgenommen habe. Möglicherweise sei es im Einstiegsbereich zu einem Gedränge gekommen, das dann zu dem Sturz geführt haben könnte. Anhaltspunkte dafür, dass die Frau eventuell absichtlich in die Bahn gestoßen wurde, lägen nicht vor.

Das Fahrgeschäft vom Typ »Katapult« sei erstmals dieses Jahr hier auf dem Cannstatter Wasen und nachdem es aufgebaut war, auch von Sachverständigen auf seine technische Sicherheit überprüft worden. Hierbei habe es keine Beanstandungen gegeben, so die ersten Angaben des Eigentümers des Fahrgeschäftes.

Beamte der Wasenwache seien gerade dabei, Angehörige der Verstorbenen zu ermitteln, um diese vom Todesfall zu verständigen. Nach derzeitigen Informationen habe die junge Frau keine Eltern mehr, diese seien vor mehreren Jahren bereits verstorben. Allerdings gebe es wohl noch eine Schwester, die in einer Gemeinde außerhalb Stuttgarts leben würde. Deren Wohnort versuche man gerade zu ermitteln und würde dann das zuständige Polizeirevier beauftragen, die Todesnachricht zu überbringen.

Wenigstens ist dieser Kelch an mir vorübergegangen!, denke ich. Das Überbringen einer Todesnachricht gehört wahrlich nicht zu den Lieblingsaufgaben eines Polizeibeamten. Leider Gottes habe ich in meiner kurzen Dienstzeit aber schon mehrfach diese schwere Aufgabe übernehmen müssen.

»Brauchen Sie noch weitere Unterstützung oder kommen Sie mit dem zur Verfügung stehenden Personal aus?«, fragt mich Polizeipräsident Dr. Vermander. Nachdem zwischenzeitlich der Lichtmastwagen mit den teleskopartig ausfahrbaren Halogenscheinwerfern eingetroffen ist und auch mein Kollege der Kriminaltechnik soeben mit der Spurensicherung begonnen hat, bedanke ich mich beim Polizeipräsidenten für sein Angebot und erwidere, dass ich jetzt mit den weiteren Maßnahmen klarkommen würde. Dr. Vermander sagt mir noch jede Unterstützung zu und meint: »Wenn Sie mich jetzt nicht mehr brauchen, würde ich mich verabschieden. Bitte informieren Sie mich im Laufe des Vormittags, sobald Sie neue Erkenntnisse über den Hergang des Unfalls haben.«

Ich wende mich nun meiner eigentlichen Arbeit zu und versuche, mir zusammen mit meinem Kollegen von der Spurensicherung einen Überblick über den Unfallort zu verschaffen. Mit beklemmenden Gefühlen stelle ich fest, dass unter der Gleisanlage ein blauweißer Sportschuh der jungen Frau liegt. Um einen der Antriebsmotoren hat sich die Jeanshose gewickelt. Auf eine nähere Beschreibung der auf mehrere Stellen verteilten sterblichen Überreste der jungen Frau möchte ich hier verzichten.

Vom Eigentümer der Anlage lasse ich mir die technischen und praktischen Abläufe des Betriebes erläutern. Ihm gegenüber erkläre ich die Anlage so lange für beschlagnahmt, bis sich technische Sachverständige vom einwandfreien Zustand der Achterbahn überzeugt haben und die Staatsanwaltschaft den Unfallort wieder freigibt.

Während ich vor Ort mit den Beschäftigten des »Katapults« Gespräche führe, um Details der genauen internen Betriebsabläufe zu erfahren, vernehmen zwischenzeitlich Kriminalbeamte der Wasenwache einzelne Zeugen und Fahrgäste der Achterbahn. Zwischenzeitlich ist es fast 2 Uhr nachts. Die Festzelte sind schon einige Zeit geschlossen.

Der »Katapult«, eine Achterbahn mit Looping, ist 1980 erstmals auf dem Cannstatter Volksfest.

Die Lichter der Losbuden, Fahrgeschäfte, Imbissbuden und Schießstände sind auch schon erloschen.

Trotzdem stehen immer noch mehr als hundert sensationsgierige Gaffer vor der abgesperrten Unglücksstelle, die meisten davon in angetrunkenem Zustand. »Auf was warten die denn? Die sehen doch überhaupt nichts?«, fragt mich mein Kollege der Kriminaltechnik. Meine Kollegen der Schutzpolizei haben die Unglücksstelle mit Sichtschutzplanen und Absperrbändern so lückenlos und hermetisch abgesichert, dass kein Blick auf den eigentlichen Unfallort fallen kann.

Wenige Minuten später wird uns die Frage von den Schaulustigen selbst beantwortet. Als der von mir über Funk angeforderte Leichenwagen des städtischen Bestattungsdienstes am Unfallort vorfährt, bricht frenetischer Beifall unter den Schaulustigen aus. »So, jetzt gibt's endlich was zu sehen!« Solche und ähnliche Zurufe klingen uns entgegen, als letztlich der Notsarg mit den sterblichen Überresten der Frau in den Leichenwagen verbracht wird.

In meinen bisherigen Dienstjahren habe ich schon viel erlebt und musste mir auch schon viel anhören. Aber bei diesem Anblick bleibt mir einfach die Sprache weg. Ich bin schlichtweg fassungslos. Bin ich hier in einem schlechten Film? Können sich Menschen auf ein so niedriges Niveau begeben? Für mich war dies bisher nicht vorstellbar. Ich werde aber gerade eines Besseren belehrt.

Nach Abschluss der Spurensicherung lassen wir den Lichtmastwagen abbauen. Mein Kollege der Kriminaltechnik meint: »Ich habe unter diesen Lichtverhältnissen aus meiner Sicht alles Wichtige gesichert. Sicherheitshalber komme ich bei Tageslicht nochmals her und schaue alles nochmals an. Du hast ja den Unfallort bis auf weiteres beschlagnahmt.« »Morgen Vormittag, Entschuldigung – natürlich heute Vormittag werde ich mit einem technischen Sachverständigen sowie mit dem Gewerbeaufsichtsamt und der Berufsgenossenschaft auch einen Termin hier vereinbaren. Dann sehen wir uns ja spätestens wieder! Ich gehe noch schnell zur Wasenwache und schau mal, was die Vernehmungen der Zeugen erbracht haben«, sage ich und wünsche ihm wenigstens noch ein paar Stunden Schlaf.

Auf der Wasenwache bespreche ich mich anschließend mit den Kollegen des Kriminaldauerdienstes, die zwischenzeitlich zahlreiche Zeugen aus dem Kreis des Schaustellerbetriebes und der Bekannten des Opfers vernommen haben. »Es gibt leider keinen Zeugen, der den eigentlichen Sturz der jungen Frau beobachtet hat. Allerdings haben die Zeugenvernehmungen auch keine konkreten Anhaltspunkte dafür ergeben, dass das Opfer im Zusammenhang mit einem Gedränge gestürzt ist oder dass es gar absichtlich in die Bahn gestoßen wurde«, erklärt mir ein Vernehmungsbeamter. »Dann werden wir wohl einen Zeugenaufruf in der lokalen Presse anregen müssen. Vielleicht haben wir Glück und es meldet sich jemand, der den Vorfall beobachtet hat«, entgegne ich mit hoffnungsvoller Stimme.

Nachdem ich mich von meinen Kollegen verabschiedet habe und mich zu meinem Dienstfahrzeug aufmache, überlege ich noch, ob es sich überhaupt noch lohnt, nach Hause zu fahren. In der Hoffnung, noch eine Stunde Schlaf nachholen zu können, fahre ich doch noch in Richtung Heimat.

Meine Gedanken kreisen während der Fahrt ständig um die Eindrücke, die in den letzten Stunden auf mich eingewirkt haben. Wie in einem Film laufen die ganzen Bilder im Geiste vor mir ab. Sie werden unterbrochen durch meine checklistenartigen Überlegungen, was ich am Vormittag noch alles zu erledigen habe, um nach Möglichkeit die genaue Ursache des Unglückes aufzuklären. Wer muss alles vom Vorfall unterrichtet und informiert werden? Es ist nämlich einer der größten Fehler, den man als Polizeibeamter machen kann, wenn man bestimmte Personen nicht informiert!

Zuhause angekommen lege ich mich todmüde ins Bett. Immer wieder läuft der Film über das vor kurzem erlebte vor meinen Augen ab. Irgendwie ist es mir dann doch noch gelungen einzuschlafen. Nach etwas mehr als einer Stunde Schlaf muss ich wieder raus. Zu Dienstbeginn um 7.30 Uhr muss ich wieder im Büro sein. Jeder Einsatz muss nämlich am Morgen dem Dezernatsleitergremium berichtet werden, das sich täglich zu einer Frühbesprechung trifft. Darüber hinaus muss natürlich auch die zuständige Staatsanwaltschaft in bedeutenden Todesfällen unterrichtet werden. Schließlich wird dann vom sachbearbeitenden Staatsanwalt eine Obduktion zur Klärung der näheren Todesumstände angeordnet.

Die Begutachtung der Unfallstelle am Vormittag mit dem technischen Sachverständigen und der Berufsgenossenschaft ergibt, dass die Anlage keinerlei technische Mängel aufweist und auch keine Unfallverhütungsvorschriften missachtet wurden. Bei der Obduktion durch den Leiter des Rechtsmedizinischen Institutes der Stadt Stuttgart ergeben sich – wie eigentlich zu erwarten war – keine Anhaltspunkte für ein Fremdverschulden.

Nachdem sich auf einen Zeugenaufruf in der lokalen Presse auch niemand gemeldet hat, lege ich meinen Bericht der Staatsanwaltschaft vor.

Es liegt nahe, dass die junge Drogistin im Gedränge eventuell das Gleichgewicht verloren hatte und deshalb in die Gleise gestürzt war. Konkrete Anhaltspunkte hierfür gab es allerdings nicht. Gleichfalls aber auch nicht für ein Fremdverschulden. Ein fahler Beigeschmack blieb jedoch bei diesem Fall übrig, wie so oft in Todesermittlungsverfahren.

Leidenschaft Feuer

1981 | Leider bin ich mal wieder zum Bereitschaftsdienst eingeteilt. Es ist Mittwoch, der 21. Januar. Die nächsten zwei Tage muss ich mich für Fälle der Mord- und Brandkommission außerhalb der normalen Bürozeiten bereithalten.

Bevor ich nach Feierabend mit dem Dienstfahrzeug nach Hause fahre, gebe ich dem PVD in der Funkzentrale Bescheid, dass er mich heute Abend nicht zuhause, sondern unter der Rufnummer meines Vaters erreicht. Der wird heute 55 Jahre alt und ich werde bei seiner Geburtstagsfeier sein.

Kurz vor 23 Uhr ist das Fest für mich zu Ende. Ein Anruf aus der Funkzentrale geht ein.

An der alten Bundesstraße 14 zwischen Möhringen und Degerloch auf Höhe der Bushaltestelle »Hohe Eiche« sei es zu einem Großfeuer in einer Scheune gekommen. Der Schaden wäre beträchtlich. Die Feuerwehr kämpfe gerade gegen die eisige Kälte, denn das ganze Löschwasser würde gefrieren.

Es ist tatsächlich bitterkalt, als ich meinen Dienstwagen besteige und mit Blaulicht und Martinshorn zum Brandort fahre. Nur wenige Minuten später erreiche ich in Stuttgart-Möhringen die Zufahrt zur Epplestraße, der alten Bundesstraße 14. Ein Streifenfahrzeug des 7. Polizeireviers in Möhringen steht quer zur Fahrbahn, um die Straße wegen des Feuerwehreinsatzes für den normalen Verkehr zu sperren. Als ich mit meinem Zivilfahrzeug heranfahre, machen die Kollegen sofort Platz und lassen mich passieren. Von weitem sehe ich eine große Rauchfahne über dem Brandort in den Himmel steigen. Flammen sind zwar nicht mehr zu sehen, allerdings ist die Stuttgarter Berufsfeuerwehr sowie die Freiwillige Feuerwehr von Degerloch noch damit beschäftigt, die vielen Glutnester im gelagerten Heu zu löschen.

Ich nehme Kontakt mit dem Einsatzleiter des zuständigen Polizeireviers auf, der mir dann berichtet, dass ein zufällig vorbeifahrender Taxifahrer das Feuer an der Scheune entdeckt und gegen 22.30 Uhr über Notruf 112 die Feuerwehr alarmiert habe. Das erste Fahrzeug der Feuerwache 5 aus Degerloch sei auch zeitgleich mit ihm am Brandort eingetroffen. Es hätten sich dann jedoch große Probleme für die Feuerwehr ergeben, da das Wasser in der mehr als einen Kilometer langen Schlauchleitung, die die Feuerwehr von Degerloch hierher gelegt hatte, eingefroren sei. Den Brandschaden würde die Feuerwehr auf mindestens 200 000 D-Mark schätzen.

Zwischenzeitlich ist auch der Besitzer der Scheune, ein Degerlocher Landwirt, am Brandplatz eingetroffen. Offensichtlich stark betrunken, versucht er massiv die Feuerwehr am Löschen seiner Scheune zu hindern.

»Lasst doch das Ganze abbrennen. Das bringt doch nichts!«, höre ich ihn immer wieder den Feuerwehrleuten zurufen. Da er nach mehrmaliger Aufforderung des Feuerwehreinsatzleiters nicht aufhört, die Arbeit der Wehrmänner zu behindern, erkläre ich ihm die vorläufige Festnahme wegen Störung einer Amtshandlung und lasse ihn auf das 8. Polizeirevier nach Degerloch bringen.

Die Feuerwehr ist noch längere Zeit damit beschäftigt, die einzelnen zusammengepressten Heuballen auseinanderzuziehen, um die einzelnen Glutnester löschen zu können. Weit nach Mitternacht beende ich meine Befundaufnahme am Brandort. Mir ist klar, dass ich in der Nacht nichts Sinnvolles mehr unternehmen kann, um die Brandursache festzustellen. Damit will ich in Ruhe und mit Unterstützung meiner Kollegen am Morgen bei Tageslicht beginnen. Mir drängt sich allerdings schon jetzt der vage Verdacht auf, dass das Feuer nicht von alleine entstanden ist. Da muss sicher jemand Hand angelegt haben.

Da ich noch einige Informationen von den eingesetzten Streifenbeamten des Degerlocher Polizeireviers benötige und mit ihnen die weiteren Maßnahmen besprechen möchte, fahre ich zum Revier in die Karl-Pfaff-Straße. Ich bitte meine Schutzpolizeikollegen, dass sie mir im Laufe der Nachtschicht ihre Berichte, Aktenvermerke sowie die Liste der festgestellten Schaulustigen über die Kriminalwache zukommen lassen. Bei dieser Gelegenheit erzählt mir der Schichtführer von einer bemerkenswerten Beobachtung, die er am Brandort gemacht hat: »Mir ist in der Nacht an der Bushaltestelle ›Hohe Eiche‹, weit ab von den übrigen Schaulustigen, die unmittelbar an der Scheune standen, ein junger Mann aufgefallen, der hinter einem Baum stand. Seinen Namen hab ich mir aufgeschrieben. Er heißt Peter F. und wohnt in der Stadtmitte, in der Hohenheimer Straße. – Der hatte seinen Hosenladen offen und ein Zipfel seines Hemdes schaute

Noch am Morgen nach dem Brand in der Scheune muss die Feuerwehr einzelne Glutnester löschen.

auch heraus.« Und nach kurzem Zögern ergänzt der Kollege: »In seinen Hosentaschen hatte er auch ein paar Streichhölzer und ein Einwegfeuerzeug.« »Na, das ist aber interessant!«, erwidere ich ihm begeistert und bedanke mich für den Hinweis. Es gibt Pyromanen, die sich beim Brandlegen und beim Anblick des Feuers sexuell stimulieren. Wer sagt denn, dass er nicht unser Brandstifter ist und sich beim Zuschauen selbst befriedigt hat?

Zwischenzeitlich ist es 3.30 Uhr. Um gleich von hier ins Büro zu fahren, ist es noch zu früh. Aber vielleicht reicht es noch für zwei Stunden Schlaf und eine Dusche, bevor ich am Morgen wieder ins Präsidium muss. Vorausgesetzt natürlich, es kommt kein weiterer Ausrückfall!

Ich habe Glück und kann wenigstens ein bisschen schlafen, bevor ich morgens um halb acht zur Berichterstattung im Besprechungszimmer unseres Inspektionsleiters zur morgendlichen Dezernatsleiterbesprechung erscheine, um über meine in der Nacht getroffenen und für heute geplanten Maßnahmen zu berichten.

Zurück in meinem Büro, beginne ich damit, sämtliche Schaulustigen, insbesondere Peter F., dahingehend zu überprüfen, ob polizeiliche Erkenntnisse vorliegen. Dabei stellt sich schließlich heraus, dass der Schichtführer des Degerlocher Polizeireviers mit der Kontrolle des Peter F. einen Volltreffer gelandet hat. Es liegen nämlich Erkenntnisse vor, dass er bereits in den 70er-Jahren im Bereich Villingen-Schwenningen zwei Mal wegen Brandstiftungsdelikten bei der Polizei anhängig war und deswegen auch verurteilt wurde.

Ich nehme Kontakt zu den entsprechenden Polizeidienststellen auf und erfahre, dass Peter F. sich damals schon mit Vorliebe landwirtschaftliche Gebäude als Brandobjekte ausgesucht hat. Nach Auswertung der Akten erfahre ich außerdem, dass ihn damals das Feuerlegen sexuell erregt und er sich während der Brände selbst befriedigt hat.

In Absprache mit dem zuständigen Staatsanwalt, der noch keine ausreichenden Beweise für die Beantragung eines Haftbefehles sieht, vernehmen wir zuerst einmal Peter F. Dazu fahre ich zusammen mit meinem Kollegen Kurt Steinle an dessen Arbeitsstelle, einen großen metallverarbeitenden Betrieb in Neuhausen auf den Fildern.

In einem separaten Besprechungsraum befragen wir ihn zu seinem Aufenthalt am Brandort in Degerloch. Sowohl Kurt als auch mir fällt während des Gespräches auf, dass Herr F. sehr nervös und äußerst aufgeregt ist. Er stottert häufig und vermeidet den direkten Blickkontakt zu uns. Er verwickelt sich sehr schnell in Widersprüche und erklärt auch gleich, dass er nun von seinem Aussageverweigerungsrecht Gebrauch macht, über das wir ihn zuvor belehrt haben. Er möchte einen Verteidiger beauftragen.

Tags darauf kommt mir »Kommissar Zufall« zu Hilfe.

Rein routinemäßig möchte ich bei der Leitstelle der Stuttgarter Berufsfeuerwehr in Bad Cannstatt das Gespräch des Anrufers, der in der Nacht über Notruf 112 die Feuerwehr verständigt hat, als Beweismittel für ein mögliches Strafverfahren sicherstellen. Zusammen mit dem Feuerwehrbeamten der Leitstelle suche ich auf der großen Tonbandspule, auf der alle bei der Feuerwehr über 112 eingehenden Notrufe aufgezeichnet werden, die entsprechende Stelle. Das Band stoppt beim Zurückspulen zufällig mitten in einem anderen Notrufgespräch. Es begann um 21.40 Uhr, also kurze Zeit vor dem eigentlich gesuchten Gespräch, das um 22.30 Uhr stattfand. Eine jüngere, männliche Stimme meldet einen Brand in einer großen Firma in Neuhausen auf den Fildern, nämlich genau in dem metallverarbeitenden Betrieb, in dem Herr F. arbeitet. Mir fällt sofort auf, dass es sich um die Stimme von Peter F. handelt.

»Das glaube ich jetzt nicht«, erkläre ich dem Leitstellenmitarbeiter: »Wenn das nicht die Stimme unseres Tatverdächtigen ist, fresse ich meine Kriminalmarke!«

Der Feuerwehrmann klärt mich darüber auf, dass bei der Leitstelle der Stuttgarter Berufsfeuerwehr auch sämtliche Notrufe aus dem Filderraum eingehen, da man dort dieselbe Vorwahlnummer 0711 hat. Die Leitstelle würde die Notrufe dann sofort an die jeweils zuständige Feuerwehr weiterleiten. Später erfahre ich von der Feuerwehr auch noch, dass es in Neuhausen überhaupt nicht gebrannt hat und dass der Anrufer den Notruf für einen böswilligen Alarm missbraucht hat.

In einer Besprechung im Kreis meiner Kollegen erzähle ich am nächsten Morgen von der zufälligen Entdeckung dieses Notrufes. Mein Kollege Markus Gerster meldet sich sofort zu Wort und meint: »Ich hatte vor einigen Monaten zwei Brandstiftungen in landwirtschaftlichen Gebäuden im alten Ortskern von Stuttgart-Weilimdorf zu bearbeiten. Bei einem der Feuer entstand ein Schaden in Höhe von mindestens 200 000 D-Mark. Jeweils kurz vor den Bränden hat ein Unbekannter beim Feuerwehrnotruf 112 angerufen und das Feuer gemeldet. Die Stimmaufzeichnungen habe ich sichergestellt. Hör sie dir nachher mal an, ob du die Stimme erkennst!«

Natürlich brennt mir das unter den Nägeln und ich höre mir sofort die Aufzeichnungen an. Wie zu erwarten war, ist es eindeutig die Stimme von Peter F. Als Nächstes steht nun ein Telefonat mit dem sachbearbeitenden Staatsanwalt auf der Tagesordnung. Ich berichte ihm über meine neuesten Erkenntnisse und brauche ihn auch anschließend gar nicht zu überzeugen. Ich bekomme von ihm den Auftrag Herrn F. festzunehmen, ihm die Gelegenheit zu geben sich zu den Vorwürfen zu äußern und ihn anschließend dem Haftrichter vorzuführen.

Zusammen mit Markus Gerster mache ich mich auf den Weg nach Neuhausen zur Arbeitsstelle unseres Tatverdächtigen. Von seinem Vorgesetzten lassen wir ihn unter einem Vorwand in ein Büro kommen, wo wir ihn im Empfang nehmen und ihm seine vorläufige Festnahme erklären.

Obwohl er bei seiner letzten Vernehmung angegeben hat, eigentlich keine weiteren Angaben zu machen, fragt er uns auf der Fahrt zu unserer Dienststelle, wie es nun weitergeht und was wir mit ihm nun vorhaben. Wir erklären ihm, dass wir ihm nun nochmals die Möglichkeit geben, sich zu den Vorwürfen hinsichtlich verschiedener Brandstiftungen zu äußern, und ihn anschließend dem Haftrichter vorführen werden, der dann über seine Inhaftierung entscheidet.

Herr F. lässt nun mehrfach erkennen, dass er wahnsinnige Angst vor einer erneuten Haft hat, und signalisiert durch die Blume, dass er eventuell ein Geständnis ablegen würde, wenn er nicht ins Gefängnis müsse und stattdessen in ein psychiatrisches Krankenhaus kommen könnte. Ich mache ihm deutlich, dass ich ihm keine Zusage machen könne. Ich könne ihm allerdings zusichern, in Absprache mit der Staatsanwaltschaft alles zu tun, um ihm das zu ermöglichen, vorausgesetzt, seine Aussagen seien glaubhaft.

Nach längerer Bedenkzeit in einer Haftzelle unseres Polizeigewahrsams in der Hahnemannstraße ist Peter F. bereit, ein umfassendes Geständnis abzulegen. Er schildert, wie er nachts mit dem Feuerzeug die Heuballen in der Degerlocher Scheune angezündet hat. Aus sicherer Entfernung habe er sich dann an dem Feuer ergötzt und sich dabei sexuell befriedigt.

Den Anruf auf der Notrufleitung 112, was den angeblichen Brand in seiner Firma in Neuhausen auf den Fildern betrifft, gibt er unumwunden zu.

Neu ist für mich allerdings die Erkenntnis, dass er im Jahr 1980 in einem großen Sägewerk im Stuttgarter Osten, zwischen Cannstatter Straße und Reitzensteinstraße, mehrfach vorsätzlich ein Feuer gelegt hat. An die Brände kann ich mich noch sehr gut erinnern. Wir haben damals in diesem Sägewerk sehr oft Observationen in der Nacht vorgenommen, um den Brandstifter auf frischer Tat überführen zu können, was uns allerdings nicht gelang. Beinahe wäre es aber damals zu einer Tragödie gekommen, als sich Kollegen von mir innerhalb des Sägewerkes zwischen Brettern auf die Lauer gelegt hatten und der Brandstifter, unbemerkt von ihnen, in unmittelbarer Nähe Holz in Brand setzte. Bis das Feuer von ihnen bemerkt werden konnte, hatte der Täter allerdings das Gelände bereits wieder verlassen und war unerkannt entkommen. Das hätte für unsere Observationsbeamten unter Umständen böse enden können.

F. räumt in seiner Vernehmung ein, dass er mindestens vier Mal Feuer in dem Gelände gelegt hat. Von der Observation will er nichts mitbekommen haben.

Im Rahmen der Ermittlungen zur Ursache des Großbrandes werden auch Brandversuche an Wellpappenstapeln gemacht.

Das Sägewerk hat wohl eine magische Anziehungskraft auf Feuer. Dort gab es nämlich am 2. Juni 1959 schon einmal einen Brand, bei dem fast das gesamte Werk abgebrannt war. Es war der bis dahin größte Brand in der Stuttgarter Nachkriegsgeschichte.

Unser Tatverdächtiger gibt in seiner Vernehmung auch zu, einen der beiden Brände in Weilimdorf verursacht zu haben. Den zweiten Brand, bei dem an einem Bauernhof ein beträchtlicher Schaden in Höhe von rund 200 000 D-Mark entstanden ist, will er nicht zugeben, obwohl wir ihn mit der Tatsache konfrontieren, dass wir bei der Feuerwehrleitstelle ein Notrufgespräch sichergestellt haben, in dem er selbst den Brand gemeldet hat.

Im Laufe der Vernehmung bekomme ich den Eindruck, dass er – im Gegensatz zu seiner Ankündigung – wohl doch nicht bereit ist, reinen Tisch zu machen, und dass er für weitere Brandstiftungen in Stuttgart mit noch größerem Ausmaß als Täter in Frage kommt. Außerdem versucht er im Gespräch mit uns zu sondieren, was wir alles über weitere Großbrände wissen, die er auf dem Gewissen hat.

Dieser Eindruck verstärkt sich bei mir, als ich ihn einige Wochen später noch einmal vernehme. Zwischenzeitlich habe ich weitere Detailinformationen über Peter F. zusammengetragen, insbesondere in Bezug auf seine Aufenthaltsorte und Arbeitsstellen. Interessant ist nämlich, dass er bei einer Zeitarbeitsfirma angestellt war und im Jahr 1979 längere Zeit in einer Wellpappenfabrik in der Spitalwaldstraße (heute: Otto-Dürr-Straße) in Stuttgart-Zuffenhausen als Leiharbeiter im Lager tätig war. Wie es der Zufall will, kam es ausgerechnet dort an seinem letzten Arbeitstag, dem 12. April 1979, nachts um 23 Uhr zu einem Großbrand, bei dem eine riesige Lagerhalle bis auf die Grundmauern niederbrannte. Der verursachte Gesamtschaden belief sich auf 1,5 Millionen D-Mark. Glücklicherweise wurde niemand verletzt.

Ich selbst hatte damals die Ermittlungen in Bezug auf die Brandursache zu führen und war zur Überzeugung gekommen, dass das Feuer, das im Lager ausgebrochen ist, nur vorsätzlich gelegt worden sein konnte. Alle anderen Möglichkeiten, insbesondere eine technische Ursache, konnte ich durch meine Untersuchungen ausschließen.

Als wir Peter F. in der Vernehmung auf diese Arbeitsstelle ansprechen, stellt sich bei ihm eine immer stärker werdende Nervosität ein. Er verwickelt sich mehrfach in Widersprüche. Seine Angaben werden unglaubwürdig. Nach meinen damaligen Feststellungen hatte er nämlich bereits in den Nachmittagsstunden Feierabend, gibt aber nun in der Vernehmung an, abends an seiner Arbeitsstelle zufällig vorbeigekommen zu sein, als die Feuerwehr bereits mit den Löschmaßnahmen begonnen hatte. Über längere Zeit hätte er dann dem Brandgeschehen zugeschaut.

Noch eine interessante Bemerkung am Rande: Bei meinen Ermittlungen im Jahr 1979 forderte ich über die Geschäftsleitung der Wellpappenfabrik eine Liste sämtlicher Namen aller mehr als 300 Beschäftigter der Firma an, um diese dahingehend zu überprüfen, ob jemand von ihnen schon einmal wegen eines Brandstiftungsdeliktes bei der Polizei anhängig war. Die sehr aufwändige Überprüfung verlief negativ, es ergaben sich keine Ermittlungsansätze.

Leider passierte damals ein bedauerlicher Fehler. In der Liste waren nur die bei der betroffenen Wellpappenfirma angestellten Mitarbeiter. Eine Person fehlte in der Liste, nämlich ein Leiharbeiter. Es war Peter F., den man aufgrund des besonderen Beschäftigungsverhältnisses als Leiharbeiter schlicht und einfach übersehen hatte.

Mit Sicherheit hätte ich ihm damals schon das Handwerk legen können, wäre dieser verhängnisvolle Fehler nicht passiert. Viele Brandstiftungen hätten verhindert werden können.

Peter F. wurde mehrere Jahre in einer psychiatrischen Anstalt untergebracht. Ende der 8oer-Jahre kam er wieder frei, nachdem ein Gutachter festgestellt hatte, dass von ihm keine Gefahr mehr ausgeht. Einige Jahre danach stand Peter F. eines Tages vor dem Polizeipräsidium und wollte mit mir sprechen. Nachdem er zunächst erzählte, wie es ihm in der Psychiatrie ergangen war, bedankte er sich bei mir dafür, dass ich ihn während des polizeilichen Ermittlungsverfahrens immer sehr fair behandelt und mich für ihn eingesetzt hatte, dass er nicht in Strafhaft kam, sondern in einer Psychiatrie untergebracht wurde. Bevor er sich von mir verabschiedete, äußerte er zaghaft einen Wunsch: »Herr Schühlen«, sagte er schüchtern, »ich habe eine große Bitte an Sie. Vielleicht können Sie mir helfen. Ich habe nach wie vor große Probleme Frauen kennenzulernen. Sie kennen doch sicher Frauen, die dieselben Probleme und Schicksale haben wie ich. Können Sie mir keinen Kontakt herstellen?« Ich gab ihm zu verstehen, dass ich das weder könne noch wolle, ihm eine Brandstifterin zu vermitteln. »Da hätte ich ein sehr schlechtes Gefühl«, gestand ich. Und mit diesen Worten verabschiedete ich mich von ihm an der Hauswache. Ich habe nie wieder was von ihm gehört. Viele Jahre später bekam ich die Kriminalakte Peter F. auf den Schreibtisch mit dem Vermerk unserer Aktenhaltung, dass Herr F. eines natürlichen Todes verstorben sei und die Akte vernichtet werden könne.

Mordkommando aus Hamburg

1982 | Wie Ungetüme zeichnen sich die Wohnblöcke des »Hannibal« vor dem Nachthimmel über den Stuttgarter Fildern ab. Die drei Monumentalwohnbauten mit ihren über 1100 Wohnungen und über 3000 Bewohnern, verteilt auf jeweils 23 Stockwerke, wurden zwischen 1968 und 1972 im Stadtteil Asemwald in unmittelbarer Nachbarschaft zu den US-amerikanischen Kelley Barracks erbaut.

Im Aussichtsrestaurant im obersten Stockwerk verabschiedet sich am Freitag, dem 17. Dezember 1982, gegen 21.20 Uhr die US-Amerikanerin Diane Ford von ihren Freunden und verlässt das Lokal. Auf dem Weg zu ihrem Fahrzeug passiert sie den westlichen der drei Wohnblöcke und blickt dabei zu den Wohnungen der unteren Geschosse, als sie sich durch einen sehr lauten Knall erschreckt, der sich wie ein Schuss anhört. In Höhe des ersten Stockes will sie sogar einen Lichtblitz gesehen haben.

Nur einen Augenblick später wird die Hauseingangstüre aufgerissen und zwei junge Männer rennen an ihr vorbei. Ohne zu überlegen und über die möglichen Konsequenzen ihres Handelns nachzudenken, schreit sie ihnen hinterher: »Habt ihr da gerade jemanden erschossen?« Ohne darauf zu reagieren, legen die beiden einen Spurt hin und verschwinden in der Dunkelheit aus dem Blickfeld der Zeugin.

Wie auch andere Bewohner des Hauses, die auf den Vorfall aufmerksam geworden sind, verständigt Diane Ford von der nächsten Telefonzelle aus die Polizei. Mehrere Anrufe gehen über die Notrufnummer 110 bei der Stuttgarter Polizeifunkzentrale ein, weshalb auch sofort alle verfügbaren und in der Nähe befindlichen Funkstreifenwagen der Polizeireviere Möhringen und Degerloch den Stadtteil Asemwald anfahren. Rein vorsorglich wird über die Rettungsleitstelle auch ein Notarztfahrzeug angefordert.

Die erste Streifenwagenbesatzung trifft nur wenige Minuten später vor dem Gebäude »Im Asemwald 10« ein und wird schon von vielen Bewohnern des Hauses sehnlichst erwartet.

In einem Apartment im ersten Obergeschoss finden die beiden Polizeibeamten einen unbekleideten jungen Mann, der auf dem Boden des Wohnungsflures liegt. Im Brustbereich erkennen sie in Höhe des Herzens eine Schussverletzung. Der zweite Bewohner des Apartments, der 36-jährige Otmar H., ist stark erregt und völlig fassungslos. Von ihm erfahren die Polizisten, dass er auf der Toilette war, als es an der Wohnungstüre klingelte. Sekunden später fiel ein Schuss. Dann habe er auf dem Boden des Flures seinen Mitbewohner, den 31-jährigen Stephan P., regungslos aufgefunden. Beide würden aus Hamburg stammen, wo ihre Familien lebten, aber schon seit einigen Monaten hier in Stuttgart auf Montage arbeiten.

Nun treffen auch Rettungssanitäter sowie ein Notarzt ein, können aber nur noch den Tod des jungen Mannes feststellen.

Diane Ford stellt sich als Zeugin den Streifenbeamten zur Verfügung und teilt ihre Beobachtung hinsichtlich der beiden flüchtenden Männern mit. Sie beschreibt sie wie folgt: beide etwa 20 Jahre alt, schlank und blond, helle Jacken und dunkle Hosen. Der Streifenführer gibt per Funk sofort die Personenbeschreibung der mutmaßlichen Täter an die Funkzentrale weiter, wo augenblicklich eine Fahndung an alle Streifenwagen ausgestrahlt wird.

Gleichzeitig fordert er die KPI 1, also die Mordkommission, sowie die Kriminaltechnik zur Spurensicherung an. Der PVD alarmiert gegen 21.50 Uhr die zwei diensthabenden Bereitschaftsbeamten. Einer dieser zwei Beamten bin ich.

Außerdem verständigt er noch unseren Inspektionsleiter Kriminalrat Edgar Seitz, den für Tötungsdelikte zuständigen Abteilungsleiter der Staatsanwaltschaft Stuttgart sowie den Rechtsmediziner Prof. Dr. Mallach von der Universität Tübingen.

Da ich in unmittelbarer Nähe der Autobahnanschlussstelle Sindelfingen-Ost wohne, hoffe ich über die A 8 mit Blaulicht relativ schnell am Tatort zu sein. Schon wieder ein Mordfall im Bereich des Asemwaldes?, geht es mir während der Fahrt durch den Kopf. Wir hatten doch erst letztes Jahr an der Landhauskreuzung in Stuttgart-Möhringen, unmittelbar gegenüber des Presse- und Verlagszentrums, den brutalen Mord an der 19-jährigen Sabine B. und wenige Wochen später ein weiteres Tötungsverbrechen, als die 17 Jahre alte Liane H. aus Albstadt mit einem zertrümmerten Schädel neben einem Waldweg aufgefunden wurde.

Wie erwartet, treffe ich recht schnell am Asemwald ein. Es ist etwa 22.10 Uhr, als ich mit meinem Dienstwagen den Stadtteil mitten im

Wald erreiche und schon von weitem die vielen Einsatzfahrzeuge von Polizei und Rotem Kreuz erkenne.

An den Tatortabsperrungen vorbei, verschaffe ich mir den Weg zu meinen Kollegen der Schutzpolizei, die in der Tatwohnung im ersten OG bereits die ersten Maßnahmen getroffen haben und die Wohnung vor einer Veränderung oder Zerstörung der Spuren schützen. Bei ihnen befinden sich auch Beamte des Kriminaldauerdienstes, die sich gerade darum bemühen, tat- und fahndungsrelevante Aussagen von der Nachbarschaft zu erhalten.

Um möglichst keine Spuren zu vernichten und um nicht unabsichtlich Trugspuren zu verursachen, schaue ich mir den Tatort nur oberflächlich an, bevor die Kriminaltechniker nicht hier sind. Mir fällt gleich ein Einschussloch in der Wohnungstüre in Brusthöhe auf.

Von dem auf dem Boden des Wohnungsflures liegenden unbekleideten Leichnam lasse ich so lange die Finger, bis der Rechtsmediziner vor Ort war.

Zwischenzeitlich trifft auch der zweite Bereitschaftsbeamte unserer Dienststelle ein, mein Kollege Andreas Schuler. Vier Beamte der Kriminaltechnischen Untersuchungsstelle der Stuttgarter Polizei lassen auch nicht lange auf sich warten und beginnen sofort damit, Übersichtsaufnahmen zu machen und alle bedeutsamen kriminaltechnischen Spuren zu sichern.

Während ich mich kurz mit der Zeugin Diane Ford unterhalte, um noch weitere fahndungsergänzende Details zu bekommen, kommt ein Schutzpolizeikollege auf mich zu und teilt mir mit, dass man soeben von einer älteren Dame auf eine verdächtige männliche Person in einem grünen VW Golf mit Bad Segeberger Kennzeichen hingewiesen worden sei. Man habe den Mann gerade kontrolliert und von ihm erfahren, dass er heute zusammen mit zwei Kumpels aus Hamburg mit einem geliehenen VW Golf nach Stuttgart gefahren sei und nun hier im Auto auf seine beiden Mitfahrer warten würde.

Mein Kollege führt mich zu einem Streifenwagen, einem VW-Bus, in dem der Verdächtige gerade die Personalien angibt. Es handelt sich offensichtlich um den 19-jährigen Betonbauer Frank B. aus Hamburg-Wilhelmsburg. Er erzählt mir anschließend, dass er heute Vormittag von seinem Freund Christian S. und dessen Kumpel Werner H. gefragt worden sei, ob er Interesse an einer Spritztour nach Stuttgart habe. Man wolle dort einen Bekannten besuchen und am nächsten

Tag wieder zurück nach Hamburg fahren. Beide hätten gerade den Bekannten hier im Asemwald besucht und er hätte nun im Auto auf die beiden gewartet. Plötzlich seien viele Polizeifahrzeuge vorgefahren. Von Schaulustigen habe er dann erfahren, dass hier wohl gerade jemand erschossen worden sei, worauf er sich selbst gefragt habe, ob seine beiden Mitfahrer wohl etwas mit dieser Sache zu tun haben.

Frank B. beschreibt mir die beiden fast genauso wie die Zeugin Diane Ford, ergänzt aber die Beschreibung von Werner H. wie folgt: lockige, schulterlange, mittelblonde Haare, kleiner Oberlippenbart, braune Lederjacke, Blue Jeans und Cowboy-Stiefel. Die verbesserte Personenbeschreibung gebe ich sofort per Funk an die eingesetzten Polizeifahrzeuge durch.

Frank B. macht auf mich einen unscheinbaren Eindruck. So sieht kein Killer aus, der von Hamburg nach Stuttgart fährt, um seine Kumpels bei einem Mord zu unterstützen. Oder sollte mich mein Bauchgefühl trügen?

Trotzdem kann ich nicht ausschließen, dass er an der Tat beteiligt oder über die Mordpläne informiert war, weshalb ich ihn wegen des Verdachts der Beteiligung an einem Tötungsdelikt festnehme. Mit meinen Kollegen der Schutzpolizei vereinbare ich, dass sie ihn in die Polizeihaftanstalt in der Hahnemannstraße einliefern und beim Bereitschaftsarzt eine Blutentnahme durchführen lassen. Ich würde ihn dann anschließend zu einer protokollarischen Vernehmung holen.

Von den Beamten des Kriminaldauerdienstes erfahre ich danach, dass vor wenigen Minuten einer der geflüchteten Tatverdächtigen, der 19-jährigen Christian S., in unmittelbarer Nähe des Asemwaldes gefasst wurde. Mein Bereitschaftskollege Andreas Schuler würde sich bereits um ihn kümmern.

In der Tatwohnung sind die Kriminaltechniker gerade dabei, mit dem eingetroffenen Rechtsmediziner Prof. Dr. Mallach eine erste Besichtigung des Leichnams vorzunehmen. Der von uns sehr geschätzte Rechtsmediziner will dem Ergebnis der morgigen Obduktion nicht vorgreifen, äußert aber unter Vorbehalt, dass er von einem Schuss durch das Herz ausgehe. Auch erfahren wir von ihm, dass das Einschussloch in der Wohnungstüre mit hoher Wahrscheinlichkeit mit der Schussverletzung korrespondiert.

Da es für mich am Tatort zunächst nichts mehr zu tun gibt, mache ich mich auf den Weg zu meiner Dienststelle an den Pragsattel.

Schließlich kümmern sich die Kriminaltechniker um die Tatortarbeit, der Kriminaldauerdienst befragt die Nachbarschaft nach tatrelevanten Beobachtungen und Wahrnehmungen, Andreas Schuler kümmert sich um den zweiten Festgenommenen, und die Fahndung nach dem noch Flüchtigen läuft auf Hochtouren.

Unser Inspektionsleiter Kriminalrat Seitz hat zwischenzeitlich eine Sonderkommission einberufen und einige seiner Beamten zuhause zur Unterstützung der bereits eingesetzten Kollegen anrufen lassen. Sie sind jetzt aktuell dabei, alle erforderlichen Ermittlungs- und Fahndungsmaßnahmen zu koordinieren. Auch hat er zwei unserer Schreibkräfte verständigen lassen, da wir vorhaben, noch in der Nacht die wichtigsten protokollarischen Vernehmungen durchzuführen.

Parallel dazu wurde die Kripo Hamburg über den Fall informiert und gebeten, der Ehefrau des Verstorbenen die Todesnachricht zu überbringen. Weiterhin bitten die Mitarbeiter der soko um Erkenntnisse aus Hamburg über alle Beteiligten, das heißt sowohl über die Tatverdächtigen als auch über das Opfer und dessen Mitbewohner.

Gleich nachdem ich auf der Dienststelle eintreffe, hole ich in Begleitung eines Kollegen Frank B. aus der Polizeihaftanstalt ins Vernehmungszimmer.

In Kriminalfilmen ist es fast immer üblich, dass der Tatverdächtige von einem uniformierten Schutzpolizisten ins Vernehmungszimmer gebracht wird und dieser dann das Gespräch aus einer Ecke des Vernehmungszimmers verfolgt. Diese Szenen muss ich ins Reich der Märchen verbannen. Wir machen das selbst, schließlich haben die Kollegen der Schutzpolizei eigene vielfältige und wichtigere Aufgaben, als für die Herren Kommissare der Kripo die Handlanger zu spielen.

Im Vernehmungszimmer wartet schon eine unserer Schreibkräfte vor ihrer elektrischen Schreibmaschine auf mich und den Tatverdächtigen. Es ist zwischenzeitlich kurz nach 2 Uhr nachts – von Müdigkeit keine Spur –, als ich die Vernehmung beginne.

Sehr ausführlich erzählt mir mein Gegenüber, dass er am gestrigen Vormittag zufällig seinen Freund Christian S. getroffen habe, der in Begleitung eines gewissen Werner H. und dessen Freundin war. Beide würden – wie er – in Hamburg-Wilhelmsburg leben. Da beide keinen Führerschein hätten und sie im Rahmen einer Spritztour nach Stuttgart einen Kumpel besuchen wollten, hätten sie ihn gebeten, mit einem geliehenen VW Golf dorthin zu fahren. Vor der

Abfahrt sei man in Hamburg noch in einem Restaurant eingekehrt und letztendlich dann am frühen Nachmittag in Richtung Süden gefahren. In Stuttgart angekommen, habe man sich zum Fernsehturm beziehungsweise zum Stadtteil Asemwald durchgefragt und sei schließlich dort kurz vor 20 Uhr angekommen. Christian und Werner hätten dort vor dem Gebäude Asemwald Nr. 10 das Fahrzeug verlassen, um die Wohnadresse des Kumpels zu suchen, die Werner auf einem Zettel mit sich führte. Sie seien allerdings bald wieder zurückgekommen, da sie niemand angetroffen hätten. Man sei deswegen zu einer Gaststätte in der Nähe des Fernsehturmes gefahren, habe gemeinsam gegessen und sei danach nochmals zum Asemwald gefahren. Sowohl auf der Hinfahrt zur Gaststätte als auch auf der Rückfahrt zum Asemwald habe Werner von einer Telefonzelle aus ein Telefonat geführt. Mit wem, das wisse er nicht. Im Stadtteil Asemwald sei er von Werner aufgefordert worden, ihn und Christian an der Einfahrt zum Gebäudekomplex »Hannibal« aussteigen zu lassen und hier auf beide zu warten. Sie würden in einer halben Stunde wieder zurück sein. Zunächst habe er dort gewartet, sei dann aber auf die Idee gekommen, in gewisser Entfernung des Gebäudes Nr. 10, des mutmaßlichen Wohnorts des Bekannten, auf die beiden zu warten. Mehr als eine halbe Stunde habe er gewartet. Von seinen beiden Mitfahrern keine Spur. Dann seien plötzlich mehrere Polizeifahrzeuge hintereinander mit Blaulicht und Martinshorn vor das Gebäude gefahren. Neugierig geworden, was da los ist, habe er sich unter einige Schaulustige gemischt und mitbekommen, dass soeben wohl jemand erschossen worden sei und zwei junge Männer geflüchtet wären. Sofort habe in ihm der Gedanke gekeimt, ob die beiden möglicherweise mit der Sache etwas zu tun haben könnten, habe sich dann allerdings wieder in seinen grünen VW Golf gesetzt, um weiter auf sie zu warten. Dann habe er eine ältere Frau bemerkt, die ihn ständig beobachtet und sich schließlich an einen Polizisten an der Polizeiabsperrung gewendet habe, um diesen offensichtlich auf ihn hinzuweisen. Frank B. gibt in seiner Vernehmung an, dass er keinen Schuss gehört habe, und weist auch den Vorwurf vehement zurück, er habe eventuell mit dem Mord etwas zu tun.

Nachdem Frank B. wieder sicher in seiner Zelle untergebracht ist, berichte ich im Besprechungsraum der SOKO über das Ergebnis meiner Vernehmung.

Der Tatort liegt im 1. Stock des 23-stöckigen Wohnkomplexes »Hannibal« in Stuttgart-Asemwald.

Zur gleichen Zeit ist im Stuttgarter Hauptbahnhof eine Fußstreife des Polizeipostens Klett-Passage im Rahmen der Fahndung nach dem noch flüchtigen dritten Mann unterwegs. Unter den wenigen Fahrgästen, die sich zu dieser Zeit noch im Bahnhof aufhalten – es ist zwischenzeitlich 4.35 Uhr – fällt den Polizisten ein junger Mann auf, auf den die Personenbeschreibung haargenau passt. Sie werden vor allem durch die auffälligen Cowboy-Stiefel auf ihn aufmerksam. Er bemerkt die Polizeibeamten zunächst nicht. Als sie zehn Metern von ihm entfernt sind, sprechen sie ihn an, unter Androhung eines Schusswaffengebrauches, falls er flüchten sollte. Er dreht sich um und nimmt sofort die Hände hoch, als er die Polizeibeamten erkennt, und lässt sich ohne Gegenwehr von ihnen festnehmen. Bei der anschließenden körperlichen Durchsuchung finden sie in seinem Hosenbund eine geladene Pistole des russischen Typs Tokarev. Die Polizisten legen ihm sofort Handschließen an und bringen ihn zum Polizeiposten Klett-Passage. Dort erweist es sich aufgrund seiner mitgeführten Ausweispapiere, dass es sich tatsächlich um den gesuchten Werner H. handelt.

Als die Funkzentrale uns die Festnahme des gesuchten dritten Mannes in die SOKO-Räume übermittelt, sind alle Anwesenden – verbunden mit einer gewissen Euphorie – erleichtert, dass die eingeleitete Fahndungsaktion so erfolgreich verlaufen ist.

Ein weiteres Vernehmungsteam wird sogleich beauftragt, den tatverdächtigen Werner H. sofort zu vernehmen, nachdem er in den Polizeigewahrsam eingeliefert wird.

Etwa gegen 5 Uhr signalisiert man einigen Kollegen und mir, die schon lange im Einsatz sind, dass wir nach Hause sollen, da wir um 9 Uhr wieder zur nächsten Besprechung anwesend sein müssen. Doch zu mehr als einer kurzen Dusche, zwei Stündchen Schlaf und einem kurzen Frühstück reicht es mir nicht.

In unserer morgendlichen Besprechung berichtet ein Kollege, was die Vernehmung des festgenommenen Werner H. ergeben hat. Relativ schnell habe er, so der Vernehmungsbeamte, ein Teilgeständnis abgelegt. Nach seinen Angaben habe er seit einigen Monaten mit der Ehefrau des Opfers eine intime Beziehung und sei unsterblich in die 27-jährige Tamara P. verliebt. Um sie heiraten zu können, habe er in Stuttgart eine Aussprache mit dem betrogenen und ahnungslosen Ehemann gesucht. Er habe vorgehabt, sein Liebesverhältnis zu offenbaren und ihn dazu zu bewegen, Tamara freizugeben. Dies sei der einzige Grund für die Fahrt nach Stuttgart gewesen. Die Schusswaffe hätte er nur mitgeführt, um sein Selbstvertrauen zu stärken. Als er an der Wohnung geklingelt und Stephan P. die Tür geöffnet habe, sei er von ihm angegriffen worden. Aus purer Panik habe er dann nach seiner Schusswaffe gegriffen und geschossen. Weder seine zwei Mitfahrer noch seine Geliebte seien über sein Vorhaben informiert gewesen. Tamara wisse nicht einmal, dass er nach Stuttgart gefahren sei.

Somit sind wir einem möglichen Tatmotiv schon näher gekommen.

Sollte der Ehemann der Geliebten womöglich erschossen werden, damit er der Liebesbeziehung nicht mehr im Wege steht? Wenn es so war, wer wusste alles von den Plänen? Hatte Werner H. seine Geliebte in die Sache eingeweiht? Da sich aus den Vernehmungen der drei Festgenommenen einige Widersprüche ergeben, werden sie im Laufe des Tages erneut vernommen.

Es platzt dann auch die telefonische Mitteilung der Kollegen der Hamburger Mordkommission ins Haus, dass der Ehefrau des Opfers, Tamara P., die Todesnachricht überbracht wurde. Allerdings hätten die Beamten den Eindruck gehabt, dass sie das gar nicht überrascht und sie die Nachricht recht locker weggesteckt habe. Den Eindruck einer trauernden Witwe, die gerade vom Verlust ihres geliebten Ehemannes erfährt, habe sie nicht gemacht. Zudem hätte sich in dem Gespräch auch die eine oder andere Widersprüchlichkeit ergeben.

Für uns steht relativ schnell fest, dass der Schlüssel zur Klärung des Tathintergrundes in Hamburg liegt. Deshalb vereinbart unser Inspektionsleiter, Kriminalrat Seitz, mit der Kripo Hamburg, dass sich vier unserer Kollegen auf den Weg nach Hamburg machen, um die dortige Mordkommission mit ihrem Detailwissen über den Fall bei den weiteren Ermittlungen und Vernehmungen unterstützen zu können.

Natürlich wäre ich auch gerne mit nach Hamburg gefahren, um meine Kollegen in dem Fall weiterhin zu unterstützen, allerdings liegen auf meinem Schreibtisch verschiedene Ermittlungsverfahren wegen Brandstiftungen, bei denen in den nächsten Tagen einiges unternommen werden muss.

Natürlich verfolge ich laufend die aus Hamburg eintreffenden neuen Erkenntnisse meiner Kollegen. Mit Unterstützung der Hamburger Mordkommission werden sowohl Tamara P. als auch ihre Freundin Anke H. (Ehefrau des Opfers) einem längeren Verhör unterzogen. Zu den Standardmaßnahmen gehören natürlich auch Vernehmungen von Zeugen aus dem persönlichen Umfeld sowohl des Opfers als auch der Tatverdächtigen.

Im Laufe der nächsten Wochen zeichnet sich folgendes Bild ab: Werner H. lernte einige Monate vor der Tat in einer Hamburger Diskothek die lebenslustige 27-jährige Tamara P. kennen, die – trotz ihrer zwei minderjährigen Kindern – sehr oft Zeit fand, zusammen mit ihrer engsten Freundin Anke H. Nächte lang durch Discos zu ziehen. Auch gegenüber Flirts mit Männern war sie nicht abgeneigt. Innerhalb kürzester Zeit habe sich eine intime Beziehung zwischen den beiden entwickelt. Werner H. muss offensichtlich sehr in Tamara P. verliebt gewesen sein. Dass die Ehe zwischen Tamara und ihrem in Stuttgart arbeitenden Mann Stephan wegen dessen Alkoholkonsums und Gewaltausbrüchen nicht zum Besten stand, gab sie unumwunden zu. Mehrfach sei sie von ihrem eifersüchtigen Ehemann grün und blau geschlagen worden und nicht selten habe er sie gegen ihren Willen gefügig gemacht, wenn er Sex wollte. Nicht viel besser soll es ihrer Freundin Anke H. ergangen sein. Wie auch Stephan P. soll auch ihr Mann Otmar sehr stark dem Alkohol zugesprochen haben. Auch ihre Ehe soll auf tönernen Füßen gestanden haben. Die beiden Frauen hätten deshalb jede Minute der Abwesenheit ihrer Männer in vollen Zügen genossen. Der betrogene und gehörnte Ehemann Stephan P. habe angeblich von der Affäre seiner Frau nichts mitbekommen. In den letzten Wochen des Jahres 1982 habe sich allerdings ein Problem für Tamara P. aufgetan. Ihr Mann hat ihr nämlich erklärt, dass er sein Arbeitsverhältnis in Stuttgart gekündigt habe, da er nach Hamburg zu seiner Familie zurückkehren wolle. An seinem Todestag hatte er das letzte Mal in Stuttgart gearbeitet und wollte in den nächsten Tagen die Heimreise antreten. Dies hätte natürlich dazu geführt, dass die Pläne von Werner H. und Tamara P. durchkreuzt und das lockere Leben von Tamara deutlich eingeschränkt worden wäre. Sie soll über die Entscheidung ihres Mannes überhaupt nicht glücklich gewesen sein.

Schließlich fördern die Ermittlungen in Hamburg noch eine wichtige Erkenntnis zu Tage. Beide Ehemänner hatten bereits vor einigen Jahren Lebensversicherungen abgeschlossen, in Höhe von 100 000 D-Mark zu Gunsten von Tamara P., 240 000 D-Mark zu Gunsten von Anke H.

Ein weiteres Mosaiksteinchen im Gesamtbild kommt dann durch eine weitere Aussage des Christian S. hinzu. Er gibt nun nämlich an, dass er am Tatabend zusammen mit Werner H. in den Hauseingang gegangen und dort von ihm aufgefordert worden sei, hier einige Minuten auf ihn zu warten. Kurze Zeit später sei ein Schuss gefallen und gleich darauf sei Werner wieder aus dem Treppenhaus gekommen und habe ganz verärgert gesagt: »Scheiße! Ich hab nur einen erwischt. Der andere war nicht da!« Nachdem sie den im Auto wartenden Frank B. gesucht und nicht gefunden hätten, seien sie in den Wald gerannt und dann in verschiedene Richtungen geflüchtet.

Es scheint sich also zu bestätigen, was wir schon lange vermuten. Wahrscheinlich sollten beide Ehemänner – mutmaßlich im Auftrag ihrer Frauen – von Werner H. erschossen werden.

Die über mehrere Wochen andauernden Ermittlungen in Stuttgart und Hamburg haben den dringenden Verdacht ergeben, dass Werner H. zusammen mit seiner Geliebten den Mord an deren Ehemann plante und sowohl Christian S. als auch Anke H. in die Pläne eingeweiht waren.

Anke H. hat offensichtlich die Gelegenheit genutzt und gleich den Auftrag erteilt, ihren ungeliebten Ehemann ebenfalls beseitigen zu lassen. Hierfür spricht auch, dass sie für Werner H. den Zettel mit der Anschrift und Telefonnummer ihres Mannes in Stuttgart geschrieben hat. Christian S. sollte Werner H. bei seiner Tat lediglich den Rücken stärken.

In den nun folgenden Vernehmungen, in denen sie mit den Vorwürfen konfrontiert werden, streiten natürlich alle Tatverdächtigen ab, die Ermordung der beiden Männer geplant zu haben.

Dass es nicht ratsam ist, einem Zellengenossen in der JVA Stuttgart-Stammheim Details über den wirklichen Tatablauf zu erzählen, muss Christian S. bald schmerzlich erfahren. Einer seiner Mitgefangenen, der einige Tage mit ihm zusammen eine Zelle bewohnt hat, lässt der Polizei zukommen, wie ihm Christian S. den Tatablauf geschildert hat.

Demzufolge soll Tamara den Auftrag zum Mord an ihrem Mann erteilt haben. Bei der Gelegenheit soll sich auch gleich ihre Freundin Anke dem Plan angeschlossen haben, ihren Ehemann ebenfalls umzubringen. Als Anteil für die Unterstützung soll Christian S. von Tamara aus der zu erwartenden Lebensversicherungssumme 10 000 D-Mark erhalten. Er habe ihm, dem Zellengenossen, den Auftrag erteilt, die 10 000 D-Mark bei Tamara in Hamburg abzuholen und diese seinem Rechtsanwalt zur Begleichung der Kosten zu übergeben.

Anstatt in Hamburg das Geld abzuholen, hat sich der Zellengenosse nach der Haftentlassung allerdings der Polizei offenbart.

Die Indizien reichen nun für einen Haftbefehl aus, weshalb wir über den zuständigen Staatsanwalt beim Amtsgericht je einen Haftbefehl für Tamara P. und Anke H. beantragen, der auch am gleichen Tag erlassen wird. Unsere Hamburger Kollegen der dortigen Mordkommission nehmen beide Frauen sofort fest. Der zuständige Haftrichter setzt ihn auch sofort in Vollzug und beide Damen kommen in Untersuchungshaft.

Anfang 1984 erhob die Stuttgarter Staatsanwaltschaft Anklage gegen Werner H., Christian S., Tamara P. und Anke H. wegen gemeinschaftlich begangenen Mordes an Stephan P. Das Ermittlungsverfahren gegen Frank B. wurde eingestellt, da man davon ausgeht, dass er in die Mordpläne nicht eingeweiht war. Über drei Monate zog sich der Prozess vor der Jugendstrafkammer des Landgerichts Stuttgart unter reger Beteiligung der Regenbogenpresse hin. In ihrem Schlussplädoyer beantragte die Staatsanwaltschaft für Werner H., Tamara P. und Anke H. eine lebenslange Freiheitsstrafe. Christian S. sollte wegen Beihilfe zum Mord für sieben Jahre hinter Gitter. Am 6. Juni 1984 erging das Urteil: Wegen heimtückischen Mordes an Stephan P. erhielt Werner H. – wie vom Staatsanwalt gefordert – eine lebenslange Freiheitsstrafe. Tamara P. wurde wegen Totschlags zu 14 Jahren Haft und Anke H. wegen Beihilfe zum Totschlag zu sieben Jahre Haft verurteilt. Christian S. ist der Beihilfe zum Mord schuldig und wurde zu sechseinhalb Jahren Freiheitsstrafe verurteilt.

Heißer Mai-Feiertag

1984 | Die Wettervorhersage hat angekündigt, dass es am heutigen 1. Mai – wie auch schon an den Tagen zuvor – sehr sonnig sein soll. Ein guter Tag für eine Mai-Wanderung. Ich habe für den Feiertag trotzdem nichts geplant, was ganz pragmatische Gründe hat: Ich habe leider mal wieder Bereitschaftsdienst. Während Heerscharen durch Wald und Wiesen ziehen und ihre Roten Würste über dem Lagerfeuer grillen, mache ich es mir also auf meiner Terrasse gemütlich und versuche, das erste Mal seit langem, ein Buch zu lesen.

Ich bin noch nicht über das Vorwort hinaus, als mein Telefon klingelt. Der PVD aus der Funkzentrale ist am anderen Ende der Leitung und entschuldigt sich, dass er mir den gemütlichen Nachmittag verderben muss. »Ich habe im wahrsten Sinne des Wortes einen heißen Auftrag für dich«, meint er. »Es sieht so aus, als ob im Rot- und Schwarzwildpark beim Bärenschlösschen ein Waldbrandstifter unterwegs ist. Dort hat es gegen 13 Uhr gebrannt. Nur wenige Minuten später ist es zu einem Brand im nicht weit davon entfernten Bürgerwald zwischen Schattenring und Birkenkopf gekommen. Die Berufsfeuerwehr Stuttgart ist derzeit mit einem Löschzug vor Ort, hat den Brand vorerst gelöscht und bleibt mit einer Brandwache zurück. Das Interessante ist, dass es etwa eine Stunde zuvor bereits an zwei verschiedenen Stellen auf Gerlinger Gemarkung im Wald bei der Klinik Schillerhöhe gebrannt hat. Dort war die Freiwillige Feuerwehr Gerlingen sowie das örtlich zuständige Polizeirevier Ditzingen im Einsatz.« »Gibt es einen Tatverdächtigen?«, frage ich den PVD. »Nein, tut mir leid, so einfach machen wir dir die Arbeit nicht. Spaß beiseite: Wir fahnden gerade mit mehreren Streifenwagen, bisher leider ohne Erfolg«, erläuterte mir mein Kollege.

Ich vereinbare mit ihm, dass er mir einen Streifenwagen zum Waldhotel »Schatten« schicken soll, der mich dann dort aufnimmt und zu den einzelnen Brandorten im Wald bringt.

»Ich schicke dir die Besatzung des Streifenwagens URAN 1/211 vom 3. Polizeirevier, das ist das Führungsfahrzeug. Die haben alle notwendigen Informationen für dich«, erklärt der PVD.

Es ist kurz nach 15 Uhr, als ich am vereinbarten Treffpunkt am Waldhotel »Schatten« an der alten Solitude-Rennstrecke auf die Streifenwagenbesatzung des 3. Polizeireviers treffe. Ich steige von meinem Dienstwagen in den Mercedes-Streifenwagen um und lasse mich von den beiden Kollegen auf der anschließenden Fahrt durch den Rot- und Schwarzwildpark über den aktuellen Sachverhalt informieren. Der Streifenführer auf dem Beifahrersitz macht dann den Vorschlag, dass wir uns zunächst die beiden Brandorte auf Gerlinger Gemarkung anschauen.

»Dann gib bitte über Funk durch, dass die Kollegen des Polizeireviers Ditzingen, die die beiden Brände aufgenommen haben, ebenfalls hinzukommen«, sage ich ihm, und er gibt auch gleich über Funk den Auftrag weiter.

Nur kurze Zeit später erreichen wir abseits der Wildparkstraße auf Höhe der Klinik Schillerhöhe eine verkohlte Waldfläche von etwa 100 auf 100 Meter. Von den nun ebenfalls eintreffenden Kollegen des Polizeireviers Ditzingen erfahren wir, dass der Waldbrand kurz vor 12 Uhr mittags von einem Spaziergänger gemeldet wurde. Die Freiwillige Feuerwehr von Gerlingen sei sofort mit mehreren Löschfahrzeugen ausgerückt und habe den Brand innerhalb kürzester Zeit unter Kontrolle gehabt.

»Als wir gerade zusammen mit der Feuerwehr abrücken wollten, kam eine weitere Brandmeldung über Funk durch und es stellte sich heraus, dass es nur wenige hundert Meter weiter in Richtung Stuttgart ebenfalls brannte«, ergänzt der Ditzinger Kollege. Dieser Brand sei aber wesentlich kleiner gewesen und deshalb auch sehr schnell gelöscht worden.

»Gibt es Hinweise auf verdächtige Personen oder gar einen Brandstifter?«, will ich von ihm wissen. Der Kollege schüttelt den Kopf und fügt hinzu, dass es aktuell keine Verdachtsmomente gegen irgendwelche Personen gibt. Man habe allerdings die Personalien der Brandentdecker festgehalten, aber auch sie haben keine verdächtigen Personen wahrgenommen. Es gebe auch keine tatrelevanten Spuren, die für die weiteren Ermittlungen von Bedeutung sein könnten.

Im gleichen Moment höre ich durch das geöffnete Fenster des Streifenwagens folgende Meldung: »Hier URAN, an alle bei den Waldbränden eingesetzten Fahrzeuge! Soeben ging bei der Feuerwehr ein Alarm ein. Im Bürgerwald bei den Tennisplätzen an der Rotenwaldstraße brennt es im Wald. Die Feuerwehr ist bereits auf der Anfahrt.

Spaziergänger beobachten den Feuerwehreinsatz beim Brand im Bürgerwald in Nähe der Tennisplätze beim Birkenkopf.

URAN 1/211, Sie sind Führungsfahrzeug, fahren Sie zu den Tennisplätzen. Wir informieren die Hubschrauberstaffel.«

Sofort steigen wir ins Streifenfahrzeug, vereinbaren zuvor mit den Kollegen aus Ditzingen noch, dass sie mir ihre schriftlichen Berichte über die beiden Brände per Kurier zukommen lassen sollen, und fahren mit Blaulicht und Martinshorn über die Wildparkstraße zum neuen Brandort bei den Tennisplätzen.

Es dauert keine zwei Minuten, bis wir dort eintreffen und auch schon von zahlreichen Spaziergängern darauf hingewiesen werden, dass in etwa 500 Metern Entfernung, abseits der Straße im Bereich des Reitweges, eine größere trockene Waldfläche brennt.

Jetzt tut sich allerdings ein ernsthaftes Problem auf. Sämtliche Zufahrten zu den Wanderwegen im Bürgerwald sind wegen des Mai-Feiertages mit Fahrzeugen von Spaziergängern und Wanderern verbotenerweise links und rechts des Wegesrandes zugeparkt. Für mich ist sofort klar, hier kommt die Feuerwehr mit ihren breiten Einsatzfahrzeugen, deren laute Martinshörner aus der Entfernung schon zu hören sind, nicht durch. Die parkenden Fahrzeuge müssen sofort weg. Der Streifenführer unseres Streifenfahrzeugs greift, ohne viel Zeit zu verlieren, zum Hörer und gibt über den Außenlautsprecher die Anordnung durch, dass sofort alle Fahrzeuge wegen des bevorstehenden Feuerwehreinsatzes weggefahren werden müssen.

Wie zu erwarten war, hören nur wenige Fahrzeughalter die Durchsage und fahren ganz hektisch ihre Autos weg. Die meisten Fahrzeugbesitzer sind wohl als Spaziergänger im Wald unterwegs und haben keine Ahnung davon, dass ihre falsch geparkten Fahrzeuge ein großes Hindernis für die Einsatzfahrzeuge darstellen.

Der Löschzug der Feuerwache West trifft nun auch ein und hat keine Möglichkeit, seinen Weg zum Brandort fortzusetzen. Gemeinsam mit einigen Feuerwehrleuten und vielen hilfsbereiten Spaziergängern hieven wir nun von Hand Fahrzeug für Fahrzeug auf die Seite. Nachdem wir mit vereinten Kräften mindestens fünf Autos auf die Seite geschaukelt und auf diese Weise mehrere kostbare Minuten verloren haben, können die Feuerwehrfahrzeuge die Engstelle endlich passieren.

Von Spaziergängern werden wir zur Brandstelle gelotst und treffen nach kurzer Zeit auf eine etwa 200 Quadratmeter große Stelle, an der mehrere Bäume und das ganze trockene Gras in Brand geraten sind. Der Berufsfeuerwehr gelingt es, die Flammen in wenigen Minuten abzulöschen, so dass nur noch kleine Rauchsäulen über den kokelnden Stellen emporsteigen. Die Ausdehnung des Feuers auf eine größere Fläche kann gerade noch rechtzeitig verhindert werden.

Ich versuche nun unter den anwesenden Schaulustigen den einen oder anderen Zeugen ausfindig zu machen, der vielleicht das Feuer im Anfangsstadium gesehen hat oder gar einen Hinweis auf eine verdächtige Person geben kann. Leider ist das nicht der Fall. Allerdings weist mich ein Ehepaar darauf hin, dass es in etwa 300 Metern Entfernung ebenfalls einen Brand gegeben habe. Ich lasse mir die Stelle zeigen und stelle fest, dass dieser Brand abseits eines Waldweges offensichtlich von selbst wieder ausgegangen ist.

Zurück bei den Einsatzkräften der Feuerwehr fällt mir ein Mann mittleren Alters auf, der aus gewisser Distanz interessiert dem Wirken der Feuerwehrleute zuschaut. Ich spreche ihn an und frage, ob er eventuell den Brand vor dem Eintreffen von Feuerwehr und Polizei beobachtet habe. Zu meiner Überraschung erzählt er, dass er bei seinem Spaziergang das Feuer im Anfangsstadium gesehen habe.

»… und dann sind auf einmal zwei junge Männer auf Motorrädern aus Richtung des Feuers kommend sehr schnell weggefahren«, berichtet er ganz aufgeregt und kommt dabei ins Stottern. Er kann die beiden Männer gut beschreiben. Sie seien sehr groß gewesen und seiner Schätzung nach zwischen 20 und 22 Jahre alt gewesen. Da er auch die Bekleidung sehr detailliert beschreiben kann, veranlasse ich über Funk eine Fahndung, die auch von dem über uns kreisenden Polizeihubschrauber sowie von der zwischenzeitlich angeforderten Polizeireiterstaffel mitgehört wird.

Als ich den Zeugen bitte, mit mir im Streifenwagen Platz zu nehmen, um seine Personalien und seine Aussage kurz zu protokollieren, gibt er vor dringend nach Hause zu müssen. Er gibt sich mir als 37-jähriger Schriftsetzer aus, heiße Wolfgang W. und sei erst vor wenigen Wochen aus Hamburg nach Stuttgart gezogen. Er wohne im Stuttgarter Süden in der Dornhaldenstraße, sei aber noch nicht polizeilich an dieser Adresse gemeldet. Ohne dass ich ihn in irgendeiner Weise der Tat bezichtige, erklärt er mir, dass er mit den Bränden nichts zu tun habe.

Dieses Verhalten kommt mir eigenartig vor und ich lasse, ohne dass der Zeuge etwas davon mitbekommt, durch meine Kollegen dessen Personalien über Funk in den polizeilichen Systemen überprüfen. Nachdem die Rückmeldung der Funkzentrale kommt, dass keinerlei Erkenntnisse über ihn vorliegen, sage ich ihm, dass er jetzt nach Hause gehen kann.

Ein ungutes Gefühl bleibt zurück. Mein siebter Sinn als Brandermittler sagt mir, mit diesem Mann stimmt etwas nicht. Es gibt für mich allerdings keine Rechtsgrundlage ihn nur wegen meines Bauchgefühls hier länger festzuhalten.

Nachdem ich die fotografische Sicherung des Brandortes sowie die Suche nach tatrelevanten Spuren abgeschlossen habe, wird uns über Funk gemeldet, dass die Suche nach den beiden geflüchteten Motorradfahrern bisher ergebnislos verlaufen ist. Gleichzeitig meldet sich bei uns am Streifenwagen eine etwa 80-jährige Spaziergängerin und möchte einen Hinweis geben. »Herr Kommissar«, fängt sie an zu berichten, »als ich heute Nachmittag hier bei den Tennisplätzen spazieren gegangen bin, habe ich ein Feuer im Wald gesehen, so etwa 50 Meter vom Wegrand entfernt. Aus gleicher Richtung kam mir nun ein Mann entgegen, lehnte sich an einen Baum und beobachtete das Feuer. Darauf habe ich den Mann angesprochen und gesagt, da brennt es ja, da müssen wir doch die Feuerwehr rufen. Er fragt mich dann, wo denn hier das nächste Telefon ist. Als ich ihm erklärte, dass er von den Tennisplätzen aus die Feuerwehr rufen kann, ist er in diese Richtung weggegangen, um die Feuerwehr zu alarmieren.«

Als ich mir den Mann von der betagten Zeugin beschreiben lasse und sie beiläufig erwähnt, dass er gestottert hat, ist mir klar, dass dies nur der 37-jährige Wolfgang W. aus Hamburg sein kann. Ohne zu zögern, setze ich mich mit der Funkzentrale in Verbindung und lasse eine Fahndung nach Wolfgang W. ausstrahlen. Man soll auch seine Wohnanschrift in der Dornhaldenstraße überprüfen, ob er dort schon eingetroffen ist. Weiterhin bitte ich, sich bei der Polizei in Hamburg kundig zu machen, ob dort Informationen über ihn vorliegen.

Ich kann es kaum glauben, als uns kurze Zeit später die Funkzentrale übermittelt, dass unser Tatverdächtiger mehrere Monate in Hamburg in einer psychiatrischen Klinik in Behandlung war. Während seines Aufenthalts dort habe es mehrfach gebrannt, er sei in Verdacht geraten, allerdings habe man ihm nichts nachweisen können. Außerdem sei gegen ihn ein anderes Mal wegen Verdacht der Brandstiftung in einem Wohnheim ermittelt worden, in dem er selbst wohnhaft war. Mein Bauchgefühl hat sich bestätigt. Ich bin mir ziemlich sicher, dass ich auf der richtigen Spur bin.

Da wir mit der Befundaufnahme am Brandort fertig sind, fahre ich zum Präsidium in die Hahnemannstraße, um mit dem PVD die weiteren Fahndungsmaßnahmen abzustimmen. Während unseres Gespräches in der Funkzentrale kommt gegen 19 Uhr die Meldung der Besatzung eines Polizeihubschraubers, dass diese soeben im Waldgebiet beim Dachswald in Stuttgart-Vaihingen eine starke Rauchentwicklung festgestellt hat. Die Information wird sofort an die Feuerwehrleitstelle durchgegeben und der Feuerwehr wird angeboten, dass deren Fahrzeuge vom Polizeihubschrauber zur mitten im Wald liegenden Brandstelle gelotst würden.

»Dieser Brand passt genau zu unserem Tatverdächtigen«, erkläre ich dem PVD: »Die Örtlichkeit liegt direkt auf dem Weg vom letzten Wald-

Einer der Waldbrände im Stuttgarter Bürgerwald hat sich zwischenzeitlich auf eine größere Fläche ausgedehnt.

brand bei den Tennisplätzen zurück zu seiner Wohnung im Stuttgarter Süden. Ist eigentlich seine Wohnung zwischenzeitlich schon überprüft worden?« »Ja, das Polizeirevier Böheimstraße hat vor kurzem mitgeteilt, dass er an der Wohnung nicht angetroffen werden konnte«, berichtet der PVD und ergänzt: »Deshalb habe ich auch eine neue Fahndung nach ihm per Funk rausgegeben, damit in der Umgebung des aktuellen Waldbrandes nach ihm gefahndet wird.«

Noch während ich in der Funkzentrale die Fahndungsmaßnahmen nach unserem Tatverdächtigen mitverfolge, geht dort ein Anruf des Polizeireviers Böheimstraße ein. Es wird uns mitgeteilt, dass soeben Wolfgang W. auf der Wache des Polizeireviers erschienen ist, um eine Strafanzeige gegen das Einwohnermeldeamt in Hamburg zu erstatten, da er von dort immer noch keine Abmeldebescheinigung erhalten habe. Ihm wird auf unsere Weisung hin noch auf der Wache die vorläufige Festnahme erklärt. Ein Streifenwagen bringt ihn nach einer Blutentnahme zur Vernehmung auf unser Dezernat.

Zwischenzeitlich ist auch unser zweiter Bereitschaftsbeamter, der am Nachmittag einen unklaren Todesfall zu bearbeiten hatte, auf der Dienststelle eingetroffen, um mich bei der Vernehmung des Tatverdächtigen zu unterstützen. Zu zweit versuchen wir zu später Stunde, es ist schon weit nach 21 Uhr, unseren Mann aus Hamburg zu vernehmen. Nachdem wir ihn über seine Rechte gegenüber der Polizei belehrt haben, ist er wider Erwarten sogar bereit, Angaben zu machen. Sehr schnell stellt sich heraus, dass eine protokollarische Vernehmung nicht möglich ist. Seine Angaben sind wirr, wir können sie nicht nachvollziehen, und außerdem schweift er immer ab. Er erklärt uns auch, dass er mehrfach schon in psychiatrischer Behandlung war und außerdem tabletten- und alkoholabhängig sei. Später legt er sogar ein Teilgeständnis ab und gibt zu, dass er die beiden Brände im Bereich der Tennisplätze selbst entfacht hat und dass er die beiden Männer mit den Motorrädern nur erfunden hat, um den Tatverdacht von sich abzulenken. Mit den beiden Bränden auf Gerlinger Gemarkung und mit dem letzten Waldbrand im Bereich Dachswald will er aber nichts zu tun haben.

Später widerruft er diese Aussage und behauptet, er sei in der Gaststätte bei den Tennisplätzen mit einem anderen Mann zusammengetroffen und habe mit ihm Karten gespielt. Man habe dann vereinbart, dass derjenige, der das Spiel verliert, im Wald einen Brand legen muss. Da er jedoch gewonnen habe, hätte der andere, ihm unbekannte Mann, vermutlich die Brände gelegt.

Plötzlich bekommt er akute Atemnot und schnappt ganz verzweifelt nach Luft. Dazu kommt auch noch ein starker Husten. Unter offensichtlich starken Schmerzen erklärt er uns, dass er an einer Hyperventilation leidet. Er bittet darum, dass wir ihm eine Plastiktüte besorgen, in die er aus- und einatmen könne. Während mein Vernehmungspartner sofort telefonisch unseren im Haus befindlichen Bereitschaftsarzt verständigt, schaffe ich schnell eine Plastik-Einkaufstüte herbei, in die er dann mehrfach aus- und anschließend seine eigene Atemluft wieder einatmet. Durch dieses mehrfache Ein- und Ausatmen stabilisiert sich sein Zustand innerhalb einer Minute und der Anfall ist vorbei.

Der hinzugezogene Bereitschaftsarzt nimmt ihn dann in seine Obhut, untersucht ihn eingehend und stellt dann fest, dass er in diesem Zustand nicht haftfähig ist. Nach Rücksprache mit einem psychiatrischen Facharzt weist er ihn in eine Psychiatrische Klinik in Stuttgart ein.

Am nächsten Morgen, ich diktiere gerade meinen Ermittlungsbericht an die Staatsanwaltschaft, meldet sich telefonisch ein Zeuge, der mir berichtet, er sei gestern mit seiner Frau auf einer Fahrradtour im Bürgerwald unterwegs gewesen sei und habe im Zusammenhang mit den Waldbränden eine eigenartige Begegnung mit einem etwa 30 bis 40 Jahre alten Mann gemacht. Etwa 30 Meter abseits des Weges habe er ein kleines Feuer entdeckt, das er unter Mithilfe seiner Frau mit den Füßen austreten konnte. Währenddessen seien sie von einem Mann angesprochen und aufgefordert worden, die Löschversuche bleiben zu lassen, das würde sowieso nichts bringen. Das habe ihn so aufgeregt, dass er den Mann angeschrien habe, er solle nicht so blöd daherreden, sondern lieber beim Löschen mithelfen. Kommentarlos hätte der Mann dann seinen Spaziergang fortgesetzt. Nur einige Minuten später hätten sie ihn wieder gesehen, als er an einer anderen Brandstelle den Feuerwehreinsatz beobachtet habe.

Die vom Zeugen abgegebene Personenbeschreibung passt eindeutig auf den Tatverdächtigen. Zweifel bestehen für mich nun nicht mehr, dass unser 37-jähriger Lithograf aus Hamburg der gesuchte Waldbrandstifter ist. Ein weiteres Indiz ergibt sich nämlich noch bei der Durchsuchung seiner Wohnung in der Dornhaldenstraße. In einem Schreibtisch stoße ich auf einen Aktenordner, in dem er fein säuberlich Zeitungsfotos von brennenden Häusern und Berichte über Brände gesammelt hat.

Nach Erhebung der Anklage durch die Staatsanwaltschaft wurde Wolfgang W. einige Monate später vor dem Amtsgericht Stuttgart der Prozess gemacht. Das Gericht war nach der Beweisaufnahme von seiner Täterschaft überzeugt und verurteilte ihn wegen Brandstiftung in mehreren Fällen zu einer Gesamtfreiheitsstrafe von einem Jahr und zwei Monaten. Nach seiner Haftentlassung beschäftigte Wolfgang W. weiterhin die Stuttgarter Polizei. In mehrere Fällen wurde er zur Ausnüchterung in die Polizeihaftanstalt eingeliefert. Später verlor er seinen festen Wohnsitz und hielt sich vorwiegend im Bereich des Marienplatzes unter Wohnsitzlosen auf. Dort wurde der Einzelgänger offenbar häufig wegen seiner Hautempfindlichkeit und der dabei auftretenden roten Flecken an Hals und Gesicht gehänselt. Am Abend des 23. Mai 1989, fünf Jahre nach den Waldbränden, kam es deshalb zu einer Rangelei mit einem 44-jährigen Zechgenossen, der ihn wegen seiner roten Flecken provoziert und ihm mit seinem eingegipsten Arm gegen den Kopf geschlagen hatte. Zu guter Letzt bezeichnete er ihn als Leprakranken, den man »beim Vergasen vergessen hätte«. Vermutlich war da die rote Linie bei Wolfgang W. überschritten. Mit 3,7 Promille Alkohol im Blut stach er seinem Kontrahenten ein Messer in den Hals. Das Opfer starb zwei Tage später in einem Krankenhaus an der etwa zehn Zentimeter tiefen Wunde. Im Februar 1990 wurde Wolfgang W. von der 1. Strafkammer des Landgerichts Stuttgart für diese Tat zu einer dreieinhalbjährigen Freiheitsstrafe verurteilt.

Der Mörder, dein Freund und Helfer

1986 | Im ZDF läuft an diesem Abend der Jahresrückblick »Menschen '85«, moderiert von Frank Elstner. Es ist Samstag, der 4. Januar. Die Sendung gefällt mir. Häufig habe auch ich mit den Schicksalen der Menschen zu tun. Kurz vor Schluss unterbricht das Klingeln unseres Telefons den gemütlichen Fernsehabend. Obwohl ich keinen Bereitschaftsdienst habe, sage ich zu meiner Frau: »Wer ruft denn jetzt noch an? Das kann doch nur dienstlich sein!« Leider behalte ich Recht. Einer meiner Kollegen der Mordkommission ist am anderen Ende der Leitung: »Hey Pit, ich habe eine gute und eine schlechte Nachricht für dich! Welche willst du zuerst hören?«, sagt er etwas spöttisch. »Lieber gleich die schlechte«, bitte ich ihn, »dann weiß ich, wo ich dran bin.« »Wir haben einen Mord in Stuttgart-Vaihingen. Eine junge Frau ist heute Abend tot in ihrer Wohnung aufgefunden worden. Sie wurde erwürgt. Einen Täter haben wir leider noch nicht«, berichtet mir mein Kollege und fügt hinzu: »Wir brauchen alle verfügbaren Beamten, um eine Sonderkommission zusammenzustellen.« »Okay, und was ist die gute Nachricht?«, will ich nun wissen. »Du kannst heute Nacht noch einmal schlafen, wir treffen uns erst morgen früh um 8.30 Uhr zur Besprechung im Büro unseres Inspektionsleiters«, klärt mich der Kollege auf. »Gut, ich bin dabei«, bestätige ich ihm, als ob ich ein Wahl hätte. »Was hätte ich auch sonst den lieben langen Sonntag machen sollen?«

Schon vor 8.30 Uhr füllt sich das Büro unseres Inspektionsleiters, Kriminalrat Wolfgang Stein. Etwa 20 bis 25 Angehörige der Stuttgarter Mordkommission, sowohl Ermittlungs- als auch Spurensicherungsbeamte, haben sich zum sogenannten Rapport eingefunden. Nicht alle haben am großen Besprechungstisch Platz, die meisten nehmen stehend an der etwa einstündigen Besprechung teil, an der nähere Details über die bisher vorliegenden Erkenntnisse bekannt gegeben werden.

Demnach ist in der Wolfmahdenstraße, in einem ruhigen Wohngebiet am westlichen Ortsrand von Stuttgart-Vaihingen, am gestrigen Abend die 34-jährige alleinlebende Heiratsvermittlerin Daniela R. nur mit einem Nachthemd bekleidet tot auf dem Boden ihres

Schlafzimmers in der Dachgeschosswohnung aufgefunden worden. Ein Bekannter von ihr hatte sich Sorgen um sie gemacht, da er, obwohl verabredet mit ihr, nichts von ihr gehört hatte. Zusammen mit dem Sohn des Hausbesitzers hatte man die Wohnung dann mit einem Zweitschlüssel geöffnet und den grausigen Fund gemacht. Im Rahmen der ersten Maßnahmen durch die alarmierten Schutzpolizeibeamten sowie der Bereitschaftsbeamten der Mordkommission wurde auch ein Gerichtsmediziner an den Tatort gerufen. Er diagnostizierte Tod durch Erwürgen und stellte Gebissabdrücke an beiden Brüsten des Opfers fest. An ihnen war eine auffällige Fehlstellung eines Schneidezahnes zu erkennen, der quergestellt war. Weiterhin erfahren wir in der Besprechung, dass die Wohnung durchwühlt wurde. Bis jetzt ist allerdings noch nicht bekannt, ob etwas aus dem Besitz der Frau fehlt.

»Es gibt viel zu tun heute«, meint unser Chef, Kriminalrat Stein. »Die Kriminaltechniker werden heute ihre Spurensicherungsmaßnahmen am Tatort fortsetzen. Dann gilt es sämtliche Kontaktpersonen des Opfers anhand ihres Telefonbuches zu ermitteln, zu vernehmen und gegebenenfalls auch alibimäßig zu überprüfen. Eine heiße Spur gibt es derzeit leider noch nicht, allerdings müssen wir auch das Alibi des Bekannten, der die Tote gefunden hat, routinemäßig überprüfen.«

Nach und nach erhalten einzelne Ermittlungsteams Aufträge und verlassen die Besprechung.

»Ich habe da auch noch eine Spur, die man abklären sollte«, fügt der Leiter der Kriminaltechnischen Untersuchungsstelle *(KTU)* hinzu. »In einem Mantel des Opfers haben wir einen handgeschriebenen Notizzettel mit zwei Telefonnummern und folgendem Text gefunden: ›I'm not sure, which it is, try both! Eric.‹ Zu deutsch: Ich bin mir nicht sicher, welche es ist. Versuche beide.« »Herr Schühlen, bitte übernehmen Sie diese Spur und versuchen Sie diesen Eric zu ermitteln«, beauftragt mich mein Chef und teilt mir Hans-Herbert Kaufmann zu, einen jungen Schutzpolizeibeamten, der sich zur Kripo beworben hat und nun seinen Umlauf bei uns macht. Am Ende des »Rapports« wird für 18 Uhr die nächste Besprechung terminiert, bei der über die bis dahin feststehenden Ermittlungsergebnisse berichtet werden soll.

Hans-Herbert und ich ziehen uns in mein Büro zurück und besprechen uns kurz, wie wir vorgehen wollen. Außerhalb der normalen Bürozeiten der Deutschen Bundespost muss ich mit mindestens zwei bis drei Stunden rechnen, bis ein Anschlussinhaber feststeht. Das ist mir zu lange. Deshalb entscheide ich mich für den schnelleren Weg und versuche unter der ersten Rufnummer jemand zu erreichen. Ich lasse es sehr lange klingeln – es nimmt niemand ab. Der nächste Versuch mit der zweiten Nummer ist erfolgreich, es meldet sich am anderen Ende der Leitung ein Herr Neumann aus Neuhausen auf den Fildern. Als ich ihn nach seinem Vornamen frage, wird er hellhörig und möchte wissen, warum mich dies interessiere. Ich muss nun Farbe bekennen und gebe mich als Kriminalbeamter zu erkennen, der im Zusammenhang mit einem Mordfall einen Eric befragen möchte.

»Der Eric E. ist ein Mitarbeiter von mir. Ich habe hier in Neuhausen eine kleine Firma und habe ihn erst vor ein paar Wochen eingestellt. Es ist ein ehemaliger US-Soldat. Ich kann ihn ja kurz anrufen, dass er sich mit Ihnen in Verbindung setzen soll«, bietet mein Gesprächspartner an. »Nein, bitte kontaktieren Sie ihn nicht. Wir möchten ihn selbst befragen«, bitte ich Herrn Neumann und frage ihn, wo Eric E. wohne. »Er lebt zusammen mit seiner deutschen Ehefrau in Büsnau. Wo er genau wohnt, weiß ich nicht, aber ich kann Ihnen die Telefonnummer sagen.« Abschließend bitte ich ihn nochmals eindringlich, ihn nicht anzurufen und uns das zu überlassen. Er versichert mir das.

Hans-Herbert findet dann auch schnell im großen, mehrere hundert Seiten starken Stuttgarter Adressbuch heraus, dass in Stuttgart lediglich eine einzige Familie E. registriert ist, und zwar im Eisenauer Weg in Büsnau.

Es dauert nicht lange, bis wir in Büsnau vor der Wohnung der Familie E. stehen und klingeln. Eine junge Frau mit einem sieben Monate alten Baby auf dem Arm öffnet die Türe und schaut uns überrascht an. Auf die Frage, ob wir kurz ihren Mann sprechen können, schüttelt sie den Kopf und sagt, dass er vor kurzem mit dem Auto weggefahren sei.

»Um was geht es denn? Kann ich Ihnen auch helfen?«, will sie wissen. Wir weisen uns als Kriminalbeamte aus und bitten, sie kurz in ihrer Wohnung sprechen zu dürfen.

»Können Sie mir sagen, was sie von meinem Mann wollen?«, fragt sie ganz ängstlich. Wir erklären ihr, dass wir in einem Mordfall ermitteln und, dass man in der Wohnung des Opfers die Telefonnummer ihres Mannes gefunden habe, worauf sie sofort entgegnet, dass ihr Mann dies vor wenigen Minuten von seinem Chef erfahren habe.

Der habe nämlich vor kurzem angerufen und ihm mitgeteilt, dass die Polizei nach ihm gefragt hat.

Na wunderbar, denke ich, hatte von dem Mann eigentlich den Eindruck, dass er glaubwürdig ist und sich an sein Versprechen hält.

Die Frau fügt noch hinzu: »Nach dem Telefonat ist er gleich weggefahren und sagte, er würde zu seinem Freund Harrisson nach Magstadt fahren.« »Welches Auto fährt denn Ihr Mann?«, möchte ich von ihr noch wissen. »Er ist mit unserem roten Mitsubishi Colt unterwegs«, kommt prompt ihre Antwort und gibt uns auch das Kennzeichen an. Auf die Frage, wo dieser Harrisson genau wohnt und wie der vollständige Name lautet, kann sie uns keine Auskunft geben.

Als wir uns von ihr verabschieden, ich habe schon die Türklinke in der Hand, drehe ich mich nochmals um: »Mir fällt da gerade noch ein, hat Ihr Mann eigentlich eine Besonderheit im Bereich seiner Zähne?« »Ja, einer seiner vorderen Zähne steht etwas schräg«, antwortet sie mit fragendem Blick.

Unsere Spur »Eric« bekommt jetzt eine gewisse Dynamik. Wir müssen davon ausgehen, dass wir hier tatsächlich unserem Täter auf der Spur sind.

An unserem Dienstfahrzeug angekommen, veranlassen wir über Funk eine Fahrzeugfahndung nach dem roten Mitsubishi Colt und bitten auch, eine Wohnsitzüberprüfung in Magstadt durchzuführen, ob dort ein Harrisson gemeldet ist. Von Büsnau aus fahren wir sofort über die ehemalige Solitude-Rennstrecke zur nur wenige Kilometer entfernten Gemeinde Magstadt. Wir sind gerade im Hölzertal, kurz vor dem Ortseingang, als wir von der Funkzentrale die Mitteilung bekommen, dass eine Familie Harrisson in der Blumenstraße in Magstadt polizeilich gemeldet ist. Bereits bei unserer Anfahrt halten wir nach einem roten Mitsubishi Ausschau. Aber auch vor der fraglichen Wohnung in der Blumenstraße entdecken wir den gesuchten Wagen nicht. Auf unser Klingeln an der Wohnung Harrisson wird uns nicht geöffnet. Die Rollläden sind teilweise heruntergelassen. Es sieht so aus, als ob tatsächlich niemand in der Wohnung ist. Wenn unser Eric hier niemanden angetroffen hat, können wir nicht ausschließen, dass er wieder nach Hause gefahren ist, so mein Gedanke.

Wir nehmen deshalb wieder die Strecke durch das idyllische Hölzertal und fahren zurück nach Stuttgart-Büsnau. Bereits bei der Anfahrt zur Wohnung E. müssen wir leider erkennen, dass weit und breit nichts vom roten Mitsubishi zu sehen ist. Offensichtlich ist er noch nicht zurückgekehrt.

Erneutes Klingeln an der Wohnungstüre. Wir werden von Frau E. auch gleich in die Wohnung gebeten. Da wir ihren Ehemann nun als dringend tatverdächtig eingestuft haben, müssen wir sie vor einer weiteren Befragung über ihr Zeugnisverweigerungsrecht gegenüber ihrem Ehemann aufklären. Sie ist jedoch weiterhin willens, mit uns zu sprechen, und gibt uns bereitwillig Antwort auf die Frage, wie ihr Mann am Freitagabend bekleidet war: »Er hatte eine Blue Jeans, ein dunkelgrünes Sweatshirt sowie seine braunen Halbschuhe an.« »Können Sie uns die Kleidungsstücke zeigen?«, bitten wir sie, worauf sie erklärt, dass die bereits im Wäschekorb liegen. Wir lassen uns den Wäschekorb zeigen und finden darin sowohl die Blue Jeans als auch das grüne Sweatshirt. Als wir die Hose genauer anschauen, stellen wir an verschiedenen Stellen einige dunkelrote bis braune, angetrocknete Antragungen fest, bei denen es sich möglicherweise um Blut handelt.

Als Frau E. bemerkt, dass wir uns für die Farbflecken interessieren, erklärt sie uns: »Die Blutflecken habe ich auch schon gesehen und habe meinen Mann gefragt, wo die denn herkommen. Er erzählte mir, dass er in der Nacht von Freitag auf Samstag in einer Discothek am Böblinger See war, wo er in eine Schlägerei verwickelt gewesen sei und dabei Blut von einer verletzten Frau abbekommen habe.«

Hans-Herbert holt aus seinem Ausrückkoffer zwei Papiertüten und packt die beiden

> Die »Stuttgarter Nachrichten« vom 7. Januar 1986 zum Mord an der 34-jährigen Daniela R. und zur Festnahme des Täters.

Grausiger Fund in Vaihingen: Nachbarin tot in der Wohnung

Ehevermittlerin ermordet Zivilamerikaner verhaftet

Tatverdächtiger versuchte sich noch das Leben zu nehmen

Von unserem Redaktionsmitglied Gert Fach

Grausiger Fund am Samstag in einer Dachgeschoßwohnung in der Wolfmahdenstraße 46 in Vaihingen: Nachbarn entdeckten kurz vor 19 Uhr die tote 34 Jahre alte Daniela Reiber. Die Polizei spricht von Mord. Ein Sexualdelikt an

Kleidungsstücke getrennt voneinander ein, damit sie später kriminaltechnisch untersucht werden können.

Zum Alibi ihres Mannes befragt, gibt Frau E. an, er sei nach seinen Erzählungen von Freitag auf Samstag mit Freunden in verschiedenen Sindelfinger und Böblinger Discotheken gewesen und so etwa gegen 4.30 Uhr am Morgen nach Hause zurückgekommen. Sie selbst habe nicht mitbekommen, wann er nach Hause gekommen ist. Wir beenden dann das Gespräch mit ihr und kündigen an, dass wir sie möglicherweise heute Abend noch zu einer richterlichen Vernehmung vorladen werden.

Wir fahren die nächste erreichbare Telefonzelle an und geben einen ausführlichen Sachstandsbericht an unsere SOKO-Leitung durch, insbesondere dass wir tatrelevante Kleidungsstücke mit mutmaßlichen Blutantragungen sichergestellt haben. Noch während ich mit der SOKO-Leitung telefoniere, geht dort ein Funkspruch des Polizeireviers Sindelfingen ein. Auf einem Parkplatz an der alten Bundesstraße 14 zwischen Sindelfingen und Vaihingen sei vor wenigen Minuten der rote Mitsubishi Colt aufgefunden worden. Der Fahrer hätte versucht sich mit Autoabgasen umzubringen und sei nun mit dem Rettungswagen unterwegs ins Sindelfinger Krankenhaus.

»Wir fahren von hier aus gleich zum Sindelfinger Krankenhaus und kümmern uns um alle weiteren Maßnahmen!«, erkläre ich meinem SOKO-Leiter. »Wir schicken euch gleich Unterstützung durch die Kriminaltechnik«, meint Kriminalrat Stein, »und einen Gerichtsmediziner versuche ich ebenfalls aufzutreiben, der sich den Zahnbefund anschauen soll.«

Es dauert keine zehn Minuten, bis wir an der Notaufnahme des Krankenhaus Sindelfingen ankommen und von dort direkt in die Intensivstation verwiesen werden. Eine Stationsschwester erwartet uns bereits. Bevor wir den Behandlungsraum erreichen, dringt ein lautes, markdurchdringendes Geschrei auf den Flur. Ein Arzt, zwei Krankenpfleger und zwei Stationsschwestern versuchen bei dem Patienten Eric E. eine Magenspülung vorzunehmen. Wie wir später erfahren, wurde in seinem Fahrzeug auch eine leere Packung Schlafmittel gefunden, und man vermutet, dass er eine Vielzahl dieser Tabletten eingenommen habe.

Er entwickelt allerdings ungeahnte Kräfte und sträubt sich mit Händen und Füßen gegen jede Art von Behandlung. Hans-Herbert und ich sind nun auch gefordert und helfen bei der Bändigung des wilden Patienten. Erst nach mehreren Minuten gelingt es uns den Mann so zu stabilisieren, dass der Arzt einen Tubus einführen kann. Nachdem die Magenspülung erfolgt ist, lassen wir vom Arzt noch Blut entnehmen, um den Alkoholgehalt zu bestimmen. Da der Arzt beim derzeitigen Zustand eine Verlegung in ein Vollzugskrankenhaus ablehnt, organisiert unsere soko-Leitung eine Bewachung des Patienten durch Beamte des Polizeireviers Sindelfingen.

Gegen ein erstes Gespräch mit dem Patienten hat der Arzt allerdings keine Einwände. Wir stellen uns Herrn E. als Kriminalbeamte vor und erkennen auch gleich, dass er nur sehr gebrochen Deutsch spricht, weshalb wir das Gespräch – so gut es geht und es unser Sprachschatz zulässt – in englischer Sprache weiterführen. Bevor wir ihn befragen, müssen wir ihn über seine Rechte als Beschuldigter belehren. Wir haben den Eindruck, dass er jetzt unbedingt mit jemandem reden will.

Er beginnt zu erzählen, wie er Daniela R. kennengelernt hat. Vor einer Woche habe er sie an einer Tankstelle in der Nähe ihrer Wohnung getroffen und dabei geholfen, den defekten Scheibenwischer ihres Porsches zu reparieren. Als Dank dafür sei er von ihr zu einer Tasse Kaffee im Tankstellenshop eingeladen worden. Bei dieser Gelegenheit habe sie ihm eine Visitenkarte übergeben. Einige Tage später, am vergangenen Freitag, sei er mit seinem Auto vor der Arbeit an der Wohnadresse von Daniela R. vorbeigefahren und habe ihren Porsche vor dem Haus entdeckt. Daraufhin habe er eine kleine Notiz mit der Telefonnummer seiner Arbeitsstelle geschrieben und unter ihren Scheibenwischer geklemmt. Da sie sich aber den ganzen Tag über bei ihm nicht gemeldet habe, sei er am Abend gegen 20 Uhr nochmals zu ihrer Wohnung nach Stuttgart-Vaihingen gefahren. Ihr Auto sei wieder vor dem Haus gestanden, was ihn dazu veranlasst habe, an der Türe zu klingeln. Sie habe ihm geöffnet. Danach habe sie sich etwa eine halbe Stunde nett unterhalten, bevor er wieder gegangen sei.

Die Frage, ob es zu Intimitäten oder dem Austausch von Zärtlichkeiten gekommen sei, verneinte er. Die restliche Nacht sei er zusammen mit drei Freunden durch verschiedene Discotheken in Sindelfingen und Böblingen gezogen, bevor er ziemlich betrunken am frühen Morgen wieder nach Hause gekommen und auf dem Sofa im Wohnzimmer eingeschlafen sei.

Auf die Frage, welches Motiv er für seinen Selbstmordversuch habe, äußerte er, dass er sich nicht sicher sei, ob er nicht doch in der Nacht noch ein zweites Mal bei Daniela gewesen sei und sie möglicherweise umgebracht habe. Er könne sich dies aber überhaupt nicht vorstellen.

Zwischenzeitlich ist nun auch unser Gerichtsmediziner zusammen mit einem Zahnmediziner im Krankenhaus erschienen. Nach eingehender Begutachtung des Zahnschemas erklärt der Dentist, dass die Bissspuren an den Brüsten des Opfers mit sehr hoher Wahrscheinlichkeit von unserem Tatverdächtigen verursacht wurden. Anschließend nimmt der Gerichtsmediziner die verschiedenen Kratzspuren am Hals von Herrn E. in Augenschein. Er ist sich ziemlich sicher, dass es sich hierbei um Abwehrverletzungen des Opfers handelt, die durch Fingernägel verursacht wurden.

Unsere Mission ist hier im Krankenhaus nun beendet. Die wichtigsten Maßnahmen sind getroffen und zur Bewachung des Täters sind zwischenzeitlich zwei junge Polizeibeamte des zuständigen Sindelfinger Polizeireviers erschienen. Eric E. soll, sobald er transportfähig ist, in das Justizvollzugskrankenhaus auf den Hohenasperg verlegt werden. Das geschieht denn auch am nächsten Morgen.

Auf der Fahrt zurück zum Präsidium genehmigen wir uns an einer Imbissbude noch eine Currywurst – schließlich hatten wir den ganzen Tag über keine Gelegenheit etwas essen. Kurz nach 19 Uhr treffen wir im Polizeipräsidium in der Hahnemannstraße ein. Die SOKO-Besprechung ist schon beendet und die meisten Kollegen sitzen an ihren alten mechanischen Schreibmaschinen und bringen ihre Berichte und Ermittlungsergebnisse zu Papier.

Wir haben Glück, eine unserer Angestellten im Schreibdienst hat Mitleid mit uns und hängt noch zwei weitere Überstunden an ihren langen Arbeitstag ran. Sie lässt sich von uns noch einen ziemlich langen Bericht über unsere heutigen Maßnahmen, Gespräche und Feststellungen diktieren. Schließlich müssen wir morgen Vormittag sämtliche Vernehmungen und Berichte dem Haftrichter vorlegen, der vermutlich ins Sindelfinger Krankenhaus fahren muss, um dem Beschuldigten den Haftbefehl zu eröffnen.

Nach einer kurzen Abschlussbesprechung im Büro unseres Inspektionsleiters können wir uns kurz vor Mitternacht in den Feierabend verabschieden. Bis zum Dienstbeginn morgenfrüh um 7 Uhr haben wir noch Zeit für eine Mütze Schlaf.

Im Laufe der Woche trudelt auch das Ergebnis der Blutuntersuchung aus dem Kriminaltechnischen Institut des LKA ein. Es bestätigt unsere Vermutung. Das Blut an der in der Wohnung sichergestellten Jeans von Eric E. stammt eindeutig vom Mordopfer.

Nach Abschluss der polizeilichen Ermittlungen und insbesondere nach der Hauptverhandlung vor der Schwurgerichtskammer des Landgerichts Stuttgart stand fest, dass der Angeklagte bei seinem Besuch bei Daniela R. am Freitag, den 3. Januar 1986, gegen 20 Uhr zudringlich geworden war, worauf sie ihn aus der Wohnung verwiesen hatte. Beim Verlassen der Wohnung hatte er die Wohnungsschlüssel gestohlen und war nach seinen diversen Discobesuchen am frühen Morgen zwischen 4 und 5 Uhr zur Wohnung zurückgekehrt. Mit dem entwendeten Schlüssel hatte er sich Zugang zur Dachgeschosswohnung verschafft und das Opfer schlafend im Bett überrascht, wo es anschließend zu einem dramatischen Überlebenskampf der jungen Frau gekommen sein musste, den sie leider verlor. Das Gericht stellte fest, dass er mit dem Vorsatz in die Wohnung eingedrungen war, Daniela R. notfalls zu vergewaltigen, falls sie sein sexuelles Verlangen abweisen würde. Die Tat sei aus niedrigen Beweggründen ungehemmt und triebhaft verübt worden und sei deshalb auch besonders verwerflich. Die fünftägige Verhandlung ging Ende Oktober 1986 mit dem Urteil »lebenslange Freiheitsstrafe für den Angeklagten« zu Ende.

Geiselnahme im Weidachtal

1987 | Die Mordkommission der Stuttgarter Polizei erlebt 1987 eines ihrer belastungsintensivsten Jahre. Die 32 Kriminalbeamten und acht Angestellten im Schreibdienst der Dienststelle sind fast rund um die Uhr im Einsatz. Obwohl wir von Kollegen anderer Dezernate unterstützt werden, häufen sich Überstunden in einem fast unzumutbaren Ausmaß an.

Bereits in der ersten Hälfte des Jahres 1987 kommt es zu sieben Mordfällen, um deren Aufklärung wir uns bemühen. Einer davon ist der schreckliche Mord an der 17-jährigen Schülerin Anja A. (Er bewegt bis heute die Stuttgarter Bevölkerung und beschäftigt noch immer die Stuttgarter Mordkommission. Der oder die Täter, die das Mädchen am Freitag, den 27. März 1987, in den Weinbergen auf einer Treppenanlage unterhalb des Wohngebietes Muckensturm abgepasst und ermordet haben, werden trotz jahrelangem, intensivem Ermittlungsaufwand nicht gestellt.)

Während eines Bereitschaftsdienstes – nur wenige Tage zuvor – erlebe ich einen Fall, der mich an die Grenze meiner Belastbarkeit bringt. Wegen des Verdachts einer schweren Kindesmisshandlung werde ich am Abend des 19. März in die Kinderklinik des Olgahospitals gerufen. Die Ärzte erwarten mich bereits und führen mich zu einem vierjährigen Mädchen, das vor wenigen Stunden mit dem Notarztwagen eingeliefert wurde und nach langen, erfolglosen Reanimationsmaßnahmen verstorben ist. Der kleine, zierliche Körper des Mädchens ist übersät mit Hämatomen. Die Ärzte äußern den Verdacht, dass es ein Martyrium mit schwersten inneren Verletzungen erlitten hat. Ich bin zutiefst erschüttert bei diesem Anblick. Die Tränen, die sich in meinen Augen bilden, kann ich nur schwer unterdrücken. Ohnmächtige Wut stellt sich bei mir ein, die allerdings hier fehl am Platz ist. Von mir ist eine objektive und sachliche Erhebung der Fakten gefordert. Der Fall wird mich und meine Kollegen noch lange Zeit beschäftigen, bis den Eltern der Prozess gemacht werden kann.

Parallel zu diesen Verbrechen bin ich in meiner Eigenschaft als Brandermittler zur selben Zeit durch eine Häufung von schweren

Brandstiftungsdelikten in Anspruch genommen, wie sie bisher in Stuttgart selten vorgekommen ist. Der nächste Großbrand lässt nicht lange auf sich warten. Am 8. Juli frühmorgens steht das Restaurant »Mövenpick« auf dem Kleinen Schlossplatz in Flammen. Obwohl die Feuerwehr schnell vor Ort ist, brennt es komplett aus. Es entsteht ein Schaden in Millionenhöhe. Meine Ermittlungen ergeben, dass mit hoher Wahrscheinlichkeit von vorsätzlicher Brandstiftung ausgegangen werden muss.

Unsere Arbeiten werden jedoch durch einen neuerlichen schweren Fall von Brandstiftung unterbrochen. In der Nacht von Montag, 13., auf Dienstag, 14. Juli, rücke ich mit meinen Brandermittlerkollegen zu einem Großbrand nach Zuffenhausen aus. Bei der Einfahrt in den Bahnhof ist eine aus Kornwestheim kommende S-Bahn vollständig ausgebrannt. Auch hier entsteht durch eine vorsätzliche Brandlegung ein Schaden in Höhe von mehreren Millionen D-Mark. Der Brandstifter, ein junger US-Soldat aus Kornwestheim, kann schnell ermittelt und festgenommen werden.

Nach all diesen spektakulären und belastenden Fällen im ersten Halbjahr 1987 bin ich im letzten Juli-Wochenende wieder in Bereitschaft. Als ich sonntagabends zu Bett gehe, bin ich froh, dass ich bisher keinen Ausrückfall hatte. Ich kann zu diesem Zeitpunkt natürlich nicht wissen, dass mich kurz vor Ende meines Bereitschaftsdienstes gegen 5.15 Uhr am frühen Morgen des 27. Juli mein Telefon unsanft aus dem Schlaf reißt. Mein Dezernatsleiter teilt mir in kurzen, knappen Worten mit, dass in Stuttgart-Möhringen eine ältere Frau in einer Villa im Weidachtal in den Händen eines Geiselnehmers ist. Ich solle mich schnellstmöglich auf der Dienststelle einfinden, er würde zwischenzeitlich noch weitere Kollegen verständigen.

Das darf doch alles nicht wahr sein, sinniere ich vor mich hin, während ich mich schnell ankleide: Haben wir in den letzten Wochen und Monaten nicht schon genug ermittlungsintensive Kriminalfälle gehabt? Womit haben wir das alles verdient?

Auf der Dienststelle sind dann auch schon einige Kollegen eingetroffen. Gemeinsam mit meinem Chef und zwei Dezernatskollegen fahre ich in unserem zivilen weinroten Audi 80 zum Einsatzort.

Wie wir noch während der Fahrt von unserem Chef erfahren und später vor Ort von anderen Polizeibeamten ergänzt wird, soll sich heute Morgen folgender Sachverhalt zugetragen haben: Um 3.29 Uhr

Beamte des Sondereinsatzkommandos (SEK) aus Göppingen sind am Tatort eingetroffen.

meldet sich über Polizeinotruf 110 eine junge Frau aus einer Villa im Weidachtal in Stuttgart-Möhringen. Sie gibt an, sie sei durch laute Geräusche und eine Männerstimme aus der Wohnung über ihr, in der ihre Großmutter wohnt, geweckt worden. Der Mann habe dort die Herausgabe von Geld und Wertsachen gefordert. Da sie Angst bekommen habe, hätte sie ihre Einliegerwohnung über einen separaten Wohnungsausgang dann schnellstens verlassen. Die Funkzentrale schickt daraufhin sofort zwei Funkstreifenwagen des Polizeireviers Möhringen an den Tatort und gibt das Stichwort »Täter am Werk« durch, was für alle eingesetzten Fahrzeuge bedeutet, dass kein Blaulicht und Martinshorn eingeschaltet wird, um eine Eskalation zu vermeiden. Die erste eingetroffene Streifenwagenbesatzung erhält von der Anruferin deren Wohnungsschlüssel und kann somit von der Einliegerwohnung über eine Verbindungstreppe in die darüber gelegene Erdgeschosswohnung der 77-jährigen herzkranken Großmutter gelangen. Dem Täter bleibt dies jedoch nicht verborgen und er droht den Polizeibeamten durch eine geschlossene Zimmertüre: »Haut ab, sonst gibt es hier ein Blutbad!« Um das Leben der Geisel nicht zu gefährden und um die Situation nicht eskalieren zu lassen, ziehen sich die Polizisten daraufhin aus dem Haus zurück. In Absprache mit der Funkzentrale wird die einsam im Weidachtal gelegene Villa nun außerhalb der Sichtweite des Täters großräumig umstellt. Da der Täter zunächst keine Forderung gestellt hat, lässt dies der Polizei die erforderliche Zeit, um Spezialkräfte zu alarmieren. Nach einem vorbereiteten Szenario werden nun das Spezialeinsatzkommando (SEK) aus Göppingen sowie speziell für Geiselnahmen geschulte Beamte einer Verhandlungsgruppe verständigt, die technisch und psychologisch geschult sind, mit Geiselnehmern Kontakt aufzunehmen. Zwischenzeitlich ist auch ein vorsorglich für eventuelle Notfälle angeforderter Rettungswagen mit einem Notarzt am Tatort eingetroffen und weitere Beamte des Kriminaldauerdienstes sind auf dem Weg ins Weidachtal. Schusssichere Westen werden herbeigeschafft. Natürlich muss bei Großlagen, wie im vorliegenden Fall, auch der Polizeipräsident verständigt werden. Dr. Volker Haas, der erst am 1. Mai seinen Vorgänger Dr. Eduard Vermander abgelöst hat, wird von einem Streifenwagen zuhause abgeholt und auf schnellstem Wege an den Einsatzort gebracht. Außer ihm werden auch die Leiter der Schutz- und Kriminalpolizei sowie ein Vertreter der Staatsanwaltschaft Stuttgart verständigt, die ebenfalls an den Tatort eilen. Vorsorglich geht auch an unsere Techniker der Auftrag raus, ein mit einem Peilsender präpariertes Fluchtfahrzeug bereitzustellen. Daneben wird auch noch ein mobiles Feldtelefon beschafft, das man unter Umständen dem Geiselnehmer zwecks besserer Kommunikation anbieten kann. Darüber hinaus müssen Skizzen und Pläne des Tatobjektes organisiert werden, damit das angeforderte SEK anhand dieser Zeichnungen seinen Zugriff optimal planen kann.

So weit also der Stand der Dinge, als ich gegen 6.30 Uhr zusammen mit meinem Dezernatsleiter sowie meinen zwei Kollegen in Tatortnähe eintreffe. Es ist bereits hell. Wir postieren uns ebenfalls außerhalb der Sichtweite des Geiselnehmers. Gemeinsam mit der Enkelin und ihrem Vater, der zwischenzeitlich von der Polizei informiert wurde und nun am Tatort eingetroffen ist, versuche ich mit einer Handskizze einen detailgetreuen Grundrissplan der Geiselwohnung zu fertigen. Solange wir noch keine Originalpläne des Baurechtsamtes vorliegen haben, muss uns dieser Plan reichen.

Unsere Kollegen der Verhandlungsgruppe, die auch vor Ort sind, versuchen in den nächsten Minuten Kontakt mit dem Täter herzustellen. Da eine telefonische Verbindung in die Villa nicht zustande kommt – vermutlich hat der Täter die Telefonleitung gekappt –, können die Kollegen durch Zurufe im Bereich der Haustüre in Kontakt mit ihm treten. Durch einen kleinen Spalt an der geöffneten Haustüre lässt er die Polizei wissen, dass die alte Frau in seiner Gewalt herzkrank ist und sie deshalb dringend einen Arzt brauche. Indem er die Patrone einer Pistole zeigt, will er uns signalisieren, dass er bewaffnet ist.

Damit die Frau ärztlich behandelt werden kann, bietet er den Austausch der Geisel an. Er verlangt im Gegenzug dafür, dass eine junge Kriminalbeamtin ins Haus kommt. Unter dem Vorwand, eine Kriminalbeamtin sei derzeit nicht unter den hier eingesetzten Kräften, bietet man ihm einen männlichen Beamten als Austauschgeisel an, was er allerdings sofort rigoros ablehnt. Was der Täter nicht weiß, ist, dass der Kripo-Chef unter keinen Umständen eine weibliche Beamtin zum Austausch anbieten will.

Auf die Forderung des Täters, den Notarzt ins Haus zu schicken, wird ihm übermittelt, dass der Arzt dies ablehne, jedoch bereit wäre, die Frau vor dem Haus zu untersuchen. Aber auch auf diesen Vorschlag geht der Geiselnehmer nicht ein.

Er verlangt jetzt allerdings ein Sprechfunkgerät, damit er besser mit der Polizei kommunizieren kann. Der Sprecher der Verhandlungsgruppe kann ihn dazu überreden, das mobile Feldtelefon zu akzeptieren, das man ihm einige Zeit später vor der Haustüre bereitlegt.

Im Verlauf der weiteren Verhandlungen will er nun eine Flasche Mineralwasser sowie drei verschiedene Schachteln Zigaretten. Durch die Beschaffung lässt sich wieder Zeit gewinnen. Anschließend deponieren wir die Sachen wieder vor der Haustüre.

Mit verdeckten technischen Mitteln können wir zwischenzeitlich Hinweise erlangen, dass es sich nicht um einen Einzeltäter handelt. Es gibt mehrere Anzeichen dafür, dass sich im Haus noch ein zweiter Täter aufhält.

Den ganzen Morgen schon rechnen wir damit, dass der Täter eventuell ein Fluchtfahrzeug fordern wird, um mit der Geisel unter freiem Geleit flüchten zu können. Eigenartigerweise kommt jedoch keine Forderung in dieser Richtung und auch von einer hohen Geldforderung ist keine Rede. Wir erfahren von ihm dann, dass es der Geisel wieder besser geht und sie sich schlafen gelegt hat.

Zwischenzeitlich trifft das SEK der Bereitschaftspolizei in Göppingen mit mehreren Fahrzeugen ein. Die martialisch ausgerüsteten Beamten verbleiben zunächst in sicherer Entfernung zum Objekt, um von den Geiselnehmern nicht gesehen zu werden.

Der Kommandoführer legt anschließend zusammen mit dem Einsatzleiter die Taktik für einen Zugriff fest. Für den Fall, dass eine unvorhergesehene Situation ein sofortiges Eingreifen erforderlich machen sollte, erstellt das SEK auch einen Plan für einen sogenannten Notzugriff.

Oberste Priorität bei einem Zugriff hat allerdings, so hat es der Kripochef entschieden, das Leben der 77-jährigen Geisel. Nach Möglichkeit soll die Geiselnahme vor Ort beendet werden. Unbedingt will der Kripochef verhindern, dass der Täter sich zusammen mit der Geisel wegbewegt.

Während alle Vorbereitungen für einen Zugriff auf Hochtouren laufen, können wir mit Hilfe unserer eingesetzten verdeckten technischen Maßnahmen feststellen, dass sich die Geisel derzeit in ihrem Schlafzimmer aufhält. Offensichtlich liegt sie im Bett und schläft tief, wofür die Schnarchgeräusche sprechen.

Der Einsatzleiter will den Zugriff starten, sobald eindeutig klar ist, dass sich die Geisel alleine im Schlafzimmer aufhält und die Aufenthaltsorte der Geiselnehmer im Haus lokalisiert werden können.

SEK-Beamte in ihren grünen Overalls, schweren Einsatzhelmen und schwarzen Sturmhauben vor dem Gesicht, schleichen sich vorsichtig von allen Seiten an die Villa heran. Einzelne der schwer bewaffneten Männer führen auch Rammböcke mit, mit denen Türen aufgebrochen werden können. Sie haben nun ihre vorgesehenen Positionen eingenommen. Ich erhalte den Auftrag, sobald der Zugriff erfolgt ist, das SEK die Täter festgenommen und das Haus zum Betreten für weitere Polizeikräfte freigegeben hat, Kontakt zur Geisel aufzunehmen und diese schnellstmöglich dem Notarzt zu übergeben.

Um 11.20 Uhr gibt der Einsatzleiter grünes Licht für den Zugriff.

Auf Kommando fährt ein zivilfarbener, gepanzerter Mercedes nahezu geräuschlos vor das Haus. Die Fahrzeugtüren werden aufgerissen und es springen mehrere Beamte mit Maschinenpistolen im Anschlag in Richtung Hauseingang. Einer von ihnen gibt einen gezielten

Schuss durch ein Fenster der Villa ab, um die Täter zu irritieren. Mit aufheulendem Motor und aufwirbelndem Straßenstaub rast die Panzerlimousine davon. Zeitgleich dringen vier weitere SEK-Teams von verschiedenen vorher abgesprochenen Positionen ins Tatobjekt ein. Zum Öffnen der Türen werden die Rammböcke eingesetzt. Mehrere Männer der Spezialeinheit schlagen die Fensterscheibe des Schlafzimmers ein, in dem sich zum Zugriffszeitpunkt lediglich die Geisel aufhält. Die Frau wird sofort von zwei Beamten in Schutz genommen, während die anderen einen der Geiselnehmer außerhalb des Schlafzimmers unsanft zu Boden befördern, überwältigen, entwaffnen und ihm sofort die Handschließen anlegen. Ein Team hangelt sich an der Dachrinne entlang und dringt über die Dachgeschosswohnung ins Haus ein. Nur Sekunden später ist auch der zweite Täter lokalisiert, entwaffnet und liegt kampfunfähig mit dem Gesicht nach unten auf dem Fußboden.

Dann werden die beiden Schusswaffen der Geiselnehmer sichergestellt, es handelt es sich um Pistolen des Kalibers 7,65 Millimeter. In den Hosentaschen der Täter finden sich noch eine Vielzahl von unverfeuerten Patronen.

Nur wenige Sekunden nach der Festnahme der beiden Täter geben uns die SEK-Beamten das Signal, dass das Objekt sicher ist. Keine weitere Person ist im Haus.

Die SEK-Beamten übergeben mir noch im Schlafzimmer die Geisel zur weiteren Betreuung. Sie wurde beim Eindringen in ihr Schlafzimmer im Bett liegend überrascht und hat hierbei glücklicherweise nicht die kleinste Schramme abbekommen. Sie macht mir gegenüber einen wackeren Eindruck. Allerdings ist sie durch den blitzartigen Zugriff des SEK noch sehr aufgeregt. Vor dem Haus empfangen uns auch gleich die Rettungssanitäter sowie der Notarzt und bringen sie in den bereitgestellten Rettungswagen.

Aus sicherer Entfernung haben natürlich auch zahlreiche Pressevertreter und Fotografen den Einsatz hinter einer Polizeiabsperrung verfolgt. Nach dem erfolgreichen Zugriff und der unblutigen Geiselbefreiung geht Polizeipräsident Dr. Haas auf die Presse zu und signalisiert mit erhobener Hand und Victory-Zeichen das unblutige Ende des Einsatzes. Diese Szene wird natürlich von den Pressefotografen sofort auf Zelluloid gebannt und ist am nächsten Morgen in verschiedenen Medien zu sehen.

SEK-Beamte haben den Haupttäter Edward S. im Objekt festgenommen und bringen ihn nun in den Polizeigewahrsam.

Die Polizeiabsperrung wird für die Presse nun aufgehoben. Im Wettlauf um die besten Plätze treten sich die Fotografen fast gegenseitig nieder, als beide Festgenommenen mit Handschließen vom SEK abgeführt und in getrennten Fahrzeugen abtransportiert werden.

Recht schnell können die beiden Geiselnehmer als der seit vielen Jahren in Stuttgart polizeibekannte 34-jährige Edward S. und der 33-jährige Herbert L. identifiziert werden. Erst vor wenigen Wochen war Edward S. während einer Gerichtsverhandlung beim Amtsgericht Bad Cannstatt geflohen und wurde seither steckbrieflich gesucht.

Es ist auch noch nicht lange her, als ich zusammen mit einem Dezernatskollegen gegen Edward S. wegen Brandstiftung ermittelt hatte. Er hatte im Stuttgarter Osten eine Videothek betrieben, die eines Tages ein Raub der Flammen wurde. Sehr schnell war er in Verdacht geraten, selbst für die Brandstiftung verantwortlich zu sein.

Obwohl die Geisel keinerlei äußere Verletzungen erlitten hat und der Notarzt bei einer ersten Untersuchung im Rettungswagen keinen ernsthaften Krankheitsbefund feststellen kann, willigt die 77-jährige, graumelierte ältere Dame ein, auf ärztlichen Wunsch hin zunächst zur Beobachtung mit ins Krankenhaus zu kommen. Auf der Fahrt dorthin begleite ich sie im Rettungswagen.

Sie steht noch ziemlich unter dem Eindruck des Geschehens, weshalb ich sie auch nicht allzu sehr dränge, mir gegenüber Angaben zum Tathergang zu machen. Gelegentlich kommt sie aber selbst auf die Tatumstände zu sprechen und ich erfahre von ihr, dass sie offensichtlich mitten in der Nacht während des Schlafens geweckt wurde. Die zwei männlichen Gestalten, die mit Sturmhauben maskiert vor ihrem Bett standen, hatten sie sehr erschreckt. Mindestens einer davon habe sie mit einer Pistole bedroht und immer wieder gefragt, wo sie denn ihre Wertsachen und ihr Geld versteckt habe. Wiederholt habe sie ihnen jedoch gesagt, dass sie im Haus keine Wertsachen oder Geld aufbewahre. Sie sei dann an den Händen gefesselt worden. Später habe sie die Täter jedoch überreden können, ihr die Fesseln wieder abzunehmen. Irgendwann sei sie dann nach der Einnahme einer Schlaftablette im Bett eingeschlafen und erst wieder aufgewacht, als ein SEK-Beamter beim Zugriff durch das Schlafzimmerfenster in ihre Wohnung eindrang. Im Übrigen sei sie von den beiden Geiselnehmern die ganze Zeit über anständig behandelt worden.

Nachdem wir die Frau in die Obhut des Marienhospitales übergeben haben, ist meine Mission »Begleittransport« beendet. Die nächsten zwei bis drei Tage muss sie nun zur Beobachtung auf der Station verbringen.

Die weiteren Ermittlungen in diesem Fall werden von einer kleinen Ermittlungsgruppe über einige Monate hinweg fortgeführt. Es stellt sich nämlich heraus, dass Edward S. seit 1981 mit wechselnden Komplizen in der gesamten Bundesrepublik eine Vielzahl von Straftaten verübt hatte, meistens Raubüberfalle mit sehr hoher Beute.

Die Ermittlungen führen zu insgesamt 13 weiteren Festnahmen. Selbst seine Ehefrau war an einem Überfall auf eine Geldbotin eines Supermarktes in Zuffenhausen am 6. Juli 1986 beteiligt und wurde deswegen bereits zu fünf Jahren und zehn Monaten verurteilt. Den Tipp, dass man bei einem Überfall auf die Antiquitätenhändlerin im Weidachtal mehrere hunderttausend D-Mark sowie Unmengen von Wertgegenständen erzielen könnte, hatten die beiden Geiselnehmer in einem »Gesamtpaket« mit zwei funktionsfähigen Pistolen in der Stuttgarter Unterwelt gekauft.

Wie sich bald herausstellt, zieht übrigens mit erfolgreicher Beendigung der Geiselnahme im Weidachtal keineswegs wieder Normalität in der Mordkommission Stuttgart ein. Die ermittlungsintensive Phase des ersten Halbjahres 1987 setzt sich unmittelbar danach fort. Noch während der Einsatz im Zusammenhang mit der Geiselnahme läuft, wird am Morgen desselben Tages gegen 9 Uhr eine 48-jährige Prostituierte in ihrer Absteige in der Leonhardstraße in der Stuttgarter Altstadt ermordet aufgefunden. Am gleichen Nachmittag kommt es in der Theurerstraße im Stuttgarter Osten zu einem Wohnungsbrand, bei dem eine 82 Jahre alte Frau ums Leben kommt. Zwei Tage später sind wir bei einem Großbrand mit einem Schaden in Millionenhöhe in einem Fitness-Studio in der Waiblinger Straße in Bad Cannstatt, der uns über mehrere Tage beschäftigt. Wir gehen von einer vorsätzlichen Brandstiftung aus. Und weitere Fälle sollen noch folgen …

Und was wurde aus den Geiselnehmern? Über sie erging im Frühjahr 1988, nach einem mehrtägigen Strafprozess vor der 15. Strafkammer des Landgerichts Stuttgart, folgendes Urteil: Edward S. wurde zu einer Freiheitsstrafe von zwölf Jahren verurteilt, Herbert L. zu einer Haftstrafe von zehn Jahren und zehn Monaten.

Brandstiftung unter Polizeiaufsicht

1989 | In der Raumschießanlage der Stuttgarter Polizei an der Pragstraße herrscht heute Morgen Hochbetrieb. Zusammen mit einem Dezernatskollegen will ich meine vorgeschriebenen halbjährlichen Schießübungen absolvieren. Vor uns sind allerdings noch einige Kollegen des Streifendienstes, die mit ihrer Polizeipistole vom Typ Walther P5 ihre fünf verschiedenen Übungen machen.

Im Büro des Schießstandleiters klingelt das Telefon. »Kollege Schühlen«, schreit er hinter seinem Schreibtisch vor in Richtung Aufenthaltsraum: »Dein Chef hat Sehnsucht nach dir! Komm mal bitte ans Telefon!«

Mir ist klar, das kann nichts Gutes bedeuten, da wartet bestimmt wieder ein Auftrag für mich.

»Die gute Nachricht zuerst«, meint mein Dezernatsleiter am anderen Ende der Leitung: »Du kannst Deine Schießübungen in Ruhe fertig machen. Nun die schlechte: Es kommt unter Umständen einiges an Arbeit auf dich zu. Mich hat gerade der Leiter des Polizeireviers Weilimdorf angerufen. Die haben dort ein Problem. Seit einigen Wochen treibt dort ein Brandstifter in einem alten Bauernhaus sein Unwesen. Zwischenzeitlich hat er, jeweils in der Nacht, schon vier Mal Brand gelegt. Gott sei Dank wurden alle Feuer rechtzeitig entdeckt und konnten von den Hausbewohnern selbst gelöscht werden. Bisher haben sie die Brandstiftungen in eigener Zuständigkeit bearbeitet. Nachdem der Täter allerdings nun in der letzten Nacht abermals gezündet hat, bittet der Weilimdorfer Polizeichef, dass wir den Fall übernehmen. Ihm wird die Sache im wahrsten Sinn des Wortes zu heiß, insbesondere weil das Bauernhaus in 50 Meter Entfernung unmittelbar neben dem Revier steht. Wenn es da unter den Augen der Polizei zu einem Großbrand käme, im schlimmsten Fall sogar mit Personenschaden, hätten wir ein erhebliches Problem. Bitte fahr doch nach dem Schießen mal raus nach Weilimdorf, nimm mit dem dortigen Chef Kontakt auf und schau, was wir machen können. Kobra, übernehmen Sie!«

Nachdem ich meine Schießübungen erfolgreich absolviert habe, fahre ich also zusammen mit meinem Kollegen zum Weilimdorfer Polizeirevier, das seit 1984 in der Glemsgaustraße 27 untergebracht ist.

Der Revierleiter ist hoch erfreut, dass wir uns des Falls so schnell annehmen, und berichtet uns, dass die Brandserie am 18. August, also vor ziemlich genau zwei Monaten, begonnen hat. Zuerst habe ein brennender Putzlappen nachts eine Wohnungstüre im Erdgeschoss in Brand gesetzt. Der Zimmerbewohner sei durch eindringenden Rauch darauf aufmerksam geworden und habe die Flammen noch selbst löschen können. Einen Monat später habe an derselben Stelle – wieder mitten in der Nacht – ein brennendes Kleidungsstück noch rechtzeitig, bevor ein großer Schaden entstehen konnte, entdeckt werden können. Kaum eine Stunde später wurde vor dem Haus eine Herrenhose ein Raub der Flammen. Danach sei für vier Wochen Ruhe eingekehrt. Eine gewisse Brisanz erhielt der Fall dann mit dem nächsten Brand am frühen Sonntagmorgen, dem 15. Oktober 1989. Da habe der Täter einen Lappen mit Spiritus getränkt und entzündet. Auch dieses Mal wieder vor einer Wohnungstüre im Erdgeschoss. Zum Glück sei auch dieses Feuer schnell entdeckt und rechtzeitig gelöscht worden. Drei Tage später, also in der vergangenen Nacht, habe zunächst gegen 2 Uhr zusammengeknülltes Toilettenpapier vor einer Wohnungstüre im ersten Stock gebrannt und drei Stunden später sei ein Hausbewohner wieder durch Rauchentwicklung aufgewacht. Dieses Mal habe ein mit Spiritus getränktes Kleidungsstück auf der Holztreppe zwischen dem Erdgeschoss und dem ersten Stock gebrannt.

»Können Sie mir zeigen, in welchem Haus sich die Brände zugetragen haben?«, frage ich ihn, nachdem der Revierleiter seine Ausführungen abgeschlossen hat. Er zeigt von seinem Büro aus direkt auf ein weißgetünchtes, altes Bauernhaus mit grünen Fensterläden in unmittelbarer Nachbarschaft der evangelischen Pfarrkirche St. Oswald. »Das Haus wird von zwölf Personen unterschiedlicher Nationalitäten bewohnt«, berichtet der Revierchef und ergänzt: »Der eine oder andere Bewohner ist auch schon mit dem Gesetz in Konflikt gekommen.« »Gibt es einen Tatverdacht in dem Fall?«, frage ich ihn interessehalber, worauf er den Kopf schüttelt und mir erklärt, dass es immer wieder einmal Streitigkeiten unter den Bewohnern gab. Aber einen Tatverdacht habe bisher keiner ausgesprochen. Die bisherigen polizeilichen Ermittlungen hätten ebenfalls keinen Verdacht ergeben.

»Wenn ich Sie richtig verstanden habe, musste die Feuerwehr in keinem der Brände tätig werden?«, hake ich nach, da ich vermute, dass die Feuerwehr bisher noch nichts über diese Brandserie weiß. Dies bestätigt er mir, wobei ich ihm anbiete, dass ich rein vorsorglich die zuständige Feuerwache 4 in Feuerbach informiere. Als er mir die bisher angefallenen Ermittlungsunterlagen übergibt, sichert er mir noch jegliche Unterstützung seitens seines Polizeireviers zu.

Auf der Rückfahrt zu unserer Dienststelle machen wir noch kurz einen Besuch in der aus dunkelroten Klinkern erbauten Feuerbacher

An mehreren Stellen in diesem alten Bauernhaus in Weilimdorf wird von einem zunächst unbekannten Brandstifter Feuer gelegt.

Feuerwache. Den Leiter der Wache – den ich schon seit vielen Jahren durch einige gemeinsame Brandeinsätze kenne – informiere ich über die aktuelle Brandserie. Er ist sehr dankbar für den Hinweis. Er will die Information auch gleich im Computer der Einsatzleitstelle hinterlegen lassen und seine Wachmannschaft entsprechen instruieren. Er geht auch auf meinen Vorschlag ein, dass wir baldmöglichst gemeinsam unter einer sogenannten Legende in Zivil in das Haus gehen, damit er sich ein Bild über die örtlichen Verhältnisse machen kann, falls es zu einem Brandeinsatz kommen sollte.

In den nächsten Tagen trage ich alle erforderlichen Erkenntnisse über sämtliche Hausbewohner des Bauernhauses zusammen. Insgeheim hoffe ich bei solchen Überprüfungsaktionen, dass eventuell eine Person darunter ist, die schon einmal wegen einer vorsätzlichen Brandlegung polizeilich auffällig wurde. Dieses Glück ist mir jedoch nicht vergönnt.

Die Ermittlungsakten mit den Vernehmungen der einzelnen Bewohner werte ich nun unter der Fragestellung aus, wer zu den einzelnen Brandzeiten zuhause oder nachweislich außer Haus war und ein Alibi hat. Allein dadurch lässt sich der Kreis der Tatverdächtigen etwas eingrenzen. Natürlich immer unter der Annahme, dass die Brände von ein und derselben Person gelegt wurden, wovon ich aber ausgehe.

Selbstverständlich informiere auch ich unsere Funkzentrale über die Ereignisse in dem Haus, so dass im Falle eines erneuten Brandeinsatzes ein Maßnahmenkatalog abrufbar ist. Parallel dazu habe ich meinen Freund und Kollegen Heinz Pachel, einen begnadeten Anwendungstechniker unseres Referats Technik, gebeten, ein Konzept für eine Videoüberwachung dieses Hauses auszuarbeiten. Bei einer Vorortbesichtigung schlägt er mir vor, dass er in einem geeigneten Büro des Polizeireviers eine hochempfindliche Infrarot-Kamera installiert, die auf die Hauseingangstüre gerichtet ist, die im Übrigen der einzige Zugang zum Gebäude ist. Da die Kamera mit einem Bewegungssensor versehen ist, würde sie sich automatisch einschalten, sobald sich jemand in den Aufnahmebereich begibt. Davon versprechen wir uns, dass wir im Falle eines Brandes sagen können, ob der Täter unter den Bewohnern zu suchen ist oder ob es sich um einen Fremden handelt, der kurz vor dem Brand das Gebäude betreten hat. Wir überlegen auch, ob wir im Inneren des Hauses eine verdeckte Kamera einrichten, verwerfen diesen Gedanken aber zunächst, da wir keine Möglichkeit sehen, die Geräte in den allgemein zugänglichen Bereichen wie Flur und Treppenhaus so unterzubringen, dass sie nicht entdeckt werden können.

Innerhalb kürzester Zeit hat Heinz die Kamera und das Video-Aufzeichnungsgerät installiert und mir in einem ersten Test alles vorgeführt.

So paradox es klingen mag – jetzt müssen wir nur hoffen, dass der Brandstifter baldmöglichst wieder zuschlägt. Bei allen Serienbrandstiftungen war es bisher immer so, dass mit jedem neuen Brand weitere, oft entscheidende neue Erkenntnisse oder Spuren hinzugekommen sind, die eine berechtigte Chance bieten, den Brandstifter zu überführen.

Die Kamera ist scharf geschaltet. Wir hoffen, dass es nur noch eine Frage der Zeit ist, bis es zum nächsten Brand kommt.

Allerdings passiert nun tagelang nichts.

Hat der Täter möglicherweise von unseren Maßnahmen Wind bekommen? Es vergeht ein Tag um den anderen, eine Nacht um die andere. Jedes Mal, wenn bei mir zuhause das Telefon klingelt, hoffe ich, dass es die Kollegen vom Polizeirevier Weilimdorf sind, die mir mitteilen, dass der Täter wieder gezündet hat.

Schon die zweite Woche ist vergangen, ohne dass sich etwas getan hat.

Dann, am ersten November-Wochenende 1989, in der Nacht von Sonntag auf Montag kommt es zu zwei weiteren Bränden. Der Kollege, der mich morgens um 5 Uhr zuhause anruft, berichtet mir, dass zuerst ein Wandbehang im Flur des Erdgeschosses gebrannt habe. Das andere Mal sei ein brennender Stofflappen im Flur des ersten OG vor eine Wohnungstüre gelegt worden. Auch dieses Mal wurde alles rechtzeitig entdeckt und konnte von den Bewohnern gelöscht werden. Leider gibt es auch jetzt wieder keinen Hinweis auf den Täter.

Bereits kurz nach 6 Uhr sitze ich vor dem Auswertegerät im Polizeirevier Weilimdorf und muss nach längerer Sichtung der Filmsequenzen feststellen, dass zu den fraglichen Zeiten, als es brannte, niemand das Haus betreten oder verlassen hat. Somit ist nun klar, der Täter muss im Kreis der Hausbewohner zu suchen sein.

Noch am Vormittag rufe ich Heinz an und berichte ihm vom erfolgreichen Einsatz seiner technischen Einrichtungen: »Heinz, deine Kamera hat einwandfrei funktioniert. Wir wissen jetzt, dass einer der Hausbewohner unser Täter ist. Aber so kommen wir jetzt nicht mehr weiter. Hast du nicht eine Idee, wie wir doch das Innere des Hauses überwachen könnten?« »Ich war natürlich auch nicht untätig in den letzten Tagen«, erklärt er mir. Er habe sich inzwischen mit Kollegen des LKA sowie mit Spezialeinheiten unterhalten. Es zeichne sich eine Lösung ab. Ob es klappt, wisse er aber noch nicht. »Das, was ich vorhabe«, erklärt er vielsagend, »hat es bisher bei uns noch nicht gegeben.« »Jetzt mach's nicht so spannend«, drängle ich. »Was hast Du vor?« »Ich besorge uns eine Nadelöhrkamera, die ist so klein wie ein Stecknadelkopf«, sagt er mir fast euphorisch und fährt mit seinen Erläuterungen fort: »Die können wir beispielsweise im Flur oder im Treppenhaus positionieren, ohne dass sie jemand bemerkt. Und jetzt kommt's: Die Aufzeichnungen dieser Kamera werden wir per Funk über eine Richtfunkstrecke direkt vom Brandobjekt ins Polizeirevier übertragen, wo dann alles auf Video aufgezeichnet wird. Das wird ein Novum in der Stuttgarter Polizeigeschichte.«

Von der Konzeption bin ich begeistert. Ich trage sie auch gleich unserem Brandstaatsanwalt im Rahmen meiner Berichterstattung vor. Er stimmt unter den (damaligen) rechtlichen Bestimmungen der Maßnahme zu.

Am nächsten Tag meldet sich in der Wache des Weilimdorfer Polizeireviers ein Bewohner des Hauses, um einen Hinweis zu geben. Er erzählt dem Wachhabenden, dass er gestern Abend zusammen mit einem Freund in seinem Zimmer ein Bier getrunken habe. Plötzlich sei Leonardo C., ein 24-jähriger Italiener, der ganz oben in einer Kammer im Dachgeschoss wohne, ins Zimmer hereingekommen und habe um ein Bier gebeten. Da er diesen Leonardo wegen diverser Vorkommnisse nicht besonders gut leiden könne, habe er ihm das gewünschte Bier verweigert und ihn aufgefordert, das Zimmer zu verlassen. Darüber habe sich dieser Leonardo so sehr geärgert, dass er im Rausgehen geschrien habe: »Pass auf, heute Nacht brennt deine Türe!«

Schon bin ich also der Lösung des Kriminalfalles ein Stück näher. Er könnte tatsächlich unser Täter sein, denn da, wo er wohnt, nämlich im Dachgeschoss, hat es noch nie gebrannt. Außerdem befinden sich dort auch Wäscheleinen, an denen er sich bestens mit Kleidungsstücken eindecken kann, die er dann anzündet.

Noch am selben Tag begibt sich Heinz als Handwerker verkleidet in das Bauernhaus, bringt die Mini-Kamera im Flur des ersten Stockwerks an und macht sich dann ans Werk, die Funkübertragung ins benachbarte Polizeirevier zu realisieren. Allerdings muss er hierzu an der Außenfassade des Polizeigebäudes eine Empfangsschüssel montieren. Er hofft, dass das unserem Täter nicht auffällt.

Am späten Nachmittag findet unter meinen Augen der erste erfolgreiche Test statt. Ich bin erstaunt über die gute Qualität der Aufnahmen aus dieser winzigen Kamera.

Im 1. Stock des Bauernhauses wird eine Nadelöhrkamera installiert, mit der der Flur des Objektes überwacht werden kann.

Sollte Leonardo C. heute Nacht seine Drohung wahr machen und die Türe des Hinweisgebers in Brand setzen, so müsste er auf den verdeckten Aufnahmen zu sehen sein. Wir sind alle gespannt, ob sich heute Nacht etwas tut. Wir hoffen, dass er uns in die Fotofalle läuft. Natürlich haben auch die Kollegen vom gegenüberliegenden Polizeirevier ein wachsames Auge auf das Nachbarhaus.

Dass ich am nächsten Morgen um 6 Uhr durch meinen Wecker aufwache und nicht durch einen Anruf des Polizeireviers, überrascht mich dann natürlich sehr. Die Falle ist nicht zugeschnappt. Jetzt heißt es eben Geduld haben.

Das Wochenende naht. Ich verschiebe extra meinen geplanten Kurzurlaub, da ich fest damit rechne, dass es sich nur noch um Tage handelt, bis der Feuerteufel wieder zuschlägt.

Und tatsächlich! Am Montag, dem 13. November, nachts um 3.40 Uhr, ist es so weit. Die Nadelöhrkamera zeichnet auf, wie Leonardo C., vom Dachgeschoss kommend, in die Toilette des ersten Stockwerks schleicht, dort einige Minuten verweilt und dann auf demselben Weg wieder zurück in seine Dachkammer geht. Nur wenige Minuten später ist auf den Aufnahmen ein Feuerschein aus dem Oberlicht der Toilettentüre zu erkennen. Glücklicherweise ist das Feuer, wohl aus Mangel an Sauerstoff, von selbst wieder ausgegangen. Man kann sich kaum vorstellen, welches Erfolgsgefühl sich bei mir einstellt, als ich vor dem Auswertegerät im Weilimdorfer Polizeirevier sitze und mir die einzelnen Filmsequenzen mehrfach anschaue und zweifelsfrei den Tatverdächtigen erkenne.

Nun ist es nur noch ein Anruf beim Brandstaatsanwalt und wir machen uns auf den Weg, um Leonardo C. festzunehmen. Drei Kollegen des Reviers begleiten mich ins Nachbargebäude. Ich klopfe mehrfach unüberhörbar an die hölzerne Türe seiner Dachkammer. Es rührt sich nichts.

»Polizei! Machen Sie bitte auf!«, schreit der uniformierte Kollege neben mir. Es rührt sich immer noch nichts. Über ein zuvor vereinbartes Kopfnicken meinerseits tritt mein Kollege, der die Ausmaße eines mittelgroßen Kleiderschrankes hat, die Türe ein. Diese fällt ins Zimmer und gibt den Blick frei auf Leonardo C., der ganz verängstigt auf dem Bett sitzt und uns mit erstarrtem Blick anschaut. Er lässt sich widerstandslos die Handschließen anlegen.

Auf meine Frage, ob er sich vorstellen könne, weshalb wir ihm den unfreundlichen Besuch abstatten und ihm nun unseren Handschmuck anlegen, fehlen ihm die Worte.

Am frühen Nachmittag des gleichen Tages, nach erfolgter Blutentnahme und einer erkennungsdienstlichen Behandlung, hole ich ihn aus dem Polizeigewahrsam in ein Vernehmungszimmer. Da er nur wenige Brocken Deutsch spricht, habe ich auch einen Dolmetscher einbestellt. Nachdem dieser ihm die Belehrung über seine Rechte übersetzt hat, erklärt er sich zu einer Aussage bereit.

Über mehrere Stunden streitet er vehement ab, für die Brandstiftungen in dem alten, historischen Wohngebäude verantwortlich zu sein. Erst als ich ihm offenlege, dass wir verdeckte Videoaufzeichnungen gemacht haben, wird er unsicher, leugnet allerdings weiterhin.

Dann spiele ich ihm nun den Ausschnitt vor, auf dem zu erkennen ist, wie er nachts in die Toilette schleicht. Spontan behauptet er, dass dieser Mann, der da zu sehen ist, nicht er sei. Allerdings sieht er nach kurzer Zeit ein, dass das Leugnen keinen Sinn macht, und legt ein Teilgeständnis ab. Er habe aus Verärgerung über einige

Mitbewohner tatsächlich in der Toilette Feuer gelegt. Einen Zusammenhang mit den anderen Bränden streitet er bis zum Ende seiner Vernehmung ab.

Am nächsten Morgen wird Leonardo C. dem Haftrichter vorgeführt, der die Lage genauso beurteilt wie die Polizei. Er setzt den vom Brandstaatsanwalt formulierten Haftbefehl sofort in Vollzug und Leonardo C. tritt in der grünen Minna seine Reise zur Untersuchungshaftanstalt in Stuttgart-Stammheim an.

Der beste Beweis, dass er für alle Brandstiftungen in dem Bauernhaus verantwortlich ist – und das zeigt sich in vielen Fällen von Serienbrandstiftung – ist übrigens, dass es anschließend in dem Haus nie wieder gebrannt hat.

Leonardo C. war sich vermutlich nie bewusst, in welche Gefahr er seine Mitbewohner und letztendlich auch sich selbst durch diese heimtückischen Brandstiftungen gebracht hat. Man kann wirklich von Glück reden, dass Weilimdorf von einer Brandkatastrophe verschont geblieben ist. Auch wurde letztlich der Stuttgarter Polizei ein Imageschaden erspart, der mit Sicherheit nach einem Feuerinferno entstanden wäre.

Das Landgericht Stuttgart kam einige Monate nach der Festnahme bei der Urteilsbegründung zur Auffassung, dass Leonardo C. für die Brandserie verantwortlich ist, und verurteilte ihn zu einer mehrjährigen Haftstrafe.

Wie im Krimi

1992 | Der Balkan-Krieg dauert nun schon einige Jahre an. Die unterschiedlichen Kriegsparteien verfügen über Schusswaffen aller Art. Der illegale Waffenhandel in Europa kommt zum Erblühen, mit Auswirkungen bis in die schwäbische Metropole.

Erst vor wenigen Wochen haben wir 45 russische Tokarev-Pistolen bei einer groß angelegten Aktion dem illegalen Markt entzogen. Zuerst nahmen wir dank eines vertraulichen Hinweises im Stuttgarter Norden einen 21-Jährigen fest, der im Besitz von drei Handfeuerwaffen dieses Typs war. Er räumte in einer Vernehmung ein, bereits einige dieser Pistolen für 1100 D-Mark an einzelne Abnehmer verkauft zu haben. Während noch am selben Tag mehrere Durchsuchungen und Festnahmen unter Käufern stattfanden, waren Beamte von uns auf dem Weg zu einem 24-jährigen Einzelhandelskaufmann, der in der Nähe von Pforzheim bei seinen Eltern wohnte und als Drahtzieher und Waffenlieferant galt. Er zeigte sich vom polizeilichen Besuch so überrascht, dass er uns sofort sein Waffendepot in der elterlichen Wohnung präsentierte, wo wir weitere 42 baugleiche Tokarev-Pistolen sicherstellen konnten. Auch hat er in seiner ersten Vernehmung seinen Cousin als Mittäter benannt. Letzterer hatte die Waffen aus dem ehemaligen Jugoslawien nach Deutschland geschmuggelt.

Nach Abschluss der Aktion zogen wir folgende Erfolgsbilanz: 45 Tokarev-Pistolen, ein brasilianischer Revolver, 2300 Schuss Munition, 33 elektrische Sprengzünder sowie zusätzlich noch mehrere Kisten geschmuggelte Zigaretten.

Interessant war zu erfahren, dass die Tatverdächtigen erhebliche Probleme hatten, die aus serbischen Armeebeständen stammenden Waffen abzusetzen. Sie planten, die eingeschmuggelten Pistolen im Stuttgarter Altstadtmilieu an den Mann zu bringen. Allerdings galten die angebotenen Waffen bei den Stuttgarter Altstadtgrößen als veraltet und fanden dort somit keine Abnehmer. In ihrer Verzweiflung versuchten die Waffenhändler, die Tokarevs im Bekannten- und Verwandtenkreis zu verkaufen, was teilweise sogar funktionierte.

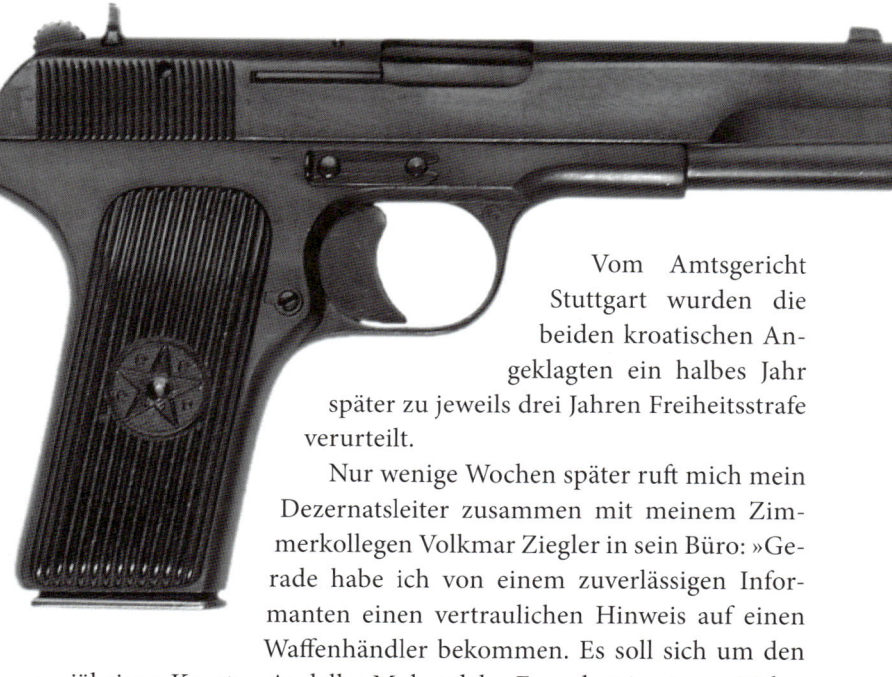

Vom Amtsgericht Stuttgart wurden die beiden kroatischen Angeklagten ein halbes Jahr später zu jeweils drei Jahren Freiheitsstrafe verurteilt.

Nur wenige Wochen später ruft mich mein Dezernatsleiter zusammen mit meinem Zimmerkollegen Volkmar Ziegler in sein Büro: »Gerade habe ich von einem zuverlässigen Informanten einen vertraulichen Hinweis auf einen Waffenhändler bekommen. Es soll sich um den 24-jährigen Kroaten Andelko M. handeln. Er wohnt in einem Mehrfamilienhaus in der Rotenwaldstraße in Stuttgart-West. Er soll sich seit einigen Monaten in Stuttgart aufhalten und gelegentlich scharfe Schusswaffen verkaufen. Momentan hat er wohl gerade eine Maschinenpistole bei sich in der Wohnung. Versuch bitte, nähere Erkenntnisse über den mutmaßlichen Waffenhändler zu erlangen. In welcher Wohnung hält er sich auf? Ich versuche einstweilen über die Staatsanwaltschaft eine Durchsuchungsanordnung zu bekommen. Ich kläre auch ab, ob wir für eventuelle Zugriffsmaßnahmen das SEK bekommen können!«

Da wir uns schon seit einigen Monaten gemeinsam neben Tötungs- und Branddelikten auch dem Aufgabengebiet »Illegaler Waffenhandel« zugewandt haben, sind wir schon ein eingespieltes Team. Jeder von uns weiß, was nun zu tun ist: Wohnsitze von Verdächtigen ausfindig machen, allgemeine polizeiliche Erkenntnisse über die Personen zusammentragen, Baupläne der Wohnobjekte besorgen, um eventuelle Einsätze des SEK vorzubereiten und, und, und …

Da wir damit rechnen müssen, dass die gesuchte Waffe jederzeit vom Tatverdächtigen

Oben: 45 Pistolen Tokarev TT-33 wurden sichergestellt.

weiterverkauft wird, sind wir natürlich unter enormem Zeitdruck. Wir wollen unbedingt noch am späten Nachmittag zuschlagen.

Wir treffen uns gegen 16 Uhr wieder im Büro unseres Dezernatsleiters zu einer kurzen Einsatzbesprechung. Auf dem Besprechungstisch liegen bereits Pläne und Unterlagen über das betreffende Wohnhaus in der Rotenwaldstraße. Das fünfgeschossige Gebäude mit einer Gaststätte im Erdgeschoss und jeweils zwei Wohnungen auf jeder Stockwerksebene wurde um die Jahrhundertwende als Wohn- und Geschäftshaus errichtet.

Vom Dezernatsleiter beauftragte Beamte des Kriminaldauerdienstes haben vor wenigen Minuten mitgeteilt, dass die Zielperson, unser Waffenhändler, offensichtlich im ersten Obergeschoss links wohnt.

Volkmar berichtet dann über seine Bemühungen, das SEK zur Unterstützung herbeizurufen: »Das SEK kommt! Eine Gruppe ist gerade im Anflug. Wir treffen uns mit ihnen um 16.30 Uhr beim Polizeirevier in der Gutenbergstraße. Dort werden wir sie in die Details des Falles und in die Örtlichkeiten einweisen.« »Übrigens, der Staatsanwalt hat in Absprache mit dem Amtsgericht Stuttgart die Durchsuchung des Objektes wegen Gefahr im Verzuge angeordnet«, fügt unser Dezernatsleiter hinzu, bevor er uns eindringlich darauf hinweist, dass wir auch unsere schusssicheren Schutzwesten überziehen sollen.

Kurz nachdem wir sein Büro verlassen haben, rufe ich ihm noch hinterher: »Bitte informiere noch schnell die Funkzentrale, damit die Bescheid wissen, dass da in der Rotenwaldstraße in Kürze ein Einsatz mit dem SEK abgeht. Wir werden am Sprechfunk den Einsatz nicht offen anmelden.«

Die Geheimniskrämerei muss sein, weil wir verhindern wollen, dass Unberechtigte Wind vom Einsatz bekommen. Aus diesem Grund fahren wir jetzt auch mit unserem Dienstwagen nur bis zur Stadtmitte mit eingeschaltetem Blaulicht und Martinshorn. Die restlichen zwei bis drei Kilometer bis zum Polizeirevier, das nicht weit vom Zielobjekt entfernt ist, lassen wir die Signale ausgeschaltet, um den Täter nicht auf uns aufmerksam zu machen. Ziemlich zeitgleich fährt mit uns dann ein schwarzer Kleinbus mit abgedunkelten Fensterscheiben in den Hof des Polizeireviers. Unschwer zu erraten, dass das die SEK der Bereitschaftspolizei in Göppingen ist.

Wir ziehen uns mit den Kollegen des SEK in ein Besprechungszimmer des Polizeireviers zurück und informieren sie über die uns zurzeit vorliegenden Erkenntnisse. »Wir wissen, dass sich unsere Zielperson in seiner Wohnung im ersten Obergeschoss links aufhält. Er hat vor wenigen Stunden das Haus betreten und es seither nicht wieder verlassen. Kollegen des Kriminaldauerdienstes observieren zurzeit das Haus«, erläutert Volkmar, während ich dem Einsatzleiter des SEK die Kopie eines Lageplanes des fraglichen Stockwerkes übergebe. Damit kann der Einsatzleiter seine Mannschaft auf die Situation vor Ort vorbereiten. Als Zeitpunkt für den Zugriff vereinbaren wir 17 Uhr.

»Okay, wir sind bereit. Gibt es noch was, was wir wissen müssten?«, fragt der Einsatzleiter des SEK. »Euch muss klar sein, dass ich den Einsatz nicht mehr abbrechen kann, wenn ich meinen Leuten grünes Licht gegeben habe!« Als von uns keine Einwände kommen, gibt er seinen Männern das Kommando zum Einsteigen in den schwarzen Kleinbus.

Von nun an geht es Schlag auf Schlag.

In unserem Windschatten lotsen wir den schwarzen Kleinbus des SEK bis zum Zielobjekt. Es ist nur wenige hundert Meter vom Polizeirevier entfernt. Der Kleinbus hält direkt vor der Haustüre in zweiter Reihe vor einigen geparkten Fahrzeugen. Blitzschnell geht die seitliche Schiebetüre des Kleinbusses auf und acht in dunkelgrünen Einsatzanzügen bekleidete Beamte mit Schutzhelmen springen aus dem Fahrzeug und sind genauso schnell wieder im Treppenhaus des Zielobjektes verschwunden. Wie mit dem SEK-Einsatzleiter abgesprochen, sollen wir einstweilen außerhalb des Gebäudes bleiben und auf sein Kommando dann hinzustoßen.

Das SEK soll jetzt schnellst möglich in die Wohnung im ersten Obergeschoss links eindringen und sämtliche Personen dort unter Kontrolle bringen beziehungsweise fixieren.

Gesagt, getan. Mit einem Rammbock brechen die Beamten mit brachialer Gewalt und ohrenbetäubendem Geschrei mit dem ersten Schlag die hölzerne Wohnungstüre auf und stürmen in die Drei-Zimmer-Wohnung. Im Wohnzimmer treffen sie ein älteres Rentner-Ehepaar vor dem Fernseher an. Bis die beiden mitbekommen, dass das, was da gerade passiert, sich nicht im Fernsehkrimi abspielt, sondern in ihrem eigenen Wohnzimmer, liegen sie auch schon in Bauchlage mit Gesicht nach unten auf dem frisch gebohnerten Parkettboden. Nur Sekunden später sind ihre Hände auf dem Rücken mit Kabelbindern fixiert.

Glücklicherweise reagiert der SEK-Einsatzleiter recht schnell und fragt die beiden am Boden liegenden, wehrlosen Opfer dieses Polizeieinsatzes: »Wohnt bei Ihnen in der Wohnung ein junger Kroate?« »Nein!«, kommt es wie aus der Pistole geschossen aus dem Mund des älteren Herrn, »der wohnt in der Wohnung gegenüber!« »Leute«, schreit der SEK-Einsatzleiter, »hier ist offensichtlich etwas schiefgelaufen! Kommando zurück, wir müssen in die Wohnung gegenüber auch noch rein!«

Mit der gleichen brachialen Gewalt wird nun auch die Türe zur Nachbarwohnung aus den Angeln gehoben. Die SEK-Leute ziehen dort einen jungen Mann aus dem Bett, der von den Vorgängen um sich herum offensichtlich überhaupt nichts mitbekommen hat. Als auch dieser dann mit dem Gesicht nach unten den Fußboden küsst und augenblicklich fixiert wird, bekommen wir vom Einsatzleiter des SEK das Signal, dass das Stockwerk unter Kontrolle ist und wir hochkommen können. Vom Schlamassel, den wir mit dem nur wenige Minuten dauernden Einsatz angerichtet haben, ist uns unten in dem Moment noch nichts bekannt.

Kurz darauf berichtet der SEK-Einsatzleiter mit vorwurfsvollem Unterton: »Also, die Lage ist unter Kontrolle. Der mutmaßliche Waffenhändler liegt in der Wohnung rechts auf dem Boden. Weitere Personen befinden sich nicht in seiner Wohnung. Allerdings waren wir, wie von euch angegeben, zunächst in der linken Wohnung und haben da ein älteres Ehepaar angetroffen.«

Schlagartig wird mir übel. Das kann doch nicht wahr sein, bin ich denn blöde, fährt es mir durch den Kopf. Mein Blutdruck steigt vermutlich auf über 200. Ich zweifle an meinen polizeilichen Fähigkeiten. In allen vorhandenen Unterlagen stand doch, dass das ältere Ehepaar Gotthilf und Mathilde Schindler in der rechten Wohnung gemeldet ist. Vermutlich ist meinem verwirrten Gesicht abzulesen, was ich denke, weshalb der SEK-Leiter meint: »Das klären wir später nach Einsatzende alles in Ruhe. Jetzt kümmert euch erst einmal um den am Boden liegenden Waffenhändler und schaut, dass ihr die gesuchte Waffe findet.«

Die körperliche Durchsuchung des Festgenommenen bringt außer einem jugoslawischen Reisepass, ausgestellt auf einen Andelko M., zunächst keine Waffen zutage. Allerdings finden wir in der kleinen, übersichtlichen und spartanisch eingerichteten Wohnung recht schnell unter der noch warmen Matratze des Bettes eine tschechische Maschinenpistole des Typs Tokarev. Auf die Frage, woher er die Waffe hat, stellt er sich ahnungslos und erzählt uns in gebrochenem Deutsch, dass er überhaupt nicht bemerkt hat, dass er auf einer Maschinenpistole geschlafen hat. Zu guter Letzt entdecken wir in einem Kleiderspind noch 1,8 Kilogramm militärischen Sprengstoff, einige elektrische Sprengzünder und etwa 20 Meter Sprengschnur. Auch davon will er nichts gewusst haben. Allerdings stellen wir fest, dass der Schlüssel, den wir in seiner Hosentasche gefunden haben, für das Vorhängeschloss des Spindes passt.

Während Andelko M. nun von Beamten des Kriminaldauerdienstes in die Polizeihaftanstalt eingeliefert wird, steht uns noch eine heikle Mission bevor. Wir müssen uns bei dem älteren Ehepaar in der Nachbarwohnung für den missglückten Zugriff entschuldigen und Schadensbegrenzung betreiben. In meinen Gedanken überkreuzen sich momentan die Stichwörter Schadensersatz, Dienstaufsichtsbeschwerde, Presseschlagzeile »Polizei stürmt falsche Wohnung«, Rechtsanwalt einschalten, Haftpflichtversicherung informieren, Polizeikosten und Blamage vor den Kollegen.

Bevor wir die Klingel zur Wohnung des Rentner-Ehepaares Schindler betätigen, schauen wir uns die vom Rammbock zertrümmerte Wohnungstüre an. Ein nicht zitierbarer Kraftausdruck schießt mir durch den Kopf.

Auf unser Klingeln öffnet uns ganz vorsichtig ein graumelierter älterer Herr und lässt uns, nachdem wir uns als Kriminalbeamte ausgewiesen haben, auch in die Wohnung ein. »Herr Schindler, es tut uns außerordentlich leid, was Sie und Ihre Ehefrau heute erleben mussten. Das hätte nicht passieren dürfen. Für uns ist das unerklärlich«, entschuldige ich mich mit etwas unterwürfigem Ton. Bevor ich jedoch mit meinen Erläuterungen fortfahren kann, fällt mir der ältere Herr ins Wort und meint: »Also, das eine kann ich Ihnen sagen! Das war ja eine tolle Sache. Das war klasse, wie im Fernsehkrimi! Wir waren ganz beeindruckt, wie Ihre Kollegen das gemacht haben.« Seine Frau steht daneben, nickt zustimmend mit dem Kopf und sagt: »So was haben wir noch nie erlebt.« »Na ja, das sollte auch nicht allzu oft vorkommen«, erwidere ich daraufhin und erkläre den beiden, dass der Schaden natürlich ersetzt wird. Einen Schreiner hätten wir bereits verständigt, der würde noch heute dafür sorgen, dass die

Wohnungstüre provisorisch wieder so hergerichtet wird, dass man abschließen kann.

Bevor wir uns von dem Ehepaar verabschieden, frage ich noch: »Wie lange wohnt denn Ihr junger Nachbar schon in der Wohnung gegenüber?« »Der ist etwa vor drei Monaten eingezogen. Kurz nachdem wir dort ausgezogen waren. Wir haben nämlich in Absprache mit unserem Vermieter vor drei bis vier Monaten die Wohnung gewechselt. Wissen Sie, diese Wohnung hier ist um einiges größer und auch viel schöner!«, erklärt uns der Herr. Und da fiel auch bei mir der Groschen: Die Unterlagen, die uns zur Verfügung gestellt wurden, sind nicht aktualisiert worden und das ist der Grund, warum wir an diesem 1. Oktober 1992 die falsche Wohnung gestürmt haben.

Neben einem Bericht an die Staatsanwaltschaft musste nach Abschluss der Ermittlungen natürlich auch eine Schadensmeldung an unsere Verwaltung gefertigt werden, die den beiden Rentnern den Schaden selbstverständlich auf Heller und Pfennig ersetzte. Der kroatische Waffenhändler kam in Untersuchungshaft und wurde einige Monate später vom Amtsgericht Stuttgart zu einer Freiheitsstrafe von zwei Jahren und acht Monaten verurteilt.

DER KATAKOMBENKOMMISSAR ERMITTELT

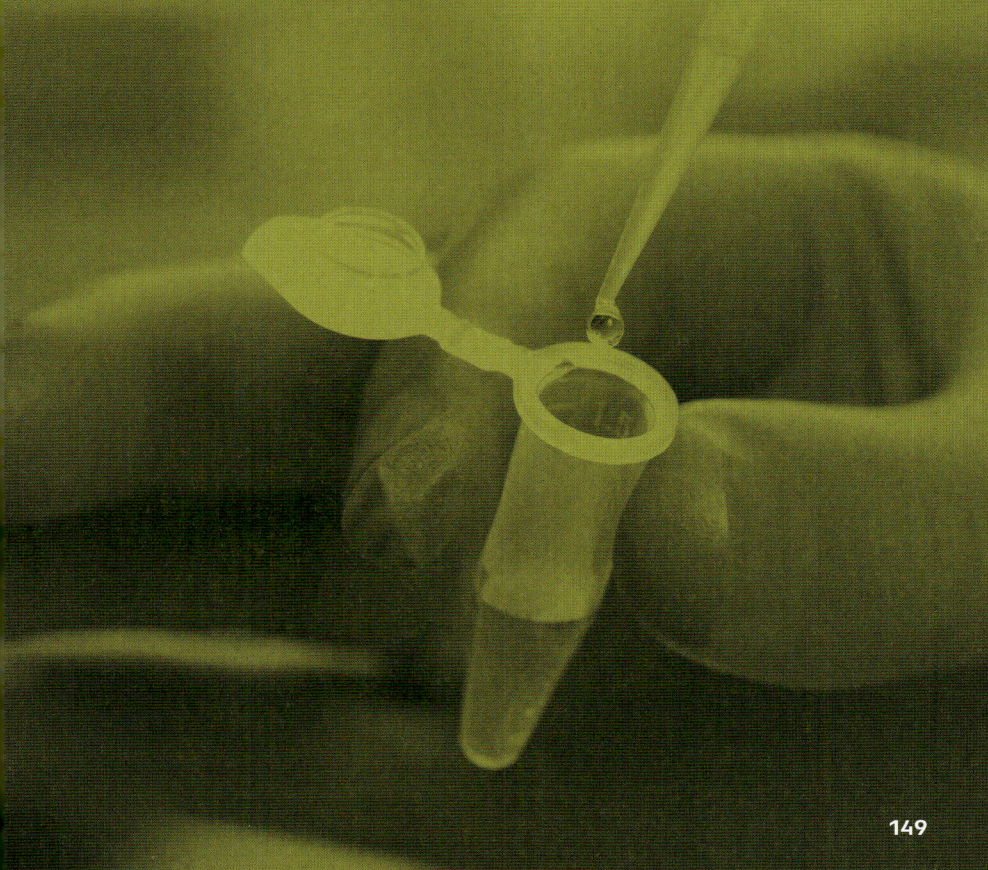

149

Katakomben sind eigentlich unterirdische Gewölbekomplexe, die der Bestattung von Toten dienen. An einer der tiefsten, verwinkeltsten und nur schwer zu findenden Stellen im zweiten Untergeschoss des Polizeipräsidiums am Pragsattel gibt es einen ehemaligen Heizölkeller von gewaltigem Ausmaß. Seit vielen Jahren wird er aus Raumnot zur Lagerung von Akten geklärter und ungeklärter Mordfälle genutzt. Dieser Abgrund des menschlichen Elends wird im internen Sprachgebrauch von Angehörigen der Mordkommission als »Katakombe« bezeichnet. Der Weg dorthin führt über mehrere Treppen, vorbei an der Heizungszentrale durch einige Türen und ist nicht sehr einprägsam, weshalb neue Kollegen die ersten Male nur in Begleitung eines ortskundigen Beamten den Aktenraum aufsuchen.

Weshalb erzähle ich das?

Nachdem ich Jahrzehnte lang Mördern und Brandstiftern im konkreten Wortsinn hinterhergejagt war, sollte das Jahr 2004 für mich eine Zäsur in meiner Laufbahn bereithalten. An einem trüben Novembertag des besagten Jahres machte ich mich nämlich alleine auf den Weg von meinem Büro im ersten Obergeschoss in den Untergrund. Nicht um eine Akte zu holen, sondern um mir in Ruhe das Ausmaß des dortigen Aktenberges zu betrachten. Das hatte natürlich einen speziellen Grund.

Kurz davor hatte mein Dezernatsleiter mir eine interessante und reizvolle, allerdings auch ambitionierte Aufgabe zugetragen. Hintergrund seines Anliegens war eine zu dieser Zeit im Bereich der Kriminaltechnik vonstattengegangene, bahnbrechende Revolution: die Aufklärung von Straftaten mit Hilfe der DNA-Analyse!

Mit der DNA-Analyse können Blut, Muskelgewebe, Hautpartikel, Knochen, Sperma, Speichel oder Schweiß eindeutig einer bestimmten Person zugeordnet werden. Ähnlich wie beim Fingerabdruck gibt es weltweit keine zwei Personen mit denselben DNA-Merkmalen. Durch diese Analysemethode kann mancher alte Mordfall geklärt und der Täter noch viele Jahre nach der Tat überführt werden.

Und genau das sollte ich tun.

Mein Chef stellte sich vor, dass ich mich in die DNA-Thematik einarbeite und sämtliche bis 2004 nicht geklärte Stuttgarter Mordfälle mit der Zielrichtung unter die Lupe nehme, ob es sichergestellte Beweismittel, sogenannte Asservate gebe, die auf Täter-DNA untersucht werden konnten. Ich, meinte mein Chef, jemand mit Jahrzehnte langer Erfahrung, entsprechender Verbissenheit und Akribie, sei prädestiniert für diese Aufgabe. Er musste es wissen, denn ich hatte ihn vor rund 20 Jahren, als er noch Angehöriger der Schutzpolizei war, zur Mordkommission abgeworben und ihm zusammen mit meinen damaligen Dezernatskollegen die ersten Schritte bei unserer Einheit beigebracht.

Da ich die Aufgabe für anspruchsvoll und spannend hielt, signalisierte ich ihm – vorbehaltlich einer 24-stündigen Bedenkzeit – meine Zustimmung. Um mir ein Bild von dem zu machen, was da möglicherweise auf mich zukam, suchte ich also, begleitet von modrigem Geruch, unsere Mordaktensammlung auf – so der offizielle Sprachgebrauch.

In hölzernen Aktenrollschränken, die den Charme der 50er-Jahre versprühten, fand ich sämtliche Ermittlungsakten von Stuttgarter Mordfällen seit Ende des Zweiten Weltkrieges, bei denen trotz umfangreicher Maßnahmen bis dato der oder die Täter noch nicht ermittelt werden konnten. Zielstrebig zog ich damals die erste vergilbte Akte heraus, die lediglich aus einem einzigen dünnen Blatt Durchschlagspapier bestand, in dem sogar einzelne Schreibmaschinenbuchstaben Löcher ins Papier gestanzt hatten.

Es ging um einen Mord im Gaswerk Gaisburg am 22. April 1945, also zwei Tage nachdem der Krieg durch den Einmarsch der französischen Besatzungstruppen in Stuttgart faktisch zu Ende war. Gegen 10 Uhr hatten damals einige französische Soldaten das Gaswerk besetzt und den Betriebsleiter zusammen mit seinem Meister antreten lassen. Mehrfach hatte der Betriebsleiter die Frage nach der Existenz von Schusswaffen auf dem Werksgelände verneint. Die Franzosen hatten aber kurze Zeit später eine Maschinenpistole und 17 Gewehre des Werksschutzes gefunden, worauf der Betriebsleiter zusammen mit seinem Meister sofort von den französischen Soldaten auf dem Hof erschossen worden war.

Weitere Ermittlungen waren aus der Akte nicht erkennbar. Wahrscheinlich waren auch keine Nachforschungen darüber hinaus betrieben worden, da die gesamte Kriminalpolizei in Stuttgart nur noch aus fünf Beamten bestanden hatte. Alle anderen waren tags zuvor auf Weisung der französischen Militärbehörde entlassen worden, weil sie Mitglieder der NSDAP gewesen waren. Aus diesem Grund war nachvollziehbar, dass die wenigen Beamten nicht in der Lage gewesen sein

konnten, zu ermitteln oder gar Beweismittel sicherzustellen.

Eine Akte um die andere befasste sich mit Verbrechen der französischen Besatzungssoldaten, die während der zwei Monate, bevor sie von den US-Amerikanern abgelöst worden waren, mitunter marodierend durch die von Bombenangriffen schwer beschädigte Stadt am Neckar gezogen waren und dabei unzählige Frauen vergewaltigt, Raubüberfälle begangen und Menschen getötet hatten. Viele dieser Fälle wurden nicht aufgeklärt.

> Gegenüberliegende Seite: In den »Katakomben« (Mordaktensammlung) suche ich nach alten Vorgängen und Beweismitteln.

Nachdem die amerikanische Besatzungsmacht in Stuttgart eine kommunale Polizei nach amerikanischem Vorbild aufgebaut hatte, waren wieder intensivere Ermittlungen möglich geworden, was ich am Aktenumfang in unserer Mordaktensammlung auch feststellen konnte.

Dann wurden die Aktenbestände von Jahrzehnt zu Jahrzehnt umfangreicher. Einige der letzten ungeklärten Mordfälle in Stuttgart umfassen teilweise mehr als 100 Aktenordner. Obgleich es für einen einzelnen Beamten unmöglich ist, all diese ungeklärten Fälle aufzuarbeiten, konnte ich mich schlussendlich mit dem Gedanken anfreunden, die Herausforderung anzunehmen. Und das, obwohl ich mit »Altfällen« bis zu diesem Zeitpunkt nicht die beste Erfahrung gemacht hatte: Als ich 1977 nach meiner Ausbildung zur Mordkommission versetzt worden war, hatte mir mein damaliger Dezernatsleiter fünf Aktenordner eines nicht geklärten Mordfalles auf den Schreibtisch gestellt. In dem betreffenden Fall war eine ältere Frau Jahre zuvor in ihrer Wohnung erschlagen aufgefunden worden. Der Dezernatsleiter hatte mich damals darum gebeten, soweit ich neben der täglichen Arbeit dazu käme, mich in den Fall einzulesen, nach neuen Ermittlungsansätzen zu suchen und im polizeilichen Informationsaustausch darauf zu achten, ob es Zusammenhänge mit anderen vergleichbaren Fällen in Deutschland gebe.

Es war gekommen, wie es kommen musste. Schon nach einigen Tagen war ich durch aktuelle Kriminalfälle für die nächsten Monate kaltgestellt.

Ein Jahr später – ein zweiter Versuch. Nach drei Tagen war auch dieser beendet, da ich zu einer Sonderkommission abgeordnet worden war. Die nächsten 20 Jahre stand der Fall bei mir im Büro, ohne dass ich auch nur ansatzweise die Ruhe gefunden hätte, mich neu einzuarbeiten.

Für mich war deshalb klar: Wenn ich diese Aufgabe übernehmen sollte, dann nur, wenn ich von allen anderen Tätigkeiten des täglichen Dienstes befreit werden würde.

Im nächsten Gespräch mit meinem Dezernatsleiter trug ich ihm also meine Bedingung vor. Er überlegte kurz und schlug unter einer Bedingung ein: Ich sollte ihm zuerst ein überzeugendes Konzept meiner Arbeitsstrategie vorlegen.

Da ich kein Mann halber Sachen bin, sondern zielführend und ergebnisorientiert arbeite, stand für mich außer Frage, dass ich mit meinen Recherchen nach offenen Mordverfahren in der Nachkriegszeit beginnen musste. Schließlich konnte ein Täter, der bei der Tat im Jahr 1945 noch relativ jung war, noch leben. Aber die Gefahr, dass er bald eines natürlichen Todes sterben würde, stieg von Tag zu Tag. Da Mordfälle nicht verjähren, musste ich solche Fälle also zuerst weiterverfolgen.

Zu solchen offenen Fällen – auch cold cases genannt – gehören allgemein auch Mordtaten, die zwar aufgeklärt sind und deren Täter ermittelt wurde, allerdings nie gefasst werden konnte oder während seiner Haft flüchten konnte. Bestes Beispiel dafür ist ein spektakulärer Raubmord im Jahr 1967 im Cinema-Kino im Marquardt-Bau an der Ecke König-/Bolzstraße. Ein junger Mann überfiel damals die Kinokasse und erschoss einen Zeugen, der der Kassiererin zu Hilfe eilen wollte. Er flüchtete und konnte erst eine Woche später nach einer großangelegten internationalen Fahndungsaktion in Paris festgenommen werden. Er wurde nach Deutschland ausgeliefert und in Stuttgart wegen des Raubmords zu einer lebenslangen Freiheitsstrafe verurteilt. Als er 1989 während seines Aufenthaltes in der Justizvollzugsanstalt Bruchsal Hafturlaub erhielt, kehrte er nicht wieder zurück. Ihm gelang es schließlich unter einer falschen Identität für immer im Ausland unterzutauchen.

Ein weiterer Bereich sind Vermisstenfälle, bei denen der begründete Verdacht besteht, dass ein Tötungsdelikt zu Grunde liegt. Außerdem auch Tötungsdelikte, die sich im Ausland zugetragen haben und denen ein Stuttgarter Bürger zum Opfer gefallen ist.

All diese Ermittlungsverfahren mussten von mir zunächst systematisch erhoben und dahingehend ausgewertet werden, ob noch sichergestellte Beweisstücke vorhanden waren, an denen eventuell Täter-DNA nachgewiesen werden konnte. Auch tatrelevante, also mutmaßlich vom Täter verursachte daktyloskopische Spuren (Fingerabdruckspuren), konnten nun mit neuesten verbesserten Methoden klassifiziert werden und möglicherweise zu einem Treffer in der bundesweiten Fingerabdruck-Datenbank des BKA führen.

Daneben musste ich prüfen, ob sich aus den Akten unter damaligen Gesichtspunkten neue Ermittlungsansätze ergaben. Gab es vielleicht Zeugen, die unter dem Eindruck des Geschehens Hinweise unterdrückt hatten, weil sie in enger Beziehung zum Täter standen? Waren diese Zeugen vielleicht nach 20 oder 30 Jahren bereit, den Täter belastende Angaben zu machen?

Vielleicht gab es auch zwischenzeitlich über den einen oder anderen Tatverdächtigen neue polizeiliche Erkenntnisse. Möglicherweise hatte er eine ähnliche Straftat in einer anderen Region Deutschlands verübt und es konnte ein Zusammenhang zwischen zwei Fällen hergestellt werden. War eventuell bei den alten Ermittlungen eine wichtige Spur falsch bewertet, übersehen oder im schlimmsten Fall vergessen worden?

Letztlich konnte ich mit diesem Konzept einer systematischen Aufarbeitung von ungeklärten Tötungsverbrechen auch meinen Chef überzeugen. Es war der Startschuss für meine neue Mission.

Danach standen für die nächsten Wochen und Monate Recherchen in der polizeilichen Datenbank für ungeklärte Straftaten auf dem Programm. Die Datenbank war allerdings in Baden-Württemberg erst 1980 eingerichtet worden und konnte mir somit keine Auskünfte für die Zeit zwischen 1945 und 1980 bieten. Es blieb mir nichts anderes übrig, als für diese Epoche Akten in den Katakomben zu wälzen.

Tagelang trug ich also in den feuchten und muffigen Kellergewölben die Informationen aus den vergilbten und angestaubten Aktenordnern zusammen. Stieg ich zum Feierabend wieder hinauf ans Tageslicht, durfte ich mir von meinen Kollegen Witze über meine »Staublunge« anhören und die Empfehlung geben lassen, künftig lieber mit einem Atemschutzgerät der Feuerwehr in die Katakomben abzusteigen. Scherzhafterweise verpassten sie mir in dieser Zeit den schmeichelhaften Dienstgrad »Katakombenkommissar«. Wie sich noch herausstellen würde, war es ein Titel, der auch die Medien aufmerksam machen sollte.

Durch die Witzeleien meiner Kollegen ließ ich mich in meiner Arbeit jedoch nicht beirren. Im Gegenteil – ich identifizierte mich mehr und mehr mit meiner Aufgabe. Manchmal fiel es mir sogar schwer, eine Akte wieder wegzulegen, in die mich angesichts so mancher dramatischer Ereignisse allzu sehr vertieft hatte. Mit der Zeit fesselte mich das Schmökern in den mit Patina beschlagenen Mordakten mehr als jeder Kriminalroman.

Am Ende der Recherchephase konnte ich die Bilanz ziehen, dass seit Kriegsende 1945 64 Tötungsdelikte in Stuttgart nicht geklärt worden waren.

Nun folgte der nächste Schritt, die Suche nach den am Tatort sichergestellten Beweismitteln. Teilweise war ich schon bei der Durchsicht der Aktenordner auf einzelne Asservate gestoßen, die fälschlicherweise nicht in unserer Asservatenkammer, sondern in der Akte selbst angelegt worden waren. So stieß ich zum Beispiel in der kleinen, dünnen und unscheinbaren Akte eines Raubmordes aus dem Jahr 1946 auf ein interessantes Asservat.

Am 3. Juni 1946 war nämlich in der Gutbrodstraße im Stuttgarter Westen eine 52 Jahre alte Briefmarkenhändlerin von einem unbekannten Mann überfallen und ihrer kostbaren Briefmarken beraubt worden. Bevor er mit der Beute geflüchtet war, hatte der Täter die wehrlose Frau mit einer dünnen Paketschnur erdrosselt. Die Schnur war als Tatwerkzeug sichergestellt und, nachdem der Fall nicht geklärt werden konnte, vom Sachbearbeiter kurzerhand in ein Kuvert gepackt und anschließend in der Akte abgeheftet worden.

Da Kriminalwissenschaftler immer erwähnen, dass man auch kleinste, unsichtbare Hautschuppen, die ein Täter an einem Tatwerkzeug hinterlassen hat, nach Jahrzehnten noch nachweisen kann, entschied ich, dass dieses Asservat das erste war, das beim LKA DNA-technisch untersucht werden sollte.

Um die Asservatenkammer unserer Kriminaltechnik nach brauchbaren Beweismitteln zu durchforsten, vereinbarte ich einen Termin mit einem der zuständigen Kollegen. Er sollte sich mit mir in das Reich der Tatortspuren begeben. Schnell stellte ich fest, dass die Kriminaltechnik das gleiche Platzproblem hatte wie wir. Bis unter die Decke des unscheinbaren Asservatenraumes stapelten sich Umzugskartons, in denen Fall für Fall die Beweismittel, in Papier- oder Plastiktüten verpackt, auf ihre Wiederverwendung durch den Katakombenkommissar warteten. Es handelte sich um die letzten Habseligkeiten von Mordopfern wie Geldbörsen, Brieftaschen, Handtaschen, um blutdurchtränkte Kleidungsstücke und Haarproben, aber auch um Tatwerkzeuge wie Messer, Hammer, Pistole, Fessel- oder Drosselwerkzeuge.

Bei unserem ersten Überblick stellten wir allerdings schnell fest, dass es sich ausschließlich um Asservate von Mordfällen aus den Jahren 1980 bis 2004 handelte. Kartons aus der Zeit davor konnten wir keine finden. Mein Kollege der Kriminaltechnik vermutete, dass man alte Asservate möglicherweise, aus welchen Gründen auch immer, entsorgt hatte. Da ich den ehemaligen und zwischenzeitlich pensionierten Chef der Kriminaltechnik noch persönlich kannte, rief ich ihn an. Das wollte ich genau wissen.

Unsere Vermutung schien sich zu bewahrheiten. Er erzählt mir, dass man Ende der 70er-Jahre, vermutlich beim Umzug der Kriminaltechnik vom ehemaligen Dienstsitz in der Villa Gemmingen ins damals neue Polizeipräsidium am Pragsattel, aus Platzgründen die alten Asservate in Absprache mit dem Kripochef vernichtet hatte. Man hatte offensichtlich argumentiert, dass nach dem damaligen kriminalwissenschaftlichen Stand der Untersuchungsmethoden alles Erdenkliche untersucht worden war und darüber schriftliche Gutachten vorlägen. Dass jedoch Jahrzehnte später DNA-Analysen möglich wurden, damit hatte damals natürlich niemand gerechnet.

In einem weiteren Schritt nahm ich mir vor, zusammen mit dem Kollegen unserer Kriminaltechnik die dortigen Kriminaltechnik-Akten mit all den Gutachten zu sichten. Gott sei Dank war darüber eine schützende Hand gehalten worden, sie waren ausnahmslos alle noch vorhanden. Zwar verstaubt und vergilbt, aber es schien keine einzige Akte zu fehlen.

Bei Stichproben entdeckten wir in den Akten durchaus brauchbare Asservate, wie alte, original erhaltene daktyloskopische Spuren, die für eine neue, verbesserte Auswertung und Klassifizierung durchaus geeignet waren. Daneben fanden wir auch sogenannte Mikrospurenbögen, das sind, vereinfacht gesagt, Klebefolien, mit denen man Opfer- oder Täterbekleidung sowie auch Sitzbezüge von Fahrzeugen auf Fasern hin abgeklebt hatte. Man kann damit belegen, dass beispielsweise der Pulli des Täters Fasern auf der Kleidung des Opfers hinterlassen hat, und somit einen Körperkontakt zwischen Täter und Opfer nachweisen.

Von einem älteren Kollegen bekam ich einige Tage später den Tipp, dass sich in einem ehemaligen Mordaktenlager, einer kleinen Kammer unter einem Treppenabgang, vielleicht noch Asservate befanden. Wir hatten die Kammer vor Jahren eigentlich geräumt, da Feuchtigkeit die Akten gefährdet hatte.

Dem Hinweis ging ich nach. Ich besorgte mir den Schlüssel für den alten Lagerraum und tauchte in ein Refugium aus feuchter, modriger Luft ein, in dem ein paar leicht mit Schimmelbefall und Staub bedeckte Holzregale standen. Irgendwelche Kartons oder sonstige Behältnisse mit Beweismitteln konnte ich nicht entdecken. Allerdings erkannte ich im Schein meiner Taschenlampe, dass sich der Lagerraum im hintersten Teil um die Ecke fortsetzte.

Ich entdeckte in dem unscheinbaren Verlies schließlich ein paar Pappkartons. Anhand der Aufschriften ließ sich feststellen, dass es sich um Beweismittel alter ungeklärter Mordfälle aus den 70er- und 80er-Jahren handelte. Offensichtlich hatte man diese Kartons bei der Entrümpelungsaktion übersehen.

Allerdings litten die Kartons und vermutlich auch der Inhalt stark unter der Feuchtigkeit, weshalb ich die Fundstücke sofort zu unserer Kriminaltechnik brachte. Dort sollte alles zunächst getrocknet und fachmännisch verpackt werden.

Auf meiner weiteren Suche nach alten Beweisstücken nahm ich auch Kontakt mit verschiedenen rechtsmedizinischen Instituten auf, bei denen wir in den vergangenen Jahrzehnten Obduktionen hatten durchführen lassen. Denn auch bei Leichenöffnungen werden üblicherweise Spuren gesichert, die für eine DNA-Analyse geeignet sein können, wie Haare, die nicht dem Opfer zugeordnet werden konnten, Sperma, Vaginalabstriche oder Fingernagelschmutz. Im Fingernagelschmutz können unter Umständen Blut- oder Hautpartikel des Täters festgestellt werden, die bei Abwehrversuchen des Opfers entstehen.

Ich hatte Glück. Ein sehr engagierter Mitarbeiter der Rechtsmedizin der Universität Tübingen durchsuchte für mich seinen Keller und wurde fündig.

Es hatte sich also gezeigt, dass trotz der Entrümpelungsaktion in den 70er-Jahren eine Vielzahl von erfolgversprechenden Asservaten noch existierten.

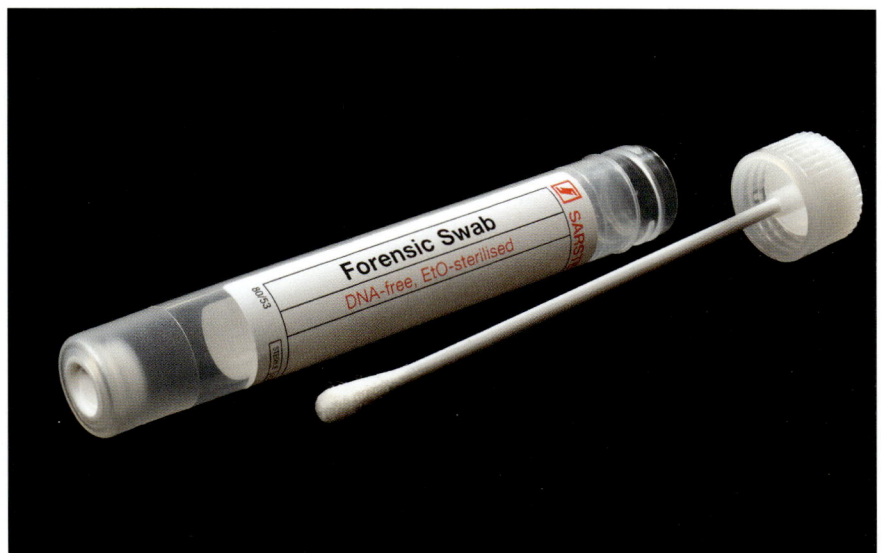

Mit Abstrichtupfern dieser Art werden Mundhöhlenabstriche bei Tatverdächtigen oder Spuren am Tatort für eine DNA-Analyse erhoben.

Um eine sinnvolle Bewertung darüber zu treffen, welche Asservate für eine DNA-Analyse geeignet sein könnten, informierte ich mich bei Dr. Werner Pflug und seinen Mitarbeitern vom Kriminaltechnischen Institut des LKA Baden-Württemberg, die federführend in Deutschland an der Weiterentwicklung der DNA-Analyse im kriminaltechnischen Bereich beteiligt waren. Sie machten mir im Gespräch große Hoffnungen in Bezug auf die aktuellen Untersuchungsmöglichkeiten. Bei den ersten DNA-Analyseversuchen in den 90er-Jahren hatte man noch eine fünfmarkstückgroße Blutantragung für eine Untersuchung benötigt. Zwischenzeitlich reichte ein Schweißtropfen, ein stecknadelgroßer Blutfleck oder ein winzig kleines Hautschüppchen, das der Täter vielleicht am Tatwerkzeug oder am Opfer hinterlassen hat.

Um das DNA-Profil des Spurenverursachers zu erstellen, werden aus 13 Bereichen des menschlichen Gens Merkmale erhoben. Diese 13 DNA-Merkmale einer Tatortspur werden anschließend in der DNA-Datenbank des BKA abgeglichen, in der sich die DNA-Profile von Straftätern, aber auch von Tatortspuren, die noch keinem Täter zugewiesen werden konnten, befinden. Im Falle einer Übereinstimmung wird ein Treffer gemeldet, der entweder zu einer Person (Spur-Person-Treffer) oder zu einer ungeklärten Straftat führt (Spur-Spur-Treffer). (Um die Dimension besser einschätzen zu können: Die DNA-Datenbank des BKA beinhaltet heute etwa 1,2 Millionen Datensätze, davon rund 864 000 von Straftätern, die restlichen von ungeklärten Straftaten. Seit Errichtung der Datenbank im Jahr 1998 hat es 235 000 Treffermeldungen gegeben. [Quelle: BKA 1.1.2017])

Bei den Gesprächen im LKA wurde mir allerdings auch deutlich gemacht, dass einer DNA-Untersuchung in vielen Fällen, wie bei Hautabriebspuren, eine sehr zeitaufwändige, intensive Suche nach den meist mit dem bloßen Auge nicht sichtbaren Hautpartikeln vorausgehen muss. Im Einzelfall muss ein Opferbekleidungsstück in stundenlanger Arbeit unter dem Mikroskop von Laboranten nach hautverdächtigen Partikeln abgesucht werden. Hinzu kam, dass damals die Personaldecke sehr dünn, die Kapazitäten der Untersuchungsgeräte begrenzt und die Untersuchungsdauer teilweise sehr lang war, weshalb Altmordfälle gegenüber aktuellen Tötungsdelikten zurückstehen mussten. Ein anderes Problem war, dass man bei der Spurensuche am Tatort oder am Leichnam einstmals nicht so sensibel umgegangen war wie heute. Früher hatten die Spurensicherungsbeamten ihre normale Straßenkleidung und keinen Einweganzug getragen, so dass sich Hauptschuppen des Beamten lösen konnten. Um alle Personen, die sich berechtigterweise am Tatort aufgehalten hatten, also Polizeibeamte, Notarzt, Rettungssanitäter, andere Bewohner von Wohnungen oder Angehörige des Toten, als Spurenverursacher ausschließen zu können, ist es also sinnvoll, von solchen Personen eine Vergleichs-DNA-Probe zu erheben.

Die neueren phänomenalen Erfolgsaussichten, die sich für uns bei der DNA-Analyse im Zusammenhang mit der Aufklärung von Verbrechen eröffneten, ließen die bisherigen Möglichkeiten der Daktyloskopie vermeintlich in den Hintergrund treten. Nach wie vor spielten aber die Fingerspuren auch an Tatorten von Tötungsdelikten eine durchaus relevante Rolle, da sich auch in diesem Feld die Kriminaltechnik – weitgehend unbemerkt von der Öffentlichkeit – bedeutend verbessert hatte. Fingerspurenfragmente, die vor Jahrzehnten noch als »nicht verwertbar« eingestuft worden waren, konnten nun in vielen Fällen von Daktyloskopen so aufgearbeitet werden, dass sie im Automatisierten Fingerabdruckidentifizierungssystem *(AFIS)* (einer bundesweiten Fingerabdruckdatenbank beim BKA mit heute etwa 2,8 Millionen gespeicherten Fingerabdrücken von erkennungsdienstlich behandelten Personen und rund 400 000 Tatortspuren von ungeklärten Verbrechen) abgeglichen werden konnten. Für meine zukünftige Arbeit bedeutete das, dass ich neben Asservaten, die für eine DNA-Analyse geeignet waren, auch nach alten Fingerspuren Ausschau halten musste.

Auf diese allgemeinen Erklärungen zur Aufarbeitung von Alt-Fällen – vor allem mit Hilfe der DNA-Analyse – und der Beschreibung, wie ich mich in diesen Ermittlungsbereich eingearbeitet hatte, will ich im Folgenden einige dieser »cold cases« darstellen, die ich zwischen 2004 und meinem Ausscheiden aus dem Dienst als »Katakombenkommissar« bearbeitet habe.

Sühne nach 19 Jahren

2007 | Rückblick ins Jahr 1989: Es ist der 9. Juni, eine Stunde nach Mitternacht. Auf dem Gehweg vor einem Mehrfamilienhaus in der Feuerbacher Oswald-Hesse-Straße sind laute Männerstimmen zu hören. Brunhilde Schneider, deren Wohnung im Erdgeschoss liegt, wacht dadurch auf, sie hat einen sehr leichten Schlaf. Als die Haustür aufgeschlossen wird, vernimmt sie Schritte und geht davon aus, dass ihr Hausmitbewohner Helmut K., der in der Wohnung über ihr lebt, mal wieder zu später Stunde einen Zechgenossen mit nach Hause bringt. Da das Haus sehr hellhörig ist, kann sie durch das Stimmengewirr und die Trittgeräusche aus der oberen Wohnung auch lange Zeit nicht einschlafen. Die 56 Jahre alte, alleinlebende Rentnerin hat sich schon lange damit abgefunden, dass es in der über ihr liegenden Wohnung öfters mal hoch hergeht und es gelegentlich zu wortstarken Streitereien mit seinen Männerbekanntschaften kommt.

Kurz vor 2 Uhr überwältigt sie die Müdigkeit und sie schläft wieder ein. Dann wird sie plötzlich erneut aus dem Schlaf gerissen, als es etwa eine Stunde später in der Wohnung über ihr rumpelt und ein lautes Streitgespräch im Gange ist. Sie erkennt die Stimme ihres Nachbarn Helmut K. und hört bruchstückhaft seine Rufe: »Walter, Walter! Lass mich!« Sekunden danach ertönt ein dumpfer Schlag, so als wäre ein schwerer Gegenstand auf den Boden gefallen. Anschließend ist es in der Wohnung über ihr still. Frau Schneider macht sich weiterhin keine Gedanken, da dies nicht der erste Streit ist, den sie in den letzten Jahren aus der Wohnung oben vernommen hat.

Während sie am Vormittag zwischen 10 und 10.30 Uhr ihre Hausarbeiten erledigt, hört sie, dass jemand das Treppenhaus herunter geht. Sie eilt zum Fenster und sieht einen etwa 30 bis 40 Jahre alten Mann von hinten, bekleidet mit einer Bluejeans und einer grauen Lederjacke, der gerade das Haus verlässt. Sie vermutet, dass der Mann mit seinen hellen, zurückgekämmten Haaren und einer Plastikeinkaufstüte eines Feuerbacher Supermarktes aus der Wohnung des Herrn K. gekommen ist.

Erst nachdem es daraufhin in der Wohnung über ihr längere Zeit völlig still ist, beginnt sie, sich Gedanken zu machen. Ist dem Nachbar vielleicht doch etwas zugestoßen?

Ihr lässt ihre Ahnung keine Ruhe, weshalb sie den Hausverwalter Herrn Bechtle anruft und ihm von ihren Beobachtungen und ihrer Sorge berichtet, dass ihrem Nachbarn möglicherweise etwas zugestoßen sein könnte. Herr Bechtle zögert nicht lange und setzt sich telefonisch mit dem Polizeirevier Feuerbach am Wilhelm-Geiger-Platz in Verbindung.

Von dort versucht nun der wachhabende Polizeibeamte Herrn K. telefonisch in dessen Wohnung zu erreichen. Als niemand abnimmt, schickt er eine Streifenwagenbesatzung in die Oswald-Hesse-Straße. Frau Schneider lässt die beiden Beamten ins Haus. Auf mehrfaches Klingeln, Klopfen und Zurufen an der Wohnungstüre des Herrn K. regt sich nichts. Da die Beamten nun von einer Notsituation ausgehen, brechen sie kurzerhand die Wohnungstüre auf.

Im Schlafzimmer machen sie wenig später eine grausige Entdeckung. Der 62-jährige Rentner Helmut K. liegt rücklings tot auf dem Boden. In seinem geöffneten Mund stecken ein Kamm und ein Stück undefinierbaren Stoffes. Die Wohnung scheint durchwühlt worden zu sein.

Da hier offensichtlich ein Tötungsdelikt vorliegt, nehmen sie keinerlei Veränderungen am Tatort vor und fordern über ihr Handsprechfunkgerät sofort die KPI 1 an. Die Mordkommission unter ihrem Leiter Kriminalrat Michael Kühner, die seit Jahresbeginn bereits mit mehreren Mordfällen und einigen schweren Fällen der Brandstiftung im Grenzbereich ihrer personellen Belastung ist, stellt mit Unterstützung von anderen Kripo-Dezernaten eine 20-köpfige Sonderkommission zusammen, die sich sofort dieses Falles annimmt.

Ermittlungsbeamte und Kriminaltechniker rücken augenblicklich an den Tatort aus. Eine Befragung sämtlicher Hausbewohner führt schließlich zu dem Ergebnis, dass auch andere Bewohner in der vergangenen Nacht verdächtige Geräusche aus der Wohnung K. vernommen haben, keiner sich aber allzu große Gedanken gemacht habe, da Streitigkeiten in der betreffenden Wohnung keine Seltenheit waren.

Es gelingt dann auch einige Kontaktlokale des Opfers in Erfahrung zu bringen, unter anderem eine Gaststätte in der Stuttgarter Straße. Nach einem Gespräch mit dem Wirt und einigen Stammgästen zeichnet sich folgendes Bild ab: Am Abend vor der Tat soll sich Helmut K. über mehrere Stunden in der Gaststätte aufgehalten haben. K. hat dort offenbar mehreren anderen Gästen erzählt, dass er am Nachmittag bei einer Bank einen Barkredit in Höhe von 3300 D-Mark für den Erwerb eines Autos bekommen hatte. Den Gästen ist dabei nicht verborgen geblieben, dass er viel Bargeld mit sich geführt hat, da er damit auch gelegentlich geprahlt hat. Einen Teil des Geldes hat er während seines Aufenthalts in der Gaststätte beim Spielen an den Glückspielautomaten verbraucht. Ziemlich angetrunken hat er dann eine halbe Stunde nach Mitternacht das Lokal alleine verlassen, um nach Hause zu gehen. Auf dem kurzen Weg von der Stuttgarter Straße zu seiner Wohnung ist er schließlich wohl auf seinen Mörder getroffen.

Die spätere Obduktion des Leichnams ergibt, dass Helmut K. an einem sogenannten Bolustod verstorben ist. Er ist an einem Brillenputztuch erstickt, dass ihm sein Mörder mit einem Kamm gewaltsam in den Rachen gedrückt hat. Darüber hinaus muss auf Grund der Situation am Tatort davon ausgegangen werden, dass der Täter die Wohnung nach Wertgegenständen durchwühlt und Helmut K. seines Bargeldes beraubt hat.

Über mehrere Wochen überprüft die SOKO Alibis sämtlicher Besucher der Gaststätte sowie unzählige Kontaktpersonen des Opfers, mit besonderer Intensität diejenigen mit dem Vornamen Walter. Es wird auch der eine oder andere Tatverdächtige ermittelt, allerdings gelingt es nicht, einen Tatnachweis zu führen. Obwohl die SOKO nichts unversucht lässt, rückt die Klärung des Falles in weite Ferne …

18 Jahre später, im Frühjahr 2007 bin ich wieder einmal in den Katakomben des Stuttgarter Polizeipräsidiums unterwegs. Aus einem der verstaubten Aktenregale entnehme ich sieben Aktenordner zum Mord an dem 62 Jahre alten Rentner Helmut K. in Stuttgart-Feuerbach im Jahr 1989. Dem Fall will ich in nächster Zeit meine Aufmerksamkeit widmen.

Als sich damals dieses schreckliche Tötungsdelikt zugetragen hatte, war ich in die Ermittlungen nicht involviert. Zu dieser Zeit gab es in kurzer Folge eine Häufung von Brandstiftungen, an deren Aufklärung ich beteiligt war. Eigene Hintergrundinformationen zum Mordfall K. habe ich also nicht und bin deshalb gezwungen, mich Seite für Seite durch dieses Aktenwerk zu arbeiten. Die nächsten Tage widme ich also ausschließlich dem Studium der Ermittlungsakten.

Pia, eine Mitarbeiterin aus dem Dezernat, unterstützt mich und überprüft parallel sämtliche Personen, die 1989 als Tatverdächtige eingestuft wurden, in unserem polizeilichen Auskunftssystem. Für mich ist von Bedeutung, wer aus diesem Personenkreis in den letzten 18 Jahren polizeilich aufgefallen ist und wegen welcher Delikte. Ich möchte mir nicht den Vorwurf machen, dass ich womöglich nicht den Zusammenhang mit einem anderen Tötungsdelikt in einer anderen Region erkenne, bei dem einer unserer damaligen Tatverdächtigen zwischenzeitlich als Täter überführt werden konnte.

In einem ebenfalls sehr zeitaufwändigen Schritt erstelle ich eine komplett neue Übersichtsliste der mehr als 300 Asservate, die damals im Zusammenhang mit der Tat sichergestellt wurden. Bei den Beweisstücken handelt es sich um einzelne Teile der Opferbekleidung, darunter auch Klebefolien, mit denen die Oberfläche von Kleidungsstücken nach Fremdfasern abgeklebt wurde.

In der Tatwohnung wurden damals auch benutzte Taschentücher, Flaschen, Gläser und sonstige Gegenstände sichergestellt, an denen der Täter eventuell Finger-, Speichel- oder Sekretspuren hinterlassen haben könnte. Zudem wurden zwar kleine, aber relativ viele Blutantragungen an den Betten im Schlafzimmer gesichert, die man auf Blutgruppenzugehörigkeit untersucht hatte.

Die Frage, die sich mir stellt, ist jetzt, ob bei den früheren Blutuntersuchungen alles an Spurenmaterial verbraucht wurde oder ob noch Überreste zur Verfügung stehen, die für eine DNA-Analyse ausreichen. Interessant sind in diesem Zusammenhang auch Asservate, die bei Tatverdächtigen sichergestellt wurden. Kann man an ihnen Opfer-DNA finden, könnte das natürlich auch tatrelevant sein.

Eine junge Kollegin der Kriminaltechnik wird von ihrem Chef damit beauftragt, gemeinsam mit mir die Asservate zum Fall mit meiner Übersichtsliste abzugleichen, um festzustellen, ob tatsächlich noch alle Asservate vorhanden und für eine weitergehende kriminaltechnische Untersuchung brauchbar sind.

Ich habe einen optimistischen Eindruck, als wir die einzelnen mit Klebezetteln beschrifteten Plastik- und Papiertüten den Kartons entnehmen und den Asservaten wieder Leben einhauchen. Mit Erleichterung stellen wir fest, dass die vielversprechenden Bekleidungsstücke des Opfers noch vorhanden und vor allen Dingen sachgerecht verpackt und somit nicht vom Schimmel befallen sind, wie dies im einen oder anderen Fall schon vorgekommen ist. Ich hoffe, dass die Laborantinnen des Kriminaltechnischen Institutes des LKA ein paar Hautschuppen oder Blutantragungen herauspräparieren können, die der Täter im Kampf mit seinem Opfer dort eventuell hinterlassen hat. Auch von den sichergestellten Blutspuren auf dem Bettbezug, dem Bettlaken und dem Kopfkissen sind die Überreste aus der damaligen Blutgruppenuntersuchung vorhanden. Spannend wird nun die Frage, ob die Restmenge für eine DNA-Analyse reicht.

Weiter finden wir unter den Asservaten auch das Corpus Delicti, das Brillenputztuch und den Kamm, mit dem der Täter sein nahezu wehrloses Opfer erstickte. Zu meiner Überraschung stoßen wir auch noch auf zehn kleine Plastikbehältnisse, in denen sich die Fingernagelabschnitte mitsamt dem Fingernagelschmutz befinden, die bei der Obduktion fein säuberlich für eventuelle Untersuchungen separat verpackt wurden. Dies stimmt mich euphorisch. Sollte nämlich tatsächlich ein Kampf zwischen Täter und Opfer stattgefunden haben, von dem ich aufgrund der Aussage der Zeugin Schneider und den bei der Obduktion festgestellten Abwehrverletzungen am Opfer ausgehe, kann ich mir berechtigte Hoffnungen machen, dass unter den Fingernägeln des Opfers bei einem Abwehrkampf kleine Haut- oder Blutpartikel des Täters zu finden sind. Wir versprechen uns auch ziemlich viel von den zahlreichen daktyloskopischen Spuren, die an einzelnen Gegenständen in der Wohnung gefunden wurden.

So viele erfolgversprechende Asservate hatte ich in noch keinem meiner Altmordfälle, die ich bisher in Bearbeitung hatte!

Mit meiner Kollegin der Kriminaltechnik vereinbare ich, dass sie baldmöglichst die für eine Untersuchung ausgewählten Asservate zusammenstellt, einen Untersuchungsauftrag an das KTI formuliert und einen Termin für eine Besprechung mit dem zuständigen Wissenschaftler vereinbart.

Zwei Tage später kommt sie zu mir ins Büro und erzählt ganz niedergeschlagen, dass sie mit dem KTI telefoniert habe. Man habe ihr mitgeteilt, dass derzeit keine Kapazitäten frei seien, um weitere Untersuchungen in Altmordfällen durchzuführen. Auf Grund einiger aktueller Tötungsverbrechen in Baden-Württemberg, unter anderen der Polizistenmord in Heilbronn im April 2007, sowie anderer Altfälle aus Stuttgart, die ich bereits zuvor schon eingereicht habe, seien die DNA-Analytiker auf Monate hinaus ausgebucht. Sie würden jetzt schon am personellen Limit arbeiten. Obwohl wir natürlich verstehen können, dass aktuelle Verfahren immer Vorrang vor Altmordfälle haben, versetzt diese Nachricht unserer Euphorie einen schweren Dämpfer.

Zwar erhalte ich von Dr. Werner Pflug, dem Leiter der DNA-Analytik und Koryphäe auf diesem Gebiet, noch die Zusage, dass er uns benachrichtigt, sobald wieder Kapazitäten frei sind. An der Tatsache, dass ich in monatlichen Abständen erfolglos bei ihm nachhake, ändert sich aber dann erst einmal nichts.

Mehr Glück habe ich bei meinem Kollegen Dieter Schuster, Sachverständiger für Daktyloskopie beim KTI. Er war früher Streifenbeamter beim Polizeirevier Mönchhaldenstraße im Stuttgarter Norden und hat sich nach seinem Wechsel zum LKA zum Spezialisten für Fingerspuren entwickelt. In einem persönlichen Gespräch gehen wir die am Tatort gesicherten daktyloskopischen Spuren durch und er erklärt sich bereit, diese in den nächsten Tagen im wahrsten Sinne des Wortes unter die Lupe zu nehmen.

Bereits wenige Tage später bekomme ich einen Anruf von ihm. Unter den Fingerspuren, die 1989 als »nicht verwertbar« eingestuft wurden, hat er sechs davon so weit klassifizieren können, dass sie in AFIS eingelesen und mit dem bundesweiten Fingerabdruckdatenbestand abgeglichen werden konnten. Leider kam es hierbei zu keiner Übereinstimmung.

Meine ganze Hoffnung ruht jetzt alleine auf der DNA-Analyse.

Erst im November 2007, als ich wegen eines anderen Altmordfalls zur Besprechung bei Dr. Pflug im KTI bin, habe ich endlich Erfolg. Er erklärt sich bereit, trotz der personell angespannten Situation mir einen seiner DNA-Analytiker, Dr. Jäger, für den Mordfall Helmut K. zur Verfügung zu stellen.

Noch in derselben Woche bespreche ich mich beim KTI mit Dr. Jäger und seiner Laborantin, die ihm die arbeitsintensiven Vorarbeiten, wie die Suche nach Hautpartikeln auf der Opferbekleidung und die anschließende Präparierung, abnimmt. Anhand von Tatortfotos erläutere ich den beiden die Spurensituation und den vermutlichen Tatablauf.

Auf meine Frage, wann ich frühestens mit einem Ergebnis rechnen könne, äußert sich Dr. Jäger recht zurückhaltend. Nach wie vor hätten die aktuellen Kriminalfälle oberste Priorität und deshalb Vorrang. Er werde aber versuchen, unsere Asservate mit den vorhandenen Kapazitä-

MORD

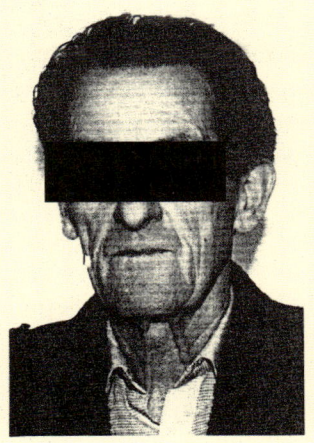

MORDOPFER

Die MORDKOMMISSION bittet um IHRE Mithilfe!

Am Freitag, 09.06.1989, verließ ein 62-jähriger Rentner um 00.30 Uhr eine Gaststätte in der Stuttgarter Straße in Stuttgart-Feuerbach, um seine Wohnung in der Oswald-Hesse-Straße aufzusuchen. Auf dem Nachhauseweg muß er seinem späteren Mörder begegnet sein, den er mitnahm.

In diesem Zusammenhang hat die Mordkommission an Sie, als TAXIFAHRER, folgende Fragen:

- Wer hat in der Nacht von Donnerstag, 08.06.1989, auf Freitag, 09.06.1989, zwischen ca. 00.00 Uhr und ca. 06.00 Uhr, eine Fahrt nach Illingen zur Raststätte Illinger-Eck oder in die nähere Umgebung durchgeführt?
- Wer hat am Donnerstagabend, 08.06.1989, bis kurz nach Mitternacht einen Fahrgast in die Oswald-Hesse-Straße oder in die nähere Umgebung gefahren?
- Wer hat am Freitag, 09.06.1989, ab ca. 01.30 Uhr bis ca. 11.00 Uhr, einen Fahrgast aus der Oswald-Hesse-Straße oder der näheren Umgebung abgeholt?
- Wer hat am Freitagmorgen, 09.06.1989, ab ca. 00.30 Uhr, einen Fahrgast aus dem Raum Stuttgart-Feuerbach gefahren, der entweder mit einem großen Geldschein bezahlen wollte oder der einen größeren Betrag Münzgeld bei sich hatte?

Hinweise, die unter bestimmten Voraussetzungen vertraulich behandelt werden können, erbittet die MORDKOMMISSION an Telefon

07 11 / 89 90 - 25 20 oder - 28 00.

Im Juni 1989 werden im Feuerbacher Mordfall Helmut K. Zeugenaufrufe an alle Haushalte in Tatortnähe verteilt.

ten baldmöglichst zu analysieren. Soll heißen: Optimistisch können wir mit einem ersten Zwischenergebnis nicht vor Anfang des nächsten Jahres rechnen, was für uns noch mindestens zwei Monate Wartezeit bedeutet.

Wieder einmal ist also Warten angesagt.

Der erlösende Anruf von Dr. Jäger erreicht mich Anfang Februar 2008. Er macht keinen Hehl aus seiner Freude, mir ein positives Zwischenergebnis mitteln zu können. Der erste Untersuchungslauf bei den Opferbekleidungsstücken und dem Fingernagelschmutz sei abgeschlossen. An der Jacke des Opfers konnte DNA einer fremden männlichen Person nachgewiesen werden. Dito im Fingernagelschmutz des Opfers. Die Analyse der Blutantragungen an den Betten sei noch nicht abgeschlossen. Allerdings habe er zwischenzeitlich den DNA-Befund in der Datenbank abgleichen lassen. Ergebnis: kein Treffer. Ein endgültiges Gutachten könne er mir aber frühestens in einigen Wochen zukommen lassen, da erst noch die DNA-Befunde durch eine Kontrolluntersuchung bestätigt werden müssen. Auch das Ergebnis zur Untersuchung des Brillenputztuches und des Kammes steht noch aus.

Ist das jetzt ein gutes Ergebnis? Abwarten, denke ich mir. Jedenfalls muss ich mich wieder mal in Geduld üben.

Meine Kollegin Pia und ich nutzen die Zeit und stellen anhand der Ermittlungsakten eine Liste aller damaligen Tatverdächtigen zusammen, die wir nach Prioritäten ordnen. Da ein Abgleich mit der DNA-Datenbank keinen Treffer erzielt hat, bedeutet das für uns, dass wir aus unseren Tatverdächtigen diejenigen herausfiltern müssen, die nicht in der DNA-Datenbank stehen. Von ihnen wollen wir, zunächst auf freiwilliger Basis, eine Speichelprobe nehmen, aus der ein DNA-Profil erstellt werden kann. Auf unserer Prioritätenliste ganz oben steht ein Mann, der schon 1989 im Fokus der Ermittlungen stand, damals allerdings nicht als Täter überführt werden konnte.

Wolfgang S., zum Tatzeitpunkt 38 Jahre alt und arbeitslos, war am Abend der Tat Zechgenosse unseres Opfers in der Gaststätte in der Stuttgarter Straße in Feuerbach. Er hatte Kontakt mit Helmut K., bekam mit, dass dieser im Besitz einer hohen Bargeldsumme war, trank mit ihm ein paar Gläser Bier, verließ dann aber eine Stunde vor dem Opfer das Lokal. Er passte damals ziemlich genau auf die von Frau Schneider abgegebene Personenbeschreibung des Mannes, der zwischen 10 und 10.30 Uhr das Haus verlassen hat. Eine Gegenüberstellung war sinnlos, da Frau Schneider die Person nur von hinten gesehen hatte. Allerdings heißt er nicht Walter, sondern Wolfgang. Obwohl sich die Zeugin Schneider sicher war, sich im Vornamen nicht verhört zu haben, wurde bei Wolfgang S. im Jahr 1989 eine Blutgruppenuntersuchung angeordnet. Dabei wurde festgestellt, dass seine Blutgruppe mit der Blutgruppe der Spuren auf den Betten übereinstimmt und er somit der Spurenverursacher sein konnte, jedoch nicht zwingend sein musste. Da weitergehende Untersuchungen damals noch nicht möglich waren – die DNA-Analytik steckte zu dieser Zeit noch in den Kinderschuhen –, brachte diese Spur, so unbefriedigend dies auch sein mag, die Ermittler nicht weiter.

Nachdem Dr. Jäger Anfang März 2008 die Kontrolluntersuchungen abgeschlossen und ein Gutachten erstellt hat, bespreche ich mit meinem Dezernatsleiter das weitere Vorgehen. Auf meinen Vorschlag hin entscheiden wir uns, nicht darauf zu warten, dass Wolfgang S. den Mundhöhlenabstrich freiwillig machen lässt. Der zwischenzeitlich 57 Jahre alte Tatverdächtige ist zwar seit vielen Jahren in zweiter Ehe verheiratet, hat zwei Kinder und geht einer geregelten Arbeit nach, allerdings können wir nicht ausschließen, dass er die Flucht ergreift, wenn er zu einer Speichelprobe gebeten wird. Wir beantragen deshalb in Abstimmung mit unserem zuständigen Staatsanwalt eine richterliche Anordnung für eine verdeckte Erhebung einer DNA-Spur beim Tatverdächtigen sowie eine Observation durch ein Mobiles Einsatzkommando (MEK). Auf diese Weise – ohne, dass er es bemerkt – wollen wir in Besitz eines Gegenstands kommen, an dem seine DNA-Spur haftet, zum Beispiel an ein benutztes Glas oder an eine Zigarettenkippe. Es dauert denn auch nicht lange, bis die Maßnahmen vom zuständigen Amtsgericht Stuttgart genehmigt sind.

Am 18. März 2008 heftet sich eine Gruppe MEK-Beamter Wolfgang S. an die Fersen, als er zu Fuß von seiner Wohnung zu seiner Arbeitsstelle geht. Wie von uns erwartet, raucht er unterwegs Zigaretten und wirft die Kippen anschließend auf den Boden. In einem unbeobachteten Moment stellen die Observationsbeamten zwei seiner Kippen sicher. Die Aktion dauert nicht einmal eine Stunde.

Jetzt müssen die Zigarettenkippen nur noch auf DNA-Spuren hin untersucht und mit den anderen DNA-Fremdbefunden vom Tatort abgeglichen werden – so stelle ich mir das jedenfalls vor. Vermutlich auch, weil ich noch vor meinem geplanten Südafrika-Urlaub den Fall abgeschlossen haben will. Ich bin mir schließlich sicher, dass wir dem Richtigen auf der Spur sind.

Die sichergestellten Zigarettenkippen werden noch am gleichen Tag per Boten zu Dr. Jäger vom KTI gefahren. Doch leider muss er uns die Hoffnung auf ein schnelles Ergebnis nehmen, da der nächste maschinelle DNA-Untersuchungslauf bereits voll belegt ist und der übernächste erst in einigen Tagen gestartet werden kann.

Also wieder warten.

Anfang April, vier Tage vor meinem Abflug nach Kapstadt, bekomme ich den ersehnten Anruf von Dr. Jäger. Die DNA-Analyse habe ergeben, dass die DNA der Zigarettenkippen mit der DNA an der Jacke des Opfers und des Fingernagelschmutzes übereinstimmt.

Das ist nun eindeutig der Durchbruch.

Gleichzeitig eröffnet mir Dr. Jäger auch, dass die Analyse der Blutspuren auf dem Bettlaken ebenfalls zu einem DNA-Befund einer fremden männlichen Person geführt hat, die mit den anderen Befunden an Opferjacke und Fingernagelschmutz übereinstimmt. Daraufhin bitte ich Dr. Jäger, mir schnellstmöglich seinen Untersuchungsbericht zuzusenden, da wir diesen unbedingt benötigen, um gegen Wolfgang S. einen Haftbefehl beantragen zu können. Er weist mich dann allerdings daraufhin, dass erst noch eine zweite Kontrolluntersuchung erforderlich sei. Das heißt, mit einem Gutachten könne ich frühestens in einer Woche rechnen.

Dies bedeutet nun für mich im Klartext: Die Festnahme des Wolfgang S. wird ohne mich ablaufen. Wenn die Handschließen zuschnappen, mache ich schon unter dem Kreuz des Südens Urlaub. Nicht, dass ich meinen geschätzten Kollegen die Festnahme und die anschließende Vernehmung des Tatverdächtigen nicht zutraue, aber jeder Kriminalbeamte fiebert natürlich in solch einem Fall mit und möchte dabei sein, wenn der Täter festgenommen wird.

An meinem letzten Arbeitstag vor dem Abflug versichern mir meine Kollegen, dass sie mich über die aktuellen Entwicklungen in dem Fall auch während meines Urlaubes auf dem Laufenden halten werden. Mitte April bekomme ich dann während eines Abendessens auf einem Weingut im südafrikanischen Weinanbaugebiet bei Stellenbosch einen Anruf, in dem mir einer meiner Kollegen mitteilt, dass gestern der Untersuchungsbericht von Dr. Jäger eingetroffen ist und noch am gleichen Tag zusammen mit dem Haftbefehlsantrag über die Staatsanwaltschaft zum Amtsgericht ging. Nachdem der Haftbefehl heute erlassen wurde, wird nur wenige Stunden später Wolfgang S. an seiner Arbeitsstelle in Ditzingen festgenommen. Wie mir mein Kollege am Telefon erzählt, muss Wolfgang S. total perplex und fassungslos gewesen sein, als man ihm den Haftbefehl präsentierte und er anschließend mit Handschließen gefesselt das Firmengelände verlassen musste. In der mehrere Stunden dauernden anschließenden Vernehmung habe er trotz erdrückender Beweislast abgestritten, an der Tötung beteiligt gewesen zu sein.

Bereits einen Monat nach der Festnahme sind unsere polizeilichen Ermittlungen abgeschlossen, so dass die Staatsanwaltschaft Stuttgart bei der Schwurgerichtskammer des Landgerichts Stuttgart Anklage wegen Mordes erheben kann.

Am 23. Juli 2008 fällte die 9. Strafkammer des Landgerichts Stuttgart unter dem Vorsitzenden Richter Hahn das Urteil lebenslange Freiheitsstrafe wegen Mordes aus Habgier. Sein Verteidiger hatte auf Totschlag in einem minderschweren Fall und eine Freiheitsstrafe von fünf Jahren plädiert. Letztlich konnte nicht geklärt werden, weshalb das Opfer kurz vor seinem Tod »Walter, Walter« gerufen haben sollte, obwohl sein Mörder mit Vornamen Wolfgang heißt. Vorausgesetzt die Zeugin hatte sich nicht verhört, was diese nicht für möglich hielt, war wohl Helmut K. der irrigen Meinung, sein Zechgenosse hieße Walter. Für mich selbst stellte sich zum Schluss die Frage, warum ein unbescholtener Mann, der bisher nie bei der Polizei anhängig war und nach dem Mord ebenfalls in keiner Weise negativ aufgefallen war, ein so rücksichtsloses und menschenverachtendes Verbrechen begangen hatte.

Kurz notiert

2005–2012 | Im Folgenden sollen zum Ende dieses Buches noch einige »cold cases« Erwähnung finden, die wir in meiner Zeit als »Katakombenkommissar« in Angriff genommen haben und zum Abschluss bringen konnten. Über die internen kriminalpolizeilichen Ermittlungen in Fällen, die bis zum heutigen Tag unaufgeklärt sind, wie zum Beispiel der Mord an der jungen Anja A. im März 1987 in Stuttgart-Bad Cannstatt, will und darf ich hier nicht berichten. Die Gefahr, Tätern, die bis heute auf freiem Fuß sind, Hinweise zu liefern, aus denen sie Nutzen ziehen könnten, ist einfach zu groß. Auch darf unter keinen Umständen sogenanntes Täterwissen in Zusammenhang mit solchen Fällen an die Öffentlichkeit gelangen.

Streit um den Liebeslohn

Der mehrfach wegen Körperverletzungen und Diebstählen vorbestrafte Bruno G. ist sich vermutlich noch am Tag vor seiner Verhaftung im Jahr 2005 sicher, dass ihm die Polizei nicht mehr nachweisen kann, was sich vor 16 Jahren zugetragen hat.

Damals, im April 1989, bietet sich Bruno G. dem 36-jährigen homosexuell veranlagten Heinz R. zu Liebesdiensten an. Sie gehen gemeinsam in seine Wohnung in die Böblinger Straße nach Stuttgart-Heslach. Bei der Begleichung des vereinbarten Liebeslohnes in Höhe von 100 D-Mark kommt es jedoch zum Streit, in dessen Verlauf Heinz R. den damals 28 Jahre alten Stricher mit einem Klappmesser aus der Wohnung drängt. Dieser entwindet ihm jedoch das Messer und sticht im Affekt 25-mal auf sein Opfer ein, das kurz darauf verstirbt. Bevor der Täter die Wohnung verlässt, durchsucht er sie und tritt mit einigen Wertgegenständen und 200 D-Mark Bargeld die Flucht an. Erst drei Wochen später wird die bereits in Verwesung übergegangene Leiche von Heinz R. von einem Bekannten in der Wohnung entdeckt.

Die Sonderkommission, die zur Aufklärung dieses Falles gebildet wird, stößt immer wieder auf Barrieren und Mauern im Homosexuellenmilieu. Die Bereitschaft, mit der Polizei zusammenzuarbeiten, ist dort nicht gerade ausgeprägt. Trotz wochenlanger intensiver Ermittlungsarbeit gelingt der SOKO kein Durchbruch, sie schafft es nicht, Licht in den Fall zu bringen.

Eine tatrelevante Blutspur am Bettlaken wird aber gesichert. Man stellt fest, dass es kein Blut des Verstorbenen ist, sondern von einer fremden Person stammt. Weitere Ermittlungsergebnisse, die zur Identifizierung eines Täters dienen könnten, gibt es nicht. Die DNA-Analyse ist noch nicht ausgereift.

Erst die routinemäßige Untersuchung im Rahmen der Aufarbeitung ungeklärter Mordfälle ergibt im Jahr 2005 einen vollwertigen DNA-Befund, der im Abgleich mit der Datenbank zu einem Treffer führt. Das DNA-Profil des 44-jährigen Bruno G. aus Stuttgart ist identisch mit der DNA aus der Blutspur auf dem Bett.

16 Jahre nach der schrecklichen Tat klicken die Handschließen. Bruno G. leugnet in der Vernehmung zunächst, das Opfer überhaupt gekannt zu haben, geschweige denn bei ihm in der Wohnung gewesen zu sein. Dann legt er aber kurze Zeit später doch ein Geständnis ab und gibt zu, dass er Heinz R. während des Streites um den Liebeslohn erstochen hat.

Da bei Bruno G. eine dissoziale Persönlichkeitsstörung diagnostiziert wurde, er alkoholkrank ist und bei der Tat affektiv aufgeladen war, wurde er im November 2005 von der 1. Strafkammer des Landgerichts Stuttgart wegen verminderter Schuldfähigkeit zu einer sechsjährigen Haftstrafe verurteilt.

Im Rollstuhl vor den Haftrichter

Auch der Mörder des 67-jährigen Rentners Willi Hugo K., der am 24. Januar 1997 mehrere Wochen nach seinem Tod in seiner Wohnung in der Schwieberdinger Straße in Stuttgart-Zuffenhausen erstochen aufgefunden wird, hat wohl nicht damit gerechnet, dass er jemals noch von der Polizei der schrecklichen Tat überführt werden kann.

Landespolizeidirektion Stuttgart II

Die Polizei bittet um Ihre Mithilfe

Mord
5.000 DM Belohnung

Am Freitag, 24. Januar 1997, wurde der 67jährige Rentner Hugo K▇ermordet in seiner Zwei-Zimmer-Wohnung in der Schwieberdinger Straße 71 (Zuffenhausen) aufgefunden. Der alleinlebende Mann soll seine Wohnung regelmäßig zur Mittagszeit verlassen haben und gegen Mitternacht alkoholisiert zurückgekehrt sein.
Er soll seit mehreren Jahren Kontakt zu Wohnsitzlosen gehabt haben.

Die Sonderkommission hat folgende Fragen:

Wer kannte den Rentner Hugo K▇?
Wer kann zu seinen Lebensgewohnheiten Angaben machen?
Wer kann Hinweise auf mögliche Kontaktpersonen geben?
Wer kann Lokalitäten nennen, in denen Hugo K▇ verkehrte?
Wer hat den Rentner an bekannten Treffpunkten Wohnsitzloser, insbesondere am Arnulf-Klett-Platz gesehen?
Wer hat am 17. Dezember 1996 oder kurz danach im Bereich der Schwieberdinger Straße in Zuffenhausen verdächtige Wahrnehmungen gemacht?

Hinweise - die unter bestimmten Voraussetzungen vertraulich behandelt werden können - bitte an die Soko "Nachbar"

☎ 0711 / 8990 - 2801,
außerhalb der üblichen Bürozeiten ☎ 0711 / 8990 - 2800,
oder jede andere Polizeidienststelle.

Für Hinweise, die zur Aufklärung der Straftat führen, hat die Staatsanwaltschaft eine Belohnung in Höhe von DM 5.000 ausgesetzt.

Willi Hugo K. muss seinen Mörder offensichtlich gekannt haben. An seiner Wohnungstüre sind keine Einbruchsspuren, woraus zu schließen ist, dass er ihn selbst in die Wohnung eingelassen oder ihn sogar mit nach Hause gebracht hat. Das Corpus De-

> Mit einem Zeugenaufruf hofft die Stuttgarter Mordkommission im Januar 1997, Hinweise im Mordfall Hugo K. zu bekommen.

licti, ein Messer mit 20 Zentimeter langer Klinge, wird in der Tatwohnung fein säuberlich abgewischt und in einem Unterhemd eingewickelt aufgefunden.

Bei der Aufarbeitung dieses Falles, zehn Jahre später, im Jahr 2007, stoße ich auf Blutspuren-Asservate, die damals wegen zu geringer Substanz für eine DNA-Analyse nicht ausreichend waren. Während am Tatmesser keine fremde DNA festgestellt werden kann, finden die Wissenschaftler vom KTI an einer tatrelevanten Blutspur ein männliches DNA-Profil, das nicht vom Opfer stammt.

Die Spur kann einer bei der Polizei mehrfach wegen Körperverletzungsdelikten in Erscheinung getretenen Person zugeordnet werden. Der betagte, zwischenzeitlich 74-jährige Tatverdächtige lebt seit einigen Jahren in einer Seniorenresidenz in der Nähe von Karlsruhe und ist aufgrund verschiedener Krankheiten an den Rollstuhl gebunden.

Am 20. November 2007 soll er gemäß eines vom Amtsgericht Stuttgart-Bad Cannstatt auf Antrag der zuständigen Staatsanwältin erlassenen Unterbringungsbeschlusses festgenommen und dem Haftrichter vorgeführt werden. Zusammen mit Kollegen mache ich mich auf den Weg in die Seniorenresidenz und konfrontiere mit recht gemischten Gefühlen den 74-jährigen Rentner mit dem Unterbringungsbeschluss.

Anschließend bringen wir ihn samt Rollstuhl nach Stuttgart und geben ihm dort, noch vor der Vorführung beim Haftrichter, die Gelegenheit, sich zu unseren Tatvorwürfen zu äußern. Nach der Belehrung über seine Rechte entscheidet er sich, dass er keine Angaben machen werde.

Bei der Eröffnung des Unterbringungsbeschlusses verfügte der Haftrichter, dass der Beschuldigte zunächst in ein psychiatrisches Landeskrankenhaus eingeliefert werden solle. Nachdem Gutachten ergaben, dass bei ihm wegen seiner multiplen Krankheiten keine Fluchtgefahr bestehe, er auch keine Gefahr für die Allgemeinheit darstelle und außerdem nicht haftfähig sei, wurde das Strafverfahren wegen Mordes eingestellt. Er konnte wieder zurück in die Seniorenresidenz und dort seinen Lebensabend verbringen.

Erdrosselt mit dem eigenen Bademantelgürtel

Es scheint fast aussichtslos, das Rätsel um den Mord an der 28-jährigen Bardame Bozica M. zu lösen. Sie wird am Mittwoch, dem 12. Dezember 1981, von der Polizei in ihrer Wohnung in der Klopstockstraße in Stuttgart-West ermordet aufgefunden, nachdem sie mehrere Tage nicht an ihrer Arbeitsstelle, der »Sissy-Bar« im Leonhardsviertel, erschienen ist. Unbekleidet liegt sie, mit ihrem eigenen Bademantelgürtel erdrosselt, in der Badewanne ihrer Dachgeschosswohnung. Trotz langjähriger Ermittlungen im Dunstkreis des Stuttgarter Rotlichtmilieus, bei denen sämtliche Kontaktpersonen des Opfers eingehend überprüft wurden, gelingt es nicht diese Gewalttat aufzuklären.

Eine Wende in dem Fall zeichnet sich erst 24 Jahre später ab, als ich in einem ehemali-

In der »Sissy-Bar« an der Hauptstätter Straße hat das Mordopfer, die 28-jährige Bardame Bozica M., gearbeitet.

gen Asservatenraum im Keller des Polizeipräsidiums noch zufällig einen Karton mit Beweismitteln entdeckte, die schon lange zur Vernichtung vorgesehen waren, allerdings schlicht und einfach vergessen wurden. Mit dabei ist auch das damalige Tatwerkzeug, ein sehr brüchiger und vermoderter Bademantelgürtel, mit dem »Boba«, wie Bozica M. von ihren Freunden genannt wurde, umgebracht wurde. Auf dem könnten eventuell Hautabriebspuren des Täters zurückgeblieben sein, die für eine DNA-Analyse geeignet wären.

Leider verläuft die DNA-Analyse negativ. Eine fremde DNA kann nicht mehr festgestellt werden, da der Bademantelgürtel durch die lange Lagerung sehr in Mitleidenschaft gezogen wurde.

Verzweifelt suche ich auch noch nach einem anderen Asservat, das von ausschlaggebender Bedeutung wäre, nämlich einer Sperma-Spur, die bei der Obduktion am Oberschenkel des Opfers gesichert wurde. Das Ergebnis meiner Recherche ist niederschmetternd. Die Spur ging 1981, unmittelbar nach der Obduktion, an das Rechtsmedizinische Institut der Stadt Stuttgart und wurde bei der damaligen Blutgruppenuntersuchung vollständig aufgebraucht, so dass nicht einmal mehr ein kleiner Rest zur Verfügung steht.

Im Asservatenkarton sind jedoch auch einige damals als tatrelevant aber »nicht verwertbar« eingestufte Fingerabdruckspuren. Anlässlich eines Besuches bei meinem Kollegen Dieter Schuster, Daktyloskopie-Sachverständiger beim KTI des LKA, macht er mir auf meine Frage, ob man diese alten Fingerspuren unter heutigen kriminaltechnischen Möglichkeiten eventuell als brauchbar für einen Abgleich im AFIS-System einstufen würde, durchaus Hoffnung. Bereits zwei Tage später erhalte ich von ihm den Anruf, dass zwei der Fingerspuren geeignet seien und er auch schon eine Recherche mit ihnen in AFIS gemacht und einen Treffer gelandet habe. Der Fingerabdruck gehört zu dem 52-jährigen Dieter N., der polizeilich einschlägig vorbestraft ist und aktuell wegen eines Sexualdeliktes in Sicherungsverwahrung in einer Justizvollzugsanstalt einsitzt.

Bei den nun anschließenden Ermittlungen stelle ich fest, dass Dieter N. die meiste Zeit seines Lebens in Haft verbracht hat, aber zum Tatzeitpunkt, als Boba umgebracht wurde, in Freiheit war. Beim Versuch, ihn in der Vollzugsanstalt zu den Vorwürfen im Mordfall Boba zu vernehmen, zeigt er meinem Kollegen und mir jedoch die kalte Schulter und macht von seinem Aussageverweigerungsrecht Gebrauch. Weiter kommen wir in diesem Fall nicht. Es bleibt uns nichts anderes übrig, als abzuwarten, ob die Indizienkette für eine Verurteilung des Verdächtigen ausreicht.

27 Jahre nach der Tat, Anfang Juni 2008, wird gegen Dieter N. vor der 1. Strafkammer des Landgerichts Stuttgart der Prozess eröffnet. Die Staatsanwältin fordert nach Beendigung der Beweisaufnahme eine lebenslange Freiheitsstrafe. Der Verteidiger betont seinerseits, dass die Beweiskette einige Lücken aufweise. Er beantragt einen Freispruch. Als der Vorsitzende Richter am 17. Juli 2008 das Urteil verkündet, lockern sich die Gesichtszüge des Angeklagten. Er wird freigesprochen, da das Gericht keinen vollständigen Nachweis der Tat führen könne. Bei der mündlichen Urteilsbegründung äußert der Vorsitzende Richter gleichwohl seine Zweifel an der Unschuld des Angeklagten: »Wir werden das Gefühl nicht los, dass der Richtige auf der Anklagebank sitzt.« Da es jedoch geringe Zweifel an seiner Täterschaft gebe, müsse Dieter N. nach dem juristischen Grundsatz »In dubio pro reo« – im Zweifel für den Angeklagten – freigesprochen werden. Der Fall geht zurück in die Katakomben – und zwar ins Regal für »ungeklärte Fälle«.

Auftragsmord an Millionärin

Dass ich mit meiner Aktenarbeit die Aufklärung eines spektakulären Tötungsdeliktes aus dem Jahr 1975 im Ruhrgebiet anstoße, hätte ich nicht erwartet.

Was ist vorausgegangen?

Am 10. August 1975 wird im Keller ihrer Villa im Bochumer Stadtparkviertel die sehr vermögende Kauffrau Elise H. mit einem Wäscheseil erhängt aufgefunden. Die Ermittlungen von Polizei und Gerichtsmedizin führen nicht zur eindeutigen Klärung der Todesursache, wobei der Rechtsmediziner einen Suizid für möglich hält, aber auch ein Tötungsdelikt nicht ausschließen kann.

Am Tatort werden vier tatrelevante Fingerspuren gesichert, die niemandem zugeordnet werden können. Da es 1975 noch keine bundesweite Fingerabdrucksammlung und auch noch keine AFIS-Fingerabdruckdatenbank beim BKA gibt, werden die Fingerspuren aus dem Bochumer Mordfall an alle Landeskriminalämter in Deutschland versandt, mit dem Auftrag, sie in der jeweils eigenen Fingerabdrucksammlung abzugleichen. Doch auch das führt nicht zu einer erhofften Übereinstimmung. Da keine eindeutigen Hinweise für ein Tötungsdelikt vorliegen, werden die Ermittlungen ein Jahr nach der Tat eingestellt.

Die Initialzündung zur Klärung des Falls erfolgt erst 30 Jahre später, im Jahr 2005. Zusammen mit meinem Kollegen Dieter Schuster vom KTI des LKA Baden-Württemberg gelange ich im Zusammenhang mit der Überprüfung der alten Fingerspuren und dem erfolgten Treffer im zuvor geschilderten Stuttgarter Mordfall Bozica M. zu der Erkenntnis, dass nun alle noch vorhandenen Fingerspuren in alten ungeklärten Mordfällen, die sich vor der bundesweiten Einführung des AFIS-Systems zugetragen haben, nachträglich überprüft werden müssen.

Dieter Schuster trägt dazu alle alten Fingerspuren von ungeklärten Tötungsdelikten zusammen und speist sie in AFIS ein. Darunter sind auch die Fingerspuren des Bochumer Falles, die 1975 vom LKA Nordrhein-Westfalen an das Stuttgarter LKA geschickt wurden. Zu unserer Überraschung stimmen die Bochumer Fingerspuren mit den Fingerabdrücken eines zwischenzeitlich 71-jährigen Mannes aus Weiden in der Oberpfalz überein, der in AFIS wegen eines Betrugsdeliktes geführt wird.

Die Kripo Bochum als zuständige Dienststelle, die umgehend von dem Treffer verständigt wird, nimmt sofort die Ermittlungen auf, die letztendlich zu folgendem Ergebnis führen: Im Jahr 1992, also 17 Jahre nach dem Tod von Elise H., gibt die ehemalige Lebensgefährtin des 71 Jahre alten Oberpfälzers der Polizei in München den Hinweis, ihr Ex-Freund hätte ihr mehrfach davon erzählt, dass er zusammen mit einem Arbeitskollegen eine Millionärin in Bochum umgebracht habe. Die Aussage wird von der Polizei damals allerdings als nicht glaubhaft eingeschätzt und daher nicht weiter verfolgt. Nach dem Treffer bei unserer AFIS-Recherche im Jahr 2005 erfolgt unmittelbar darauf die Festnahme des Tatverdächtigen, der in seiner anschließenden polizeilichen Vernehmung ein Geständnis ablegt und angibt, dass Auftraggeber des Mordes die zwischenzeitlich 64-jährige Tochter des Opfers sowie deren nunmehr 70-jähriger Ehemann waren. Beide seien hoch verschuldet gewesen, und da die Tochter als Alleinerbin der Mutter eingesetzt

Mit einer transparenten Klebefolie werden am Tatort sichtbar gemachte daktyloskopische Spuren (Fingerspuren) gesichert.

war, habe man sich an einen Geschäftspartner gewandt, der ihn schließlich als Auftragsmörder vermittelt habe. Er selbst sei allerdings nur außerhalb der Villa Schmiere gestanden. Den Mord habe ein Arbeitskollege begangen, der bisher nicht ermittelt werden konnte. Die Tochter des Opfers, die insgesamt 2,4 Millionen D-Mark durch den Tod ihrer Mutter geerbt hatte und die zwischenzeitlich getrennt von ihrem Ex-Mann lebt, wird kurz nach diesem Geständnis in München festgenommen, ihr Ex-Gatte an seinem neuen Wohnort in San Remo in Italien und der vermittelnde Geschäftspartner in Landsberg.

Vor dem Landgericht Bochum begann am 14. August 2006 der Prozess gegen die vier Angeklagten. Nach 16-monatiger Verhandlungsdauer wurde der 71-jährige Oberpfälzer zu einer lebenslangen Freiheitsstrafe verurteilt. Die Tochter, ihr Ex-Mann und der Geschäftspartner mussten mangels Beweisen freigesprochen werden.

Die Zeit arbeitet für die Polizei

Nicht jeder ungeklärte Mordfall, der von mir in Zusammenarbeit mit meinen Kollegen mit den neuesten kriminaltechnischen Untersuchungsmethoden aufgearbeitet wird, endet mit einem Treffer in der DNA- oder AFIS-Datenbank. Trotzdem lohnt sich meine oft sehr zeitaufwändige Suche und Recherche nach alten Asservaten immer wieder.

Als 1993 ein älterer Herr in seiner Stuttgarter Wohnung in der Neckarstraße mit seiner eigenen Krawatte erdrosselt wird, gelingt es dem KTI, auf dem von mir einige Jahre später vorgelegten Drosselwerkzeug einige Hautschuppen herauszupräparieren. Die DNA-Analyse ergibt ein männliches DNA-Profil, das nicht vom Opfer stammt. Es liegt sehr nahe, dass die Hautschuppen vom Täter beim Zuziehen der Krawatte dort haften geblieben sind.

Eine Recherche in der DNA-Datenbank führt zu meiner großen Enttäuschung zu keinem Treffer. Trotzdem lasse ich diesen DNA-Fremdbefund nun dauerhaft in die DNA-Datenbank einstellen. Sollte nämlich in Zukunft der Spurenverursacher, der mutmaßlich auch der Mörder ist, wegen einer anderen Straftat in Deutschland erkennungsdienstlich behandelt und somit sein DNA-Profil in die Datenbank eingestellt werden, wird automatisch ein Treffer an die sachbearbeitende Dienststelle gemeldet. In mehreren unserer ungeklärten Mordfälle gelingt es mir in Zusammenarbeit mit dem KTI, solche tatrelevanten DNA-Befunde nachträglich in die DNA-Datenbank einzustellen.

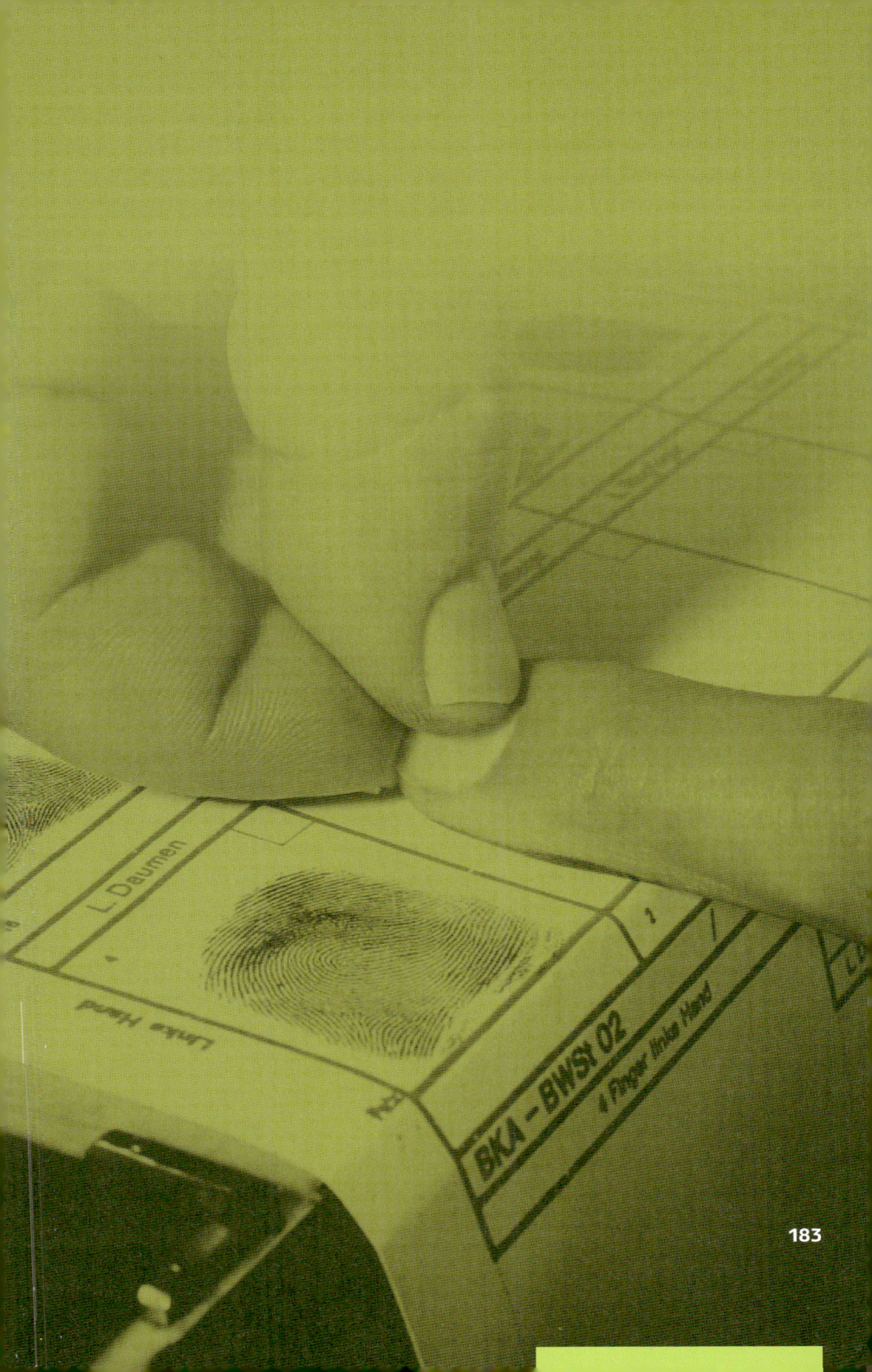

Nachwort

Vierzig Jahre Polizeidienst hinterlassen bei jedem Kriminalbeamten Spuren, natürlich auch bei mir.

Die vielen abscheulichen Eindrücke und erschütternden Erlebnisse aus den tiefen Abgründen der Menschheit sind für ewig auf meiner geistigen Festplatte eingebrannt. In keinem Stuttgarter Stadtteil kann ich einen beschaulichen Spaziergang machen, ohne nicht an das ein oder andere Verbrechen erinnert zu werden. Sei dies auf der Königstraße oder aber auch im Rot- und Schwarzwildpark, wo 1989 der Leichnam einer jungen Frau in einem der Seen aufgefunden wurde. Da ein Tötungsdelikt nicht auszuschließen war, erfolgte eine Leichenöffnung, bei der zur Überraschung aller Anwesenden ein mehrere Wochen alter Embryo zum Vorschein kam.

Unvergesslich bleibt mir auch bei jeder Fahrt durch den Cannstatter Hallschlag in Erinnerung, dass hier 1990 vier Kinder einer tunesischen Familie bei einem Zimmerbrand qualvoll an den Rauchgasen erstickt sind. Todesfälle mit Kindern sind für uns Polizeibeamte die grauenvollsten und schmerzhaftesten Momente. Diese Eindrücke nimmt jeder von uns nach Feierabend mit nach Hause, und das Schlimme ist, dass man sie nicht wie ein Kleidungsstück an der Garderobe ablegen kann.

Nicht selten kam es vor, dass ich mich mit einem Fernsehfilm von meinen beruflichen Erlebnissen ablenken wollte und nach einiger Zeit feststellte, dass ich von der Handlung des Filmes überhaupt nichts mitbekommen habe. Meine Gedanken rotierten stattdessen weiter rund um das Erlebte. Häufig habe ich mir zuhause Notizen gemacht, wenn mich die Gedanken an einen aktuellen Kriminalfall nicht losgelassen haben und mir Ideen und Anregungen für die weiteren Ermittlungen durch den Kopf gegangen sind.

All den Abscheulichkeiten meines Berufsalltags kann ich allerdings auch etwas Positives abgewinnen. Die vermeintlich kleinen oder großen Probleme unserer Wohlstandsgesellschaft relativieren sich nämlich auf dem Hintergrund meiner vielen schlimmen Erlebnisse. Manchmal verschwinden sie nahezu in der Bedeutungslosig-

Autofahrer bedanken sich in den 50er-Jahren zur Weihnachtszeit mit einer Flasche Wein bei den Verkehrspolizisten (hier am Österreichischen Platz).

keit. Bei meiner Arbeit wurde mir ständig bewusst, dass das Leben kostbar ist, manchmal an einem seidenen Faden hängt und letztlich endlich ist.

Dankbarkeit für unsere Arbeit wird uns übrigens immer seltener entgegengebracht. Früher, in den 50er- und 60er-Jahren, erlebte man zur Weihnachtszeit noch regelmäßig, dass ein Autofahrer mitten auf einer Kreuzung einem Polizeibeamten, der den Verkehr regelt, eine Flasche Wein oder auch mal ein Zigarrenkästchen auf das Podest stellte. Fast jede Stunde musste dann ein Revierkollege mit einem Beiwagen-Krad vorbeikommen, um alles abzuräumen, damit wieder Platz für neue Geschenke war. Bei einer Tombola an Heiligabend wurden die Spenden dann unter den Kollegen verlost. Heute wäre dies undenkbar, da das Damoklesschwert des Korruptionsverdachts über dieser netten Geste schweben würde. Manchmal erreicht uns Polizeibeamte heute aber noch ein Schreiben eines Bürgers, der sich, wenn die Hilfe und Unterstützung der Polizei über das Normalmaß hinausgegangen ist, auf diese Weise bedankt. Über solche Rückmeldungen habe ich mich meistens mehr gefreut als über die erfolgreiche Klärung eines Falles.

In diesem Zusammenhang erinnere ich mich an den schrecklichen Vermisstenfall eines 17-jährigen Seglers, der mit seinem Segelboot auf der Fahrt von Portugal auf die Kanaren im Atlantik verschollen ist. Sein Boot hat man einige Monate später an der Küste einer Kanareninsel – ohne Hinweise auf den Segler – aufgefunden. Sein Vater, ein Stuttgarter, der vor vielen Jahren auf die Kanaren ausgewandert ist, wandte sich Hilfe suchend an die Stuttgarter Kriminalpolizei, da er vermutete, dass ein Verbrechen Hintergrund des Verschwindens seines Sohnes war. Bei allen kontaktierten ausländischen Polizeibehörden hatte er zuvor keine Unterstützung erhalten. Da aufgrund einzelner Indizien ein Verbrechen tatsächlich nicht auszuschließen war, habe ich mit Unterstützung von Interpol versucht, Näheres über das Schicksal des jungen Seglers zu erfahren. Gelungen ist es mir leider nicht, aber in einem Dankschreiben brachte der Vater zum Ausdruck, dass er von vielen Behörden im Ausland mit seinem Schicksal alleingelassen wurde und ich der einzige Vertreter einer Polizeibehörde war, der sich um sein Anliegen gekümmert hat.

Ähnliches erlebte ich im Zusammenhang mit dem tragischen Tod eines jungen Stuttgarters, der bei einer langen Auslandsreise in Moskau aus dem Fenster eines mehrstöckigen Hotels gestürzt war und sich tödliche Verletzungen zugezogen hatte. Die Moskauer Polizei war sehr schnell zum Ergebnis gekommen, dass es sich nur um einen Suizid gehandelt haben konnte. Aus Sicht seines Vaters war dies unvorstellbar, da es keine Anzeichen für Depressionen oder sonstige

Motive für einen Freitod gab. Um nähere Details über den tragischen Tod in Erfahrung zu bringen, hatte der Vater – leider erfolglos – sowohl russische als auch deutsche Behörden kontaktiert. Überall sei er mit seinen Fragen alleingelassen worden. Erst nachdem er die Stuttgarter Polizei eingeschaltet hatte, konnte auf meine Initiative hin, durch Vermittlung des Auswärtigen Amtes und des Verbindungsbeamten des Bundeskriminalamtes *(BKA)* in Moskau erreicht werden, dass die Moskauer Justiz und Polizei die Ermittlungen in dem Todesfall wieder aufnahmen. Letztlich konnten die neuen Untersuchungen in Moskau zwar den Todesfall nicht eindeutig und für den Vater zufriedenstellend klären. Doch konnten viele Ungereimtheiten aus der Welt geschafft werden, so dass nachvollziehbar ein Tötungsverbrechen mit hoher Wahrscheinlichkeit ausgeschlossen werden konnte. Der Vater bedankte sich am Ende aufrichtig bei mir, da ich ihm offensichtlich sehr großen Halt gegeben hatte. Aus meiner Sicht war das eine Selbstverständlichkeit, die er von jedem Beamten hätte erwarten dürfen.

Eine überwältigende Resonanz und Dankbarkeit fühlte ich auch im Anschluss einer mehrteiligen Presseberichterstattung der »Stuttgarter Zeitung«. Sie hatte über die ungeklärten Tötungsdelikte und das Engagement der Stuttgarter Mordkommission, diese Fälle mit neuen Methoden nachträglich aufzuklären, berichtet. Neben vielen interessanten und sachdienlichen Hinweisen zu den einzelnen Verbrechen erreichten mich Anrufe, Briefe und Mails von Stuttgarter Bürgern, die sich begeistert darüber äußerten, dass die Stuttgarter Polizei in Mordfällen, die bei den Bürgern immer noch präsent sind, Jahrzehnte nach der Tat ermittelt. Regelmäßig wurden meine Kollegen und ich von Zeugen, die wir aufgesucht haben, zuvorkommend und auskunftsfreudig empfangen. Jede Unterstützung und Mithilfe wurde uns zugesagt. Ein betagter schwäbischer Handwerksmeister aus dem Stuttgarter Osten hat auf meine Bitte hin sogar nächtelang seine verstaubten, auf dem Dachboden gelagerten alten Geschäftsaufzeichnungen durchgewälzt, um uns Alibizeiten eines Ex-Mitarbeiters präsentieren zu können.

Nach einem Beitrag in den »Tagesthemen« der ARD und einer Reportage in »Spiegel-Online« über den Stuttgarter »Katakombenkommissar« landeten viele Briefe aus der ganzen Republik auf meinem Schreibtisch. Meist waren es Schreiben von verzweifelten Menschen,

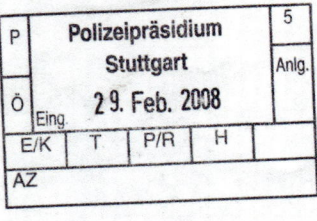

> **Nach verschiedenen Medienberichten gehen aus ganz Deutschland Briefe beim »Katakombenkommissar« ein.**

die einen lieben Angehörigen durch ein furchtbares Verbrechen verloren hatten, das bisher nicht geklärt werden konnte. Sie baten mich, die Ermittlungen wieder aufzunehmen. Natürlich konnte ich in solchen Fällen nicht weiterhelfen, dies hätte meine Kompetenzen und selbstverständlich auch meine Möglichkeiten überschritten. Aber ich habe es mir nicht nehmen lassen, jeden einzelnen »An den Katakombenkommissar beim Polizeipräsidium Stuttgart« gerichteten Brief persönlich zu beantworten.

Ich hoffe, dass ich hier zum Ausdruck gebracht habe, dass wir Kriminalbeamte keine »Schimanskis« sind und dass wir unsere Fälle in der Regel nicht innerhalb von 90 Minuten im Alleingang klären. Keiner von uns hat je einen Mord- oder Brandfall alleine aufgeklärt, auch ich nicht. Alles wurde und wird in vertrauensvoller Teamarbeit gelöst. Jeder Einzelne im Team trägt seinen Teil zur Aufklärung bei. Die Schutzpolizeibeamten, die meistens als Erste am Tatort sind und in der Kürze der Zeit die entscheidenden Weichen für die spätere Klärung des Falles stellen müssen. Aber auch die Spezialeinheiten, wie

MEK und SEK, die für uns in gefährlichen Situationen die Kohlen aus dem Feuer holen. Die Kollegen der Kriminaltechnik, die professionell die Spuren am Tatort sichern. Und letztlich auch die Laboranten und Wissenschaftler des KTI, die das gesamte Spurenaufkommen wissenschaftlich analysieren.

Nicht wegzudenken sind auch unsere wertgeschätzten Mitarbeiterinnen im Schreibdienst, die uns die lästigen Schreibarbeiten abnehmen und oft stundenlange Tätervernehmungen bis in die Nacht hinein protokollieren. Darüber hinaus können wir uns noch einer Vielzahl an Spezialisten, wie zum Beispiel EDV-Fachleute, Fahndungsbeamte oder Buchprüfer, bedienen. Sie alle aufzuzählen würde diesen Rahmen jedoch sprengen.

Keiner von uns Kriminalbeamten ist ein Superheld. Hinter jedem Beamten und jeder Beamtin steckt ein Mensch, der nach Feierabend unversehrt zu seiner Familie nach Hause kommen möchte.

Wenn ich das in diesem Buch zum Ausdruck gebracht habe, hat sich der Sinn des Werkes erfüllt.

Dank

Dieses Buch wäre vermutlich nicht entstanden, hätte ich nicht Herrn Dr. Rainer Redies kennengelernt, der mich motiviert hat, die Erlebnisse während meiner Zeit als Kriminalbeamter in einem Buch der breiten Öffentlichkeit bekannt zu machen. Er hat bei mir nicht nur eine Initialzündung ausgelöst, sondern auch den Kontakt zum Silberburg-Verlag vermittelt.

Außerordentlich dankbar bin ich meiner Tochter Alexandra, die meine niedergeschriebenen Erlebnisse unter dem kritischen Blick eines neutralen, polizeifremden Lesers betrachtet und mir wertvolle Hinweise gegeben hat.

Den Feinschliff hat dieses Buch erst durch das Lektorat von Torsten Schöll erhalten, dem ich hierfür ausgesprochen dankbar bin.

Besonderer Dank gebührt meiner Frau Rita, da sie mir über die ganzen Jahrzehnte den Rücken frei gehalten hat und immer Verständnis für meinen nicht immer familienfreundlichen Beruf hatte.

Dass ich nach über 40-jähriger Tätigkeit bei der Stuttgarter Kriminalpolizei ohne ernsthafte physische und psychische Schäden meine Pensionsaltersgrenze erreichen konnte, habe ich auch meinen Kolleginnen und Kollegen von der Stuttgarter Schutz- und Kriminalpolizei zu verdanken. Sie haben durch ihr kompetentes Verhalten, ihre vertrauensvolle Zusammenarbeit und ihr überlegtes Handeln mit dazu beigetragen, dass ich kein einziges Mal bei einem Einsatz von meiner dienstlichen Schusswaffe Gebrauch machen musste.

Glossar

AFIS	Automatisiertes Fingerabdruckidentifizierungssystem
BKA	Bundeskriminalamt
DNA	Desoxyribonukleinsäure (Trägermolekül der Erbinformation)
GBA	Generalbundesanwalt
GSG 9	Grenzschutzgruppe 9 (Spezialeinheit der Bundespolizei)
KPI 1	Kriminalpolizeiinspektion 1 (heute: Kriminalinspektion 1)
KTI	Kriminaltechnisches Institut (beim LKA)
KTU	Kriminaltechnische Untersuchungsstelle im Polizeipräsidium Stuttgart (heute: Kriminaltechnik)
LKA	Landeskriminalamt
MEK	Mobiles Einsatzkommando
OLG	Oberlandesgericht
PHK	Polizeihauptkommissar
PVD	Polizeiführer vom Dienst
RAF	Rote Armee Fraktion (Baader-Meinhof-Gruppe)
SEK	Spezialeinsatzkommando
SOKO	Sonderkommission
URAN	Funkrufname der Stuttgarter Polizei bis 2014

Stuttgart spannend

In Ihrer Buchhandlung

Anita Konstandin
Morgen früh, wenn Gott will
Silberburg Thriller. 528 Seiten. ISBN 978-3-8425-1479-9

Birgit Hummler
Sumpfgift
Silberburg Krimi. 448 Seiten. ISBN 978-3-8425-1457-7

Sigrid Ramge
Tod im Trollinger
Silberburg Krimi. 224 Seiten. ISBN 978-3-87407-854-2

Rudi Kost
Drei Vorhänge für Grock
Silberburg Krimi. 256 Seiten. ISBN 978-3-8425-1431-7

Sibylle Luise Binder
Todesarie
Silberburg Krimi. 384 Seiten.
ISBN 978-3-8425-1484-3

www.silberburg.de

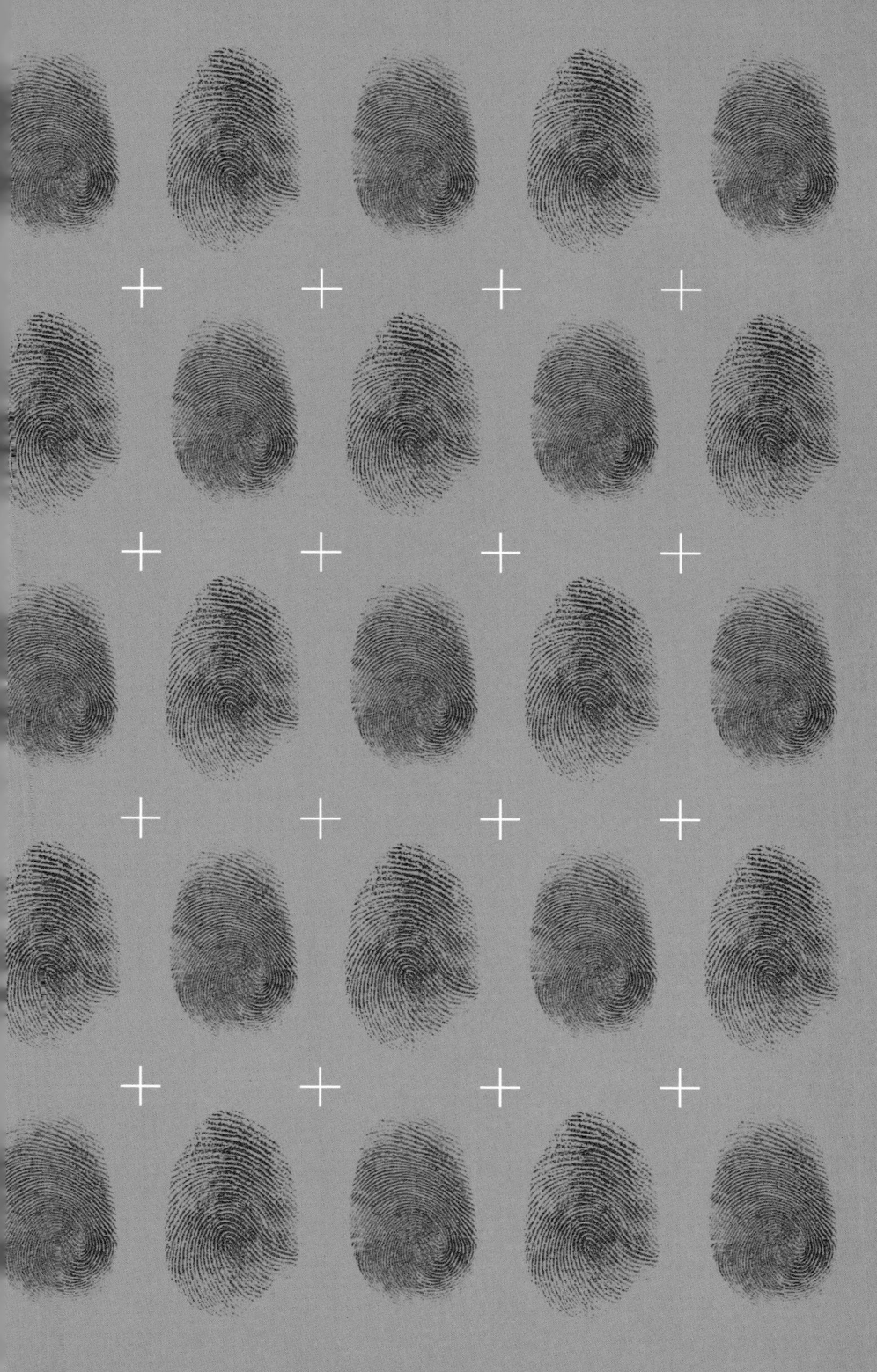

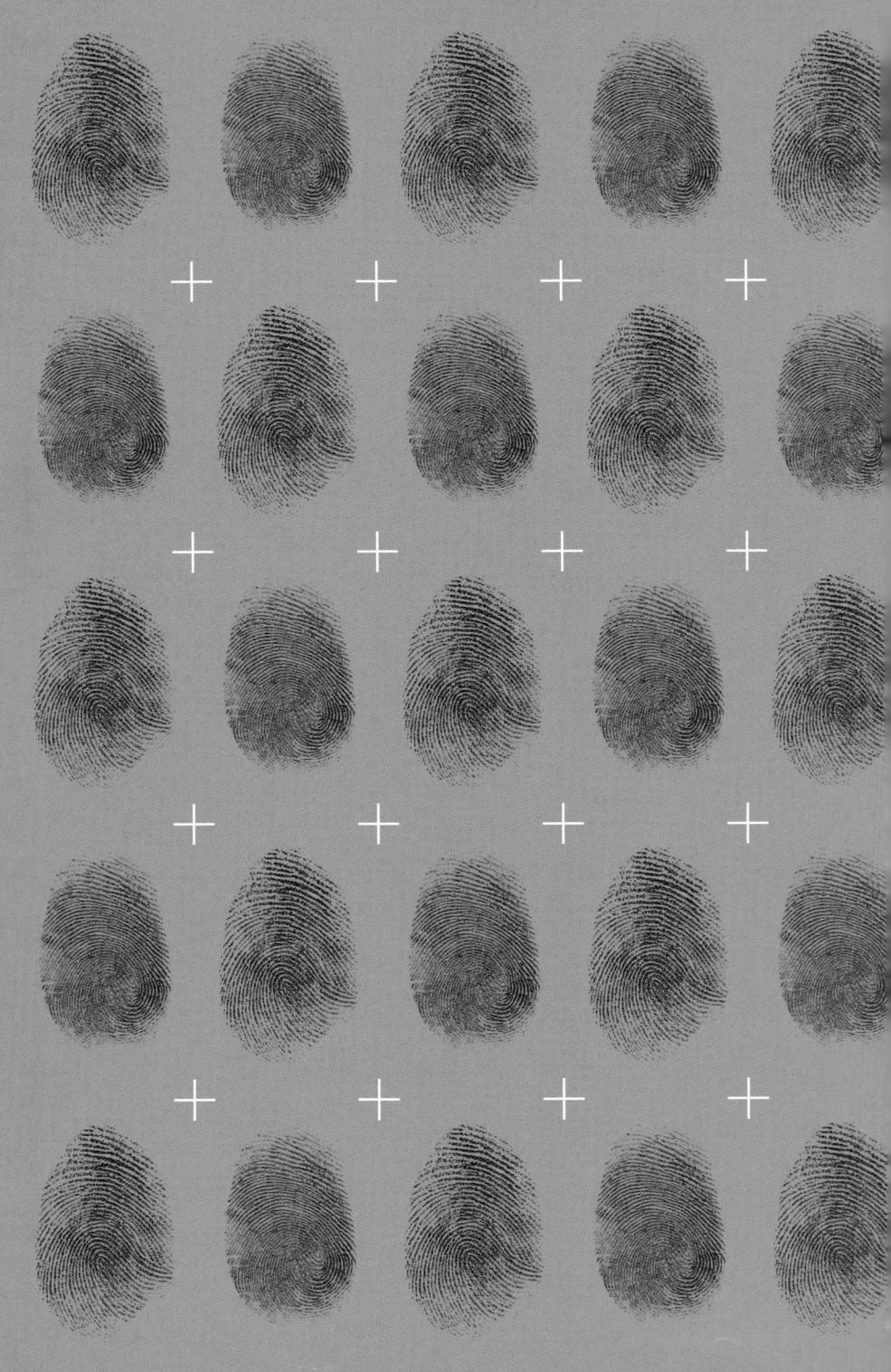